마음대로 안 되는 게 인생이라면

마음대로 안 되는 게 인생이라면

살면서 누구나 고민하는
인생 질문에 대한
명쾌한 대답

이근후 이서원 대화

샘터

여는 글

듣는 사람 마음으로 읽어주세요

이근후(이화여대 명예교수)

나와 샘터의 인연은 오래되었습니다. 샘터 잡지에 짧은 글들을 기고한 것이 인연이었고, 또《오늘은 내 인생의 가장 젊은 날입니다》라는 단행본으로 인연을 맺었습니다. 이번에 나오는 책은 단행본으로는 두 번째 인연이 되는 셈입니다.

이 책은 또 하나의 독특한 인연으로 시작되었습니다. 나와 이서원 선생은 정신 치료나 상담에 관해 공부하는 작은 모임을 오랫동안 계속했습니다. 일주일에 한 번씩 만나는 모임을 10년 이상 계속한 것입니다. 모임에서는 주로 내가 질문을 받고 답을 해주는 '즉문즉답' 식의 공부를 했습니다. 내가 나이가 가장 많고 정신과 교수로 있었기 때문에, 경험이나 지식이 다른 구성원들에 비해 조금 앞서 있다는 이유에서였습니다. 공부를 하다 보면 상담뿐만 아니라 사람이 살아가는 일상생활의 모든 것이 포함되는 폭넓은 토론 공부가 되었습니다.

이서원 선생이 모임에서 공부했던 것처럼 인생과 관계를 주제로 즉문즉답을 하여 책을 써보자고 제의했습니다. 샘터가 나와 이서원 선생의 인연을 알고 함께 책을 만들자고 했던 겁니다. 나는 조금 두렵기도 했습니다. 즉문즉답이다 보니 내가 어떤 대답을 할지, 또 제대로 답할지 몰라서 두려웠던 겁니다. 하지만 내가 한 말이 그대로 흘러가 버리지 않고 기록되어 필요한 사람에게 전해질 수 있다는 생각에 제의를 받아들였습니다.

이화여대에서 '인구와 미래'라는 강의를 할 때, 한 학생은 "왜 교수님은 우리에게 결혼을 하라고 강요하나요?"라고 했고, 또 다른 학생은 "왜 교수님은 결혼을 하지 말라고 하나요?"라며 상반된 질문을 했습니다. 이때 내 말이 듣는 사람에 따라 이렇게도 들리고 저렇게도 들리는구나 하는 것을 깨닫게 되어, 그 후로는 듣는 사람이 어떻게 들었는지에 관심을 가졌습니다. 이 책의 내용도 내 말을 위주로 정리했지만 듣는 사람 마음으로 읽으면 됩니다.

같은 말이라도 듣는 사람의 마음에 따라 다르게 들리니, 내가 뜻을 담아 한 말이라고 해도 듣는 사람이 그렇게 듣지 않는다면 듣는 사람 마음이 맞습니다. 내가 담지 않은 뜻을 듣는 사람이 이해했다고 해도 그 또한 맞습니다. 그런 뜻에서 이 책을 읽는 독자들께서는 마음대로 읽으시고, 맞는다고 생각되는 글이 있다면 마음에 담아주시고, 더 공감을 하신다면 실천해보시길 바랍니다.

넓게 생각하면 옳고 그르다, 좋고 나쁘다의 경계가 아주 모호합니다. 우리가 어떤 시절을 살아가는가에 따라 기준이 달라지기 때문에, 지금 옳다고 생각해도 세월이 지나면 옳지 않은 일이 될 수도 있습니다. 이 책에서 이야기한 것 중에는 지금 현실과는 상이한 것도 있을 겁니다. 공감할 부분도 있을 것이고, 또 공감하지 못하는 부분도 있을 것입니다.

하지만 상담이란 옳고 그르고 맞고 틀린 것을 판단하는 게 아니라 개인적으로 갖고 있는 문제를 도와주는 역할을 하는 것입니다. 시대적 가치는 달라질지 모르지만, 갈등을 해소하는 상담은 언제나 필요하다고 생각합니다. 이 책에 실린 글들이 지금의 일상을 살아가는 데 조금이라도 도움이 되었으면 하는 마음입니다.

두렵고 기쁜 마음으로 이 책의 서문을 씁니다.

여는 글

사는 게 왜 이렇게 힘든가요

이서원(한국분노관리연구소 소장)

살다가 힘이 들 때마다 힘든 것을 더 힘들게 하는 두 가지가 있습니다. 하나는 어디 속 시원하게 털어놓을 데가 없다는 것이고, 다른 하나는 후련하게 한마디 들을 데가 없다는 것입니다. 그래서 우리들은 힘들기보다 외로운 건지도 모르겠습니다.

25년 전 이근후 선생님을 만난 건 외로운 인생에 햇살 한 줌을 받은 행운이었습니다. 정신과 전문의로 유명한 선생님을 처음 본 순간이 잊히지 않습니다. 눈동자 속에 호기심과 장난기 가득한 어린아이가 살고 있었습니다. 지금도 어린아이는 변함없이 반짝이는 눈빛으로 세상을 바라보고 있습니다. 제 속이 답답할 때 선생님을 찾아가 털어놓고 나면 시원해졌고, 사는 것이 막막할 때 여쭤보면 후련해졌습니다.

지금까지 가족상담을 25년째 하면서 제게 상담받으시는

분들께 죄송한 마음이 드는 건 아직도 사람의 마음에 대해 깊이 알지 못하기 때문입니다. 그래도 다행인 것은 제가 막힐 때마다 길을 보여주시는 선생님의 지혜 곁에 있다는 것입니다.

선생님의 인생 원리를 저뿐 아니라 삶에서 넘어지고 비틀거리는 이웃들과 함께 나누고 싶은 소망을 오랫동안 품고 있었습니다. 선생님께 드릴 질문이 많았지만 그 모든 질문은 한 가지로 모아졌습니다. '사는 게 왜 이렇게 힘든가요?' 선생님은 원래 사는 게 힘들다고 말씀하지 않으시고, 선문답처럼 모호하게 말씀하지도 않으시고, 각각의 사정에 따라 모두 다른 답이 있음을 알려주셨습니다. 지나고 보니 모두 다른 답들이 모여 하나의 무늬가 되고 흐름이 됨을 알 것 같습니다.

몇 달 동안 매주 수요일이면 선생님을 찾아갔습니다. 그리고 우리가 사는 게 왜 이렇게 힘든지 차례로 하나씩 물어보았습니다. 그동안 귀로만 듣던 선생님의 말씀을 손으로 옮기기 시작했습니다. 지혜의 샘이 퐁퐁 솟아나는 느낌에 가슴이 두근거렸습니다. 선생님과 함께하는 수요일은 제 인생의 가장 특별한 수요일이었습니다.

질문을 시작하니 관계에 대한 궁금증이 가장 많았습니다. 우리는 관계 속에서 태어나 관계 속에서 떠나는 존재입니다. 어떻게 관계를 맺느냐가 그 사람을 말해줍니다. 어떻게 관계를 맺어야 하는가가 그 사람을 미숙한 존재에서 성숙한 존재로 바꾸어줍니다. 나와 나의 관계, 나와 가족의 관계, 나와 일의 관계, 그리고 나와 행복의 관계를 어린아이의 마음으로 선생님께 물어보았습니다. 그때마다 선생님은 호기심 가득한 눈빛으로 친절하게 아이를 다독이듯 답해주셨습니다. 장난기 가득한 선생님 덕분에 크게 웃고 많이 행복했습니다.

이 책을 읽으시는 분들께도 환한 웃음과 행복을 선물하고 싶습니다. 지혜로운 한 어르신의 평생 쌓아온 인생 원리에서 왜 이렇게 사는 게 힘든지, 힘든 삶 속에서 어떻게 웃으며 살 수 있는지를 배울 수 있다면 지금보다 덜 외롭고 더 즐거운 하루를 살 수 있지 않을까요? 이근후 선생님과 함께하는 지혜원정대 길에 여러분을 초대할 수 있어 참 행복합니다.

차례

3장 세상살이가 힘들고 지쳐도

4장 가족 간에도 거리가 필요하다

5장 아이는 부모가 허용하는 만큼 자란다

6장 가장 가깝고도 먼 관계, 부부

7장 사람을 대하는 태도에 대하여

8장 관계가 풀리면 일도 풀린다

9장 오늘이 행복한 이유

ㄱ 이근후

ㅅ 이서원

일러두기

이근후의 말은 ㄱ 으로, 이서원의 말은 ㅅ 으로 표시하였다.

1장

불안하고 상처받은 마음 관리

(유독 불안을 잘 느끼는데 비정상인가요?)

불안을 잘 느끼는 사람의 마음 관리

쓰나미가 일본을 덮쳤을 때 죽은 동물이 없다고 해요. 동물은 사람보다 예민해서 불길한 기운을 잘 감지하니까 그 전에 높은 산으로 올라간 거죠. 사람도 동물과 마찬가지로 더 예민한 사람이 위험을 미리 알아채 살아날 가능성이 높습니다. 그러니까 불안을 너무 안 좋게 생각할 필요는 없어요. 불안은 생존 가능성을 높여주는 기능을 하니까요. 다만 불안해할 필요가 없는데도 지나치게 불안을 느끼면 왜 그런지 그 이유를 살펴봐야겠죠.

人 결혼해서 아내와 살아보니, 아내는 저보다 불안을 더 잘 느끼는 것 같습니다. 여행 가는 날 아침 일기예보에 바람이 많이 분다고 하면, 아내는 비행기가 뜨지 않을까 봐 불안해하고, 저는 바람이 곧 가라앉을 거라고 마음 편하게 생각합니다. 아내의 불안이 맞을 때도 있고, 반대로 제 근거 없는 낙관이 맞을 때도 있습니다. 아내는 제게 스트레스 없이 살아서 좋겠다며 부러워하고, 저는 아내를 보며 저렇게 살지 않아도 될 텐데 하며 안타까워합니다. 같은 상황에서 우리 부부가 다르게 반응하는 걸 보면, 불안을 느끼는 정도가 성장 과정에서의 경험, 어쩌면 타고난 기질과도 관련이 있을지 모른다는 생각이 들었습니다.

제가 하는 상담은 기본적으로 마음의 불안을 다룹니다. 그러다 보니 관계에서의 좌절이나 성장 과정에서의 상처를 불안의 원인으로 은연중에 가정하곤 합니다. 상담을 천직으로 평생 해온 선생님에게 유독 불안을 잘 느끼는 사람이 있는지 물어보기로 했습니다. 먼저 불안이 무엇인지부터 질문했습니다.

걱정이 지나친 게 불안이다

불안이란, 막연하지만 어떤 불행이 나에게 닥칠 것 같아 지나치게 걱정하는 겁니다. 사실 '지나치다'는 것은 주관적이잖아요. 지나침을 판단하는 기준은 개인에 따라서 다르고 계량화할 수 없어요. 그런데 그걸 계량화한 것이 심리검사에요. 표준화해서 몇 점 이상이면 불안이고, 몇 점 이하면 정상 수준이라고 구분하는 거죠. 쉽게 설명하자면, 지나친 걱정으로 일상생활이나 사회생활을 하는 데 불편하다면 불안이라고 봐야 합니다.

더 불안해하는 기질이 있다

단정은 못 하겠지만 태어날 때부터 불안이 높은 사람, 그런 기질을 가진 사람이 있을 것 같아요. 기질이라는 것은 DNA를 통해서 내려오는 거예요. 내가 단정해서 말하지 못한 것은 신체적인 염색체는 발견했지만 심리적인 것은 아직 발견하지 못했기 때문이에요. 만일 그게 발견된다면, 불안한 기질을 입증할 수 있을 거라고 봅니다.

나는 21세기에 들어와서 의학적으로 제일 큰 업적이 DNA를 분석한 거라고 생각해요. '게놈 지도'라고 해서 개인의 DNA를 완벽하게 지도로 그릴 수 있잖아요. DNA에는 우리가 원시인 때부터 살아온 경험이 다 들어 있어요. 머리색과 같은 신체적 특징은 DNA에 들어 있는 정보대로 후세에 이어져요. 그것은 어떻게 변경할 수가 없어요. 이것이 심리적으로는 기질인 거죠. 일찍이 정신분석학자 카를 구스타프 융은 이걸 종족적 무의식 혹은 집단 무의식collective unconsciousness이라고 표현했어요. 지금보다 과학이 더 발전하면 융이 말한 집단 무의식의 지도가 그려질 수 있을 거예요. 그러면 또 거기서 발달돼서, 개인의 심리적인 게놈 지도를 그릴 수도 있을 겁니다.

불안한 기질을 가진 사람은 민감성이 높다

불안한 기질을 가진 사람은 다르게 말하면 다른 사람보다 민감성sensitivity이 높은 겁니다. 일반 자극에 대해서 반응하는 정도가 굉장히 빠르고 높다는 거죠. 쉽게 얘기하면 가야금을 탁 튕기면 정상적인 사람은 튕기는 순간 소리를 듣잖아요. 예민한 사람은 실제로는 튕기지도 않았는데, 튕기려고 하면 소리를 들어요. 둔한 사람은 튕겨도 알아듣지를 못하고.

불안한 기질을 가진 사람 덕분에 우리가 산다

정상적인 사람이나 둔한 사람은 불안을 예민하게 느끼는

사람 덕을 많이 보고 삽니다. 여행을 갈 때 불안한 사람은 그냥 떠날 수가 없어요. 준비를 철저히 몇 번이고 하는 거죠. 그럼 그 덕을 누가 봐요? 대충 준비하고 공항에 가서 '아, 여권 안 가지고 왔다' 이렇게 덜렁대는 둔감한 사람이 보죠. 불안이 많은 사람은 자신은 힘들지만 여러 사람을 편하게 하는 역할을 도맡아 하는 거예요. 그래서 불안이 많은 사람과 산다면 고마워해야 해요.

불안이 많은 사람은 문제가 있는 게 아니라 나와 우리 집을 안전하게 만드는 등대 같은 사람이에요. 이런 사람은 최전방에서 보초를 세우면 잠도 자지 않고 아주 잘 섭니다. 언제 무슨 일이 일어날지 몰라 잠이 오지 않는 거죠. 보안업체에 취직하면 직무를 아주 잘 수행할 수 있어요. 그러니까 불안이 많은 것이 문제가 아니라 불안을 어디에 활용하느냐가 문제인 겁니다. 배우자가 바람피울까 봐 불안해하는 데 쓰면 신경증적인 환자가 되는 것이고, 지출 관리가 안 되는 것 같다고 불안해하면 집과 회사를 살리는 충신이 되는 겁니다.

불안을 없애려 하지 말라

기질적으로 불안이 많은 사람은 그것을 없애려고 하면 안 돼요. 노력해도 없앨 수가 없는 걸 없애려고 하면 불안이 더 높아질 뿐이에요. 곁에 있는 사람이 자꾸 안심하라고 이야기하는 것도 아무 소용이 없어요. 이게 불편하다는 걸 본인도 알거든요. 자신도 어쩔 수 없는 걸 자꾸 곁에서 누가 뭐라고 하면 더 속이 상할 뿐이에요. 불안이 심해져서 일상생활이 힘들다면 병원에 가서 검사도 받아보고 처방도 받아야겠지만, 그렇지 않다면 불안을 나와 가까운 사람들에게 어떻게 도움이 되도록 활용할 것인가를 생각해야 해요. 그게 나도 살리고 남도 살리는 길입니다.

그렇다고 둔한 사람을 비난할 필요도 없습니다. 둔한 사람도 둔하고 싶어 둔한 것이 아니잖아요. 그래서 세상에는 둔한 사람도 있고 예민한 사람도 있어서 서로 돕고 사는 거예요.

불안을 잘 활용하면 예술가도 될 수 있고, 시인도 될 수 있어요. 내 불안에 대해 받아들이고 너그럽게 웃어주세요. 그게 불안을 안고 살아가는 마음 편한 방법입니다.

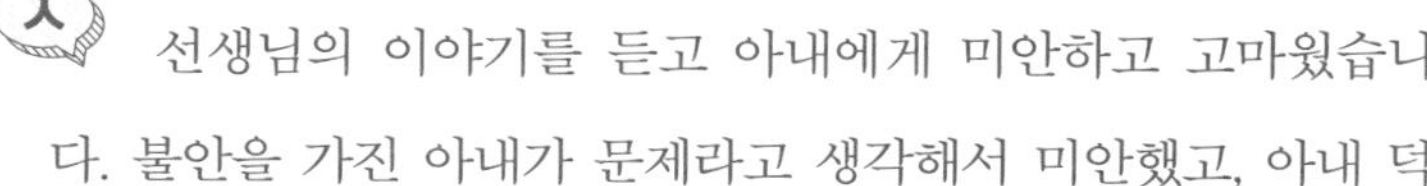

선생님의 이야기를 듣고 아내에게 미안하고 고마웠습니다. 불안을 가진 아내가 문제라고 생각해서 미안했고, 아내 덕

분에 여행과 일상생활이 조금이라도 더 안정되게 이루어졌다는 걸 알고 고마워졌습니다. 또 제가 낙관적이기도 하지만 둔한 것일 수도 있다는 건 저에 대한 새로운 발견이었습니다. 그렇다면 둔한 저 덕분에 아내도 덕을 본 게 있었을 것 같습니다. 걱정하지 말라며 안심시켜주는 남편이 있어 예측하지 못한 상황에서 불안 게이지가 조금은 낮아질 수도 있었을 테니까요. 그래서 서로 돕고 사는 것이란 선생님 말씀이 더 와닿습니다.

천성은 바꾸는 것이 아니라 활용하는 것이로군요. 내가 하늘에서 가지고 온 기질은 있는 그대로 인정하고 받아들여 나와 남에게 활용한다면 어떤 기질도 좋은 기질이라 할 수 있겠습니다. 아내도 저도 참 좋은 기질을 가진 어울리는 부부입니다. 모든 부부가 그렇겠지만 말이죠.

(욕심 없이 사는 게 가능한가요?)

욕심을 내리는 법

젊을 때부터 내가 꼭 만들고 싶은 방이 있었습니다. 아무것도 없고 방석만 하나 있는 그런 방을 가지고 싶었어요. 돌아보니 그게 얼마나 큰 욕심인지 알게 되었습니다. 사람이 사는 방에 아무것도 없이 방석만 있다는 건 엄청난 사치에요. 물건이 많다고 욕심이 많은 게 아니에요. 뭔가 바라는 게 많은 것이 욕심이에요. 지금 내 방에는 온갖 물건들이 많습니다. 이게 방석만 있는 방보다 훨씬 욕심이 적은 방이에요.

ㅅ 모든 불행은 결국 욕심 때문에 생긴다는데, 욕심이란 뭘까요? 또 욕심을 내면 어떤 일이 있을까요? 비우면 어떤 일이 있을까요? 욕심이 무엇인지 알아야 비울 수 있지 않을까요? 선생님은 욕심을 주제로 1년 동안 월간지에 글을 기고하신 적이 있습니다. 욕심이란 무엇인지부터 선생님에게 물어보았습니다.

ㄱ **욕심을 알려고 하는 게 욕심이다**

절에 가면 욕심을 내려놓으라고 하잖아요. 마음을 비우라고도 하고. 욕심이 뭔데 자꾸 내려놓으라고 하는지 의문이 생겼어요. 욕심을 주제로 열두 달 글을 쓰면 뭔가 나오지 않겠냐 싶어서 한 사찰에서 발행하는 월간지에 글을 기고하기로 했어요. 이것도 끄집어내고 저것도 끄집어내도 역부족이에요. 그래서 마지막 12월호에는 모르겠다고 썼어요. 1년 동안 헤매도 뭔지 모르겠다고.

욕심은 본능이다

나는 욕심을 본능이라 생각하고 접근했어요. 본능에는 두 가지가 있어요. 하나는 먹고 살려고 하는 생명 유지의 본능이고, 다른 하나는 자손을 번식시키려고 하는 생식적인 욕구에요. 쉽게 이야기하면, 밥 먹는 것과 성적인 것, 이 두 가지 빼고는 없는 거예요. 가장 근본적인 본능이죠. 이것을 이론화한 게 프로이트의 리비도 이론Libido Theory입니다. 이 이론에 따르면, 한 개인의 정신생활은 본능적이거나 성적인 욕구와 이것을 만족하려는 시도에서 비롯한다는 거죠.

우선 욕심이 왜 생길까를 생각해보니 자기가 살려고 그러는 겁니다. 먹고 살아야 되는 본능을 먼저 따르는 거예요. 살아야 숨도 쉬고 그러잖아요.

욕심은 시대마다 다르다

사는 데 필요한 조건이 있어요. 옷도 필요하고 신발도 필요하잖아요. 그런데 생각해보면 원시인일 때 신발이 필요했겠어요? 내가 1982년에 네팔에 갔을 때 거의 80%는 맨발로 다녔어요. 원시 시대의 조건과 1982년의 조건, 그리고 지금 한국의 조건에 똑같은 기준을 갖다 댈 수는 없어요. 필요조건이 다르다는 말이에요. 욕심이라는 것도 시대에 따라 정의가 다를 수 있습니다.

예를 들어 나는 신혼 때 작은 방을 얻어서 시작했어요. 책상 하나 놓으면 우리 둘이 눕기도 빠듯했죠. 그것도 월세에요. 몇 번의 월세를 거쳐서 미아리에 방 두 개 있는 전셋집을 얻었어요. 얼마 안 되는 짐을 옮겨다 놓고 마루에 벌렁 누워서 이런 맹세를 했어요. '내 평생 요만한 집을 내 이름으로 가질 수 있다면 더는 욕심내지 않겠습니다.' 근데 생각만 하고 입 밖으로 내뱉지는 않았어요. 거기 사는 2년 동안은 너무 행복했어요. 진짜 행복이 가득한 느낌이었어요. 등촌동에 집을 짓고 내 명의로 집을 자꾸 늘려가면서, 문득 그 집이 도대체 어떤 집이었기에 그런 만족감을 주었을까 궁금해졌어요. 가봤더니 예전 공동묘지 터에 벽돌로 지은 판잣집이에요. 첫 번째 든 생각이 '아이쿠, 입 밖에 내지 않기를 잘했구나'였어요.

그때의 내 욕심이 그 정도였단 말이에요. 나중에 내가 집을 짓고 경제적으로 안정되니까, 그때 욕심보다 더 올라가 버린 거죠. 그래서 나는 욕심을 설명할 때 항상 사회적인 레벨, 즉 소셜 리미트social limit가 올라가면 욕심이 따라 올라간다고 이야기합니다. 요즘 사람들에게 자동차가 욕심일까요? 옛날에는 사치품이었을지 몰라도 지금은 아무도 그렇게 생각하지 않아요. 생활 수단일 뿐입니다. 이런 것을 옛날의 기준대로 욕심이라고 해야 할까요?

그러니까 시대에 따라 욕심의 정의가 달라져야 해요. 달라지는 기준은 소셜 미니멈social minimum입니다. 근데 스님들이 전부 내려놓으라고 하니 일반 사람들은 알아듣기 어려운 거예요. 다 내려놓으라는 건, 사는 욕심까지 다 내려놓으라는 건, 삶을 포기하라는 얘기인가요?

내 처지를 아는 게 욕심을 내려놓는 것이다

내가 원하는 것과 내가 가지고 있는 능력을 제대로 아는 것이 욕심을 내려놓는 방법입니다. 벤츠를 사고 싶어 하는 것은 아무 문제가 없어요. 그런데 지금은 국산 소형차를 살 능력밖에 안 된다는 것을 아는 것이 필요해요. 그 차이를 인정하는 것이 욕심을 내려놓는 겁니다. 돈 벌 마음을 포기하라는 것이 아니라, 지금은 국산 소형차를 사고 나중에 돈이 많아지면 그때 생각해보자는 것이 욕심을 내려놓는 거예요.

자신의 능력을 아는 것만으로도 욕심의 반은 내린 거예요. 가수가 되고 싶은 마음이 아무리 커도 타고난 목소리가 노래에 적합하지 않으면 어쩔 수 없잖아요. 그 차이를 메우려고 기를 쓸 생각만 하지 말고, 가수가 되기에는 부족하다는 것을 스스로 인정하고 일하면서 혼자 노래를 흥얼거리며 즐겁게 사는 게 욕심을 내려놓는 삶이에요. 어려울 것 없어요. 나이가 들면 욕심을 자꾸 내려놓게 된다는 게 이런 뜻이에요. 노인이 되면 건강이 허락되지 않으니 멀리 여행을 가거나 높은 산에 올라갈 수 없잖아요. 그럴 때 자신의 능력을 얼른 알아차리고 가까운 동네 공원에 가서 들꽃을 보며 천천히 거니는 게 욕심을 내려놓는 겁니다.

그렇게 욕심을 내려놓으면 남는 것은 행복입니다. 현재에 충실하게 살아가니까 마음에 기쁨이 찾아오는 거예요. 그걸 행복이라고 부릅니다.

ㅅ 욕심은 시대에 따라 다르다는 선생님의 설명으로 욕심에 대한 오해가 벗겨졌습니다. 욕심은 절대적인 것이 아니라 상대적이라는 것을 이해하게 되었으니까요. '나는 무엇을 원하는가', '내 능력은 어느 정도인가'를 정확히 아는 것이 욕심을 내려놓는 비결이라는 말씀이 귀에 쏙 들어왔습니다. 주위에서 욕심이 많다고 생각되는 사람들은 이 두 가지의 심각한 불균형을 없애려고 기를 쓰고 노력하는 사람들입니다. 정치를 하겠다고 집안 재산을 탕진한 고향 어른도 생각나고, 그림에 소질도 없는

데 세계적인 화가가 되겠다고 유학을 떠났다가 자퇴하고 돌아온 친척도 떠올랐습니다. 욕심에 대해 잘 알게 될수록 욕심을 내려놓을 가능성도 높아지는 것 같습니다. 마음에 작은 기쁨이 생겼습니다.

(미워하는 사람이 용서가 안 돼요)

용서한다는 것

의사의 도움을 애타게 구하는 사람이 있었습니다. 그 사람은 벽에다 머리를 꽝 박고서 의사에게 머리가 너무 아프다며 도와달라고 했습니다. 의사는 약을 발라준 후 돌려보냈습니다. 그랬더니 이번에는 머리를 더 세게 들이박아 큰 혹을 붙이고 와서 더 아프다고 했습니다. 의사가 왜 같은 곳에 혹이 생겼냐고 물었습니다. 그러자 이 사람은 똑같은 벽에 똑같이 머리를 박아서 그렇다고 했습니다. 의사가 빙그레 웃으며 말했습니다. "저한테 올 것이 아니라 벽에게 가세요. 그리고 어떻게 하면 좋을지 벽에게 물어보세요."

ㅅ 사람은 반복의 동물입니다. 혹시 용서가 안 된다는 사람도 이야기 속 사람처럼 용서가 안 되는 방법을 계속 반복해서 사용하고 있는 건 아닐까요? 지금까지 무엇이 안 된다고 하는 사람들을 상담해보면 공통적으로 안 될 방법만 골라 반복해서 사용하고 있었습니다. 용서는 참으로 힘든 일이라는 걸 누구나 압니다. 용서하는 법을 아는 사람도 드뭅니다. 사람을 미워하는 건 자동으로 되지만, 용서하는 건 인위적으로 해야 하는 게 아닐까요? 힘겨운 용서, 어떻게 해야 하는지 선생님에게 물어보았습니다.

ㄱ **용서 안 되는 게 정상이다**

좋아하는 걸 미워하기 쉬울까요? 어려워요. 마찬가지에요. 미워하는 걸 좋아하기도 어려워요. 쉽다면 거짓말입니다. 자기 자신을 잠시 속이고 마취제를 놓는 것에 불과해요. 그래서 제일 쉬운 것은 좋은 사람은 계속 좋아하고, 미운 사람은 계속 미워하는 거예요. 이것은 아주 자연스러운 감정의 흐름이기 때문에 힘들 게 하나도 없어요. 용서가 어려운 것은, 비유하자면 물결을 거슬러 올라가야 하기 때문입니다. 연어가 강물을 거슬러 올라가는 게 쉽겠어요? 가쁜 숨을 몰아쉬면서 죽자 살자 노력해서 겨우겨우 거슬러 올라가잖아요. 용서란 그런 거죠. 그래서 아무나 할 수 없어요.

그래도 꼭 용서를 해야겠다면, 용서가 안 되는 게 정상이라는 걸 먼저 받아들여야 해요. 용서가 안 되는 내 마음을 극히 정상으로 생각하라는 거죠. 용서 못 하는 나 자신이 미운데 미워하는 남을 용서하는 게 가능하겠어요?

용서 못 하는 내 마음을 용서하라

용서를 못 하면 누가 고생할까요? 뻔해요. 나예요. 사실 용서 못 받는 사람은 아무 고생을 안 합니다. 내가 혼자 이렇게 애쓰며 힘들어 하는 것조차 모르는 경우가 많아요. 용서를 못 하면 내가 고생하는 수밖에 없어요. 자업자득인 거죠.

그렇기 때문에 용서를 해야 해요. "너를 용서 않으니 내가 괴로워 안 되겠다"라는 노래 가사도 있잖아요. 용서를 안 해도 내가 조금도 괴롭지 않다면 누가 용서하려는 마음을 먹겠어요. 자기가 괴로우니까 벗어나려고 하는 거죠.

용서를 안 했을 때 내가 괴로운 이유는 미움을 계속 품고 있어야 하기 때문이에요. 사랑을 계속 품고 있으면 너무 좋잖아요. 그런데 미움은 반대에요. 계속 품고 있으려면 에너지가 너무 많이 들고 괴로워요. 사탕을 물고 있으면 달아서 좋은데, 쓴 약초를 씹고 있으면 뱉어내고 싶지 않겠어요? 미움이 그런 거예요. 마음의 쓴 약초가 미움이에요.

토해내고 뱉어내고 싶은 마음이 자연스러운 것이라면, 이제 어떻게 뱉어내느냐를 알면 되겠죠. 상대를 미워하는 마음이 생긴 나를 먼저 용서해야 해요. 미워하게 된 마음을 찬찬히 들여다보면, 이게 무슨 소리인지 알 수 있어요. 생각해봐요. 미워하게 된 원인이 내가 0%고 상대가 100%인 것은 없어요. 자신의 어떤 기준에 의해 상대가 미워졌는지 먼저 생각해봐야 해요. 가톨릭에서 "내 탓이오!"라고 하는 건 깊은 뜻이 있어요. 갈등이 나로 인해서 생긴 것은 아닐까를 먼저 생각하라는 거예요. 미워하는 마음이 생긴 나를 돌아보고 용서해야 상대도 용서할 수 있습니다.

용서하되 잊지는 말자

유대인 소녀 안네 프랑크가 제2차 세계대전 때 독일군의 박해를 피해 은신 생활을 하며 적은 《안네의 일기》라고 있잖아요. 네덜란드 암스테르담에 안네 기념관이 있어요. 안네가 숨어 살았던 집인데, 그곳에 이런 말이 쓰여 있어요. '용서하자. 그러나 잊지는 말자.' 미워하는 마음은 내려놓되, 거기서 배운 뼈아픈 교훈은 기억하자는 말이죠. 이 말은 용서에 대한 핵심을 표현한 거예요.

ㅅ 누군가를 미워하는 것, 특히 오랫동안 미움을 품고 있는 것은 내가 독약을 마시고 남이 죽기를 바라는 것과 같습니다. 내가 먼저 죽습니다. 그러니 용서를 해야 할 당위성은 분명합니다. 내가 더 이상 고통받지 않기 위해서죠.

그런데 용서의 방법에는 의문이 생깁니다. 예를 들어 누가 부모님을 죽였는데 내 잘못도 있다는 건 억울합니다. 숱한 영화 속 부모의 원수를 갚는 이야기가 사람들의 마음을 후련하게 하는 것은 '눈에는 눈, 이에는 이'라는 단순한 문장이 주는 명쾌함 때문입니다. 그러고 보면 용서란 가장 어려운 사랑의 단계가 아닐까 싶습니다.

제 생각에 선생님의 말씀은 용서에 대한 모든 경우를 담고 있는 것이 아니라, 관계의 갈등에 대한 경우로 한정지을 때 보다 잘 맞아떨어지는 것 같습니다. 서로의 기준으로 인해 생기는 상처와 미움의 문제에서 '내 탓이오'는 가슴에 새겨야 할 원리 같습니다. 그리고 미워하는 내 마음부터 용서하라는 이야기가 며칠 동안 머리를 맴돌았습니다.

(마음의 상처는 얼마나 오래가나요?)

마음의 상처 치료법

〈올드 보이〉란 영화를 보면 어릴 적에 입은 상처가 평생을 간다는 걸 알 수 있어요. 과거에 상처를 준 사람에게 앙심을 품고 있다가 잡아 가두는 이야기잖아요. 그런데 상처를 입으면 누구나 그런 행동을 하는가를 한번 생각해볼 필요가 있습니다. 잡아 가두는 사람은 아무래도 굉장히 큰 상처로 남은 사람 아니겠어요? 이렇게 생각하면 쉽죠. 돌로 연한 살에 상처를 내는 것과 두꺼운 살에 상처를 내는 것 중에 무엇이 오래가겠어요? 당연히 연한 살이죠. 상처의 크기가 문제가 되기도 하지만, 받아들이는 사람의 마음의 내구성도 중요한 문제인 거예요.

ㅅ 트라우마의 어원은 '살이 찢어지다'입니다. 살이 찢어지니 얼마나 아플까요. 몸의 살은 그래도 시간이 지나면 아물지만, 아물지 않는 상처가 있습니다. 바로 마음의 상처인 트라우마입니다. 과거의 상처가 늘 현재로 느껴지는 것이 트라우마인 거죠. 선생님에게 트라우마를 비롯해서 마음의 상처를 치료하는 방법에 대해 듣고 싶어졌습니다. 사람에 따라 다르겠습니다만, 상처의 유효기간이라고 할까요? 우리 상처가 얼마나 오래가는가? 일곱 살 때 경험한 걸 칠십이 되어서도 잊지 못하고 계속 곱씹는 사람이 있는가 하면, 그걸 툴툴 털어내는 사람도 있잖아요. 그래서 선생님에게 상처의 유효기간에 대해 질문해보았습니다.

ㄱ **마음의 상처는 평생 간다**

마음의 상처는 크든 작든 평생 갑니다. 극복했다고 하는 사람들도 많은데, 그렇더라도 상처가 없어진 것은 아니에요. 내가 늘 하는 이야기지만 희석될 뿐입니다. 상처는 옅어져서 무의식에 남는데, 그것은 있어봤자 힘쓸 정도가 아니에요. 비유하자면 소수 종족에 불과한 거죠. 그렇게 남는 것이지, 트라우마가 완전히 없어지는 것은 아닙니다.

상처는 옅어질 뿐이다

마음의 상처를 옅어지게 하는 법은 무엇일까 궁금하죠? 답부터 이야기하자면, 내 속의 자아를 강화시킬 수밖에 없어요. 자꾸 부딪치면서 예방주사 맞는 것밖에 없다는 말이에요. 우리가 예방주사라고 하는 게 균이잖아요. 균을 희석해서 침입시키면 우리 체내에서 면역체계가 작동하게 됩니다. 그러니까 더 큰 균이 들어와도 면역체계가 막아주는 거죠. 마음도 마찬가지에요. 스트레스 상황에 자꾸 노출시키면서 그것을 극복하도록 마음의 예방주사를 많이 맞아야 해요. 결국 현실을 있는 그대로 받아들이면서 극복하는 체험을 자꾸 하여 마음의 상처를 희석시키는 겁니다.

그런데 마음의 상처에 공통되는 감정이 불안이에요. 마음의 상처는 평생 없앨 수 없다고 이야기했지만, 불안을 느끼는 것이 정상이에요. 무슨 말이냐면 우리가 선을 평형이 되게 그은 후 이 선 하나만 가지고 살 수 없다는 거예요. 나를 둘러싼 상황이 자꾸 변하기 때문이죠. 아침에는 추웠다가 점심때는 덥기도 하잖아요. 아침에는 추운 데 대응해야 하고, 점심에는 더운 데 대응해야 해요. 몸에는 그런 변화에 작용하는 자동 균형 시스템, 즉 항상성homeostasis이 있어요. 쉬운 예로, 보일러를 작동시켜놓으면 특정 온도 이상 올라가면 꺼지고, 그 온도보다 내려가면 켜지잖아요. 우리 몸도 마찬가지예요.

그러니까 올라갔다 내려갔다 하는 범위가 내가 갖고 있는 방패로 방어할 만한 수준이면 있어도 그만이에요. 그런데 그 기준을 넘어서 버리면 내가 갖고 있는 방어체계라든지 습관으로는 감당할 수 없어요. 그럴 때 불안이 생기는 거죠. 자연스러운 과정입니다. 그러면 치료를 통해서 면역력, 즉 자아를 더 강화시켜주어야 합니다.

사람마다 치유법이 다르다

《동의보감》 같은 한의학서를 보면 정신의학적인 원리가 많이 나와요. 내가 평생 정신과 환자들을 치료해온 방법과 딱 맞아떨어지는 이치도 나옵니다. 기가 부족한 사람은 기를 살리고, 기가 넘치는 사람은 기를 좀 죽이라는 거예요. 항상성을 유지하도록 만드는 거죠. 서양에서는 각각의 질병에 대한 구체적인 연구는 많은데, 원리나 이치에 대한 지적은 못 했죠. 너무 허한 것은 보해주고 너무 과한 것은 눌러줘서 자아 방어로 견딜 수 있는 있을 만한 수준으로 만들어주는 게 원리에요. 정신의학 전문의나 상담자는 거기까지 도와주는 거죠.

치료자는 마음 수선 작업을 할 뿐이다

마음치료나 심리치료를 하는 사람은 가이드로서의 역할을 할 뿐입니다. '환자를 치료한다'는 것은 환자에게 새 옷을 만들어 입히는 게 아니라, 지금 입고 있는 옷이 맞지 않기 때문에 수선 작업을 해주는 거지요. 우리는 정신과 의사나 상담자가 고쳐준다고 생각하지만 업된 것을 낮추고 다운된 것을 올리는 수선을 할 뿐이에요. 말하자면 마음치료를 하는 곳은 정신 수선집이라고 할 수 있는 거죠. 새로운 마음을 갖게 되는 것이 아니라 있는 마음을 수선한다는 것을 알게 되면 혼자서도 이 작업을 할 수 있어요.

작은 기쁨으로 마음의 슬픔을 덮으며 산다

내 경우를 예로 들어볼게요. 요즘 내가 가지고 있는 불안은 죽음이에요. 나는 2015년에 주차장에 내려가다가 머리를 다쳐서 한 40일간 사경을 헤맸어요. 다행히 뇌는 안 다쳤지만 내가 갖고 있는 지병이 막 요동쳤어요. 혈압이나 당뇨가 조절이 안 되는 거예요. 앰뷸런스가 왔을 때 사이렌 소리와 함께 가족들이 강북삼성병원으로 가자고 하는 목소리가 내 귀에 들렸어요. '아, 내 인생도 이렇게 마감하는구나.' 우습게도 이런 생각도 들었어요. '기왕 다치려면 한 열흘쯤 있다가 다치지 너무합니다.' 왜냐하면 내가 11월 20일에 다쳤는데, 11월 30일에 넘기기로 한 원고가 있었거든요. 이 두 가지 생각이 들더라고요. 그렇지만 나도 놀랄 정도로 아주 담담했어요. 남을 생각하듯이 말이죠.

그런데 그때 이후로 나는 하루도 빼놓지 않고 죽음을 생각 안 한 적이 없어요. 얼마 전에 강연을 가니까 한 대학생이 "선생님이 제일 즐겁다고 느끼는 때가 언제입니까?" 하고 묻더라고요. "아침에 눈뜰 때입니다"라고 대답했어요. "눈 뜨는 게 뭐가 즐겁습니까?"라고 다시 물어서 나는 "살았구나!" 이것이 즐겁다고 했어요. 진짜로 그래요. 아침에 눈을 뜨면 '아, 숨 쉬는구나' 하고 먼저 생각하게 돼요. 옛날에는 그런 생각을 못 했는데 '감사합니다'라는 말이 절로 나오는 거죠.

또 연결되어 생각나는 게 '매사에 감사하다'입니다. 이게 가슴으로 와닿는 거예요. 젊을 때는 감사할 일이 따로 있고 감사 못 할 일도 있는데, 매사에 감사한 마음이 들겠어요? 그런데 다친 이후로는 매사에 감사하다는 말이 너무 절실히 다가와요. 눈 뜨는 것도 감사하고 숨 쉬는 것도 감사하고, 이렇게 우리가 만나는 것도 감사하고. 어제 지인을 만나러 지방에 갔다 온 것도 감사할 일이에요. 그래서 요즘 이런 생각이 들어요. '죽음 직전에 가서 죽을까 봐 두려워하는 마음의 상처를 작고 작은 수많은 일상의 기쁨들로 덮으면서 사는 게 인생이구나.' 내가 '매사에 감사하라'는 성경 말씀의 깊은 뜻을 요즘처럼 절실하게 느끼고 산 적도 없을 거예요.

주의 뜻대로 하소서

나는 젊었을 때 '매사에 감사하라'와 '주의 뜻대로 하소서' 이 두 가지 성경 말씀이 무척이나 의문스러워서 친하게 지내던 신학 교수에게 자주 물었어요. '주의 뜻대로 하소서', 그러면 나는 뭐냐 이거죠. 신학 교수의 말을 들어보니까, 우선 내가 노력을 다하고 그다음에 '주의 뜻대로 하소서'라고 설명하더라고요. 동양식으로 말하면 '진인사대천명盡人事待天命'이에요. 내가 할 수 있는 모든 노력을 다하고 그다음에 결과는 천명을 기다리라는 말이죠. 그러니까 덮어놓고 '주의 뜻대로 하소서'가 아니에요. 내 상처를 해결하기 위해서도, 신이 부여한 능력과 방법을 모두

동원해서 우선 노력하고, 그다음에 결과는 '주의 뜻대로 하소서'라고 해야 한다는 거예요. 이것은 포기가 아니라 내 할 바를 하고 그 후에는 담담히 받아들이라는 의미입니다.

사람은 누구나 태어나서 죽을 때까지 수많은 마음의 상처를 받습니다. 어떤 사람은 그 상처로 인해 평생을 절망 속에서 사는가 하면, 또 어떤 사람은 상처를 다독이며 희망 속으로 걸어가기도 합니다. 그렇게 상처를 대하는 태도가 다른 까닭은 상처를 바라보는 시선의 차이에서 찾을 수 있을 것 같습니다.

평생 수많은 사람들의 마음 상처를 치료해온 선생님은 상처는 평생 함께 가는 친구와 같다고 이야기합니다. 그것은 없어질 수 없고 다만 옅어질 뿐이라고요. 그렇다면 우리의 인생은 상처, 옅어짐, 다시 상처의 순환이겠지요. 그리고 우리의 평생 과제는 어떻게 상처를 옅어지게 할 것인가를 발견하여 실천하는 것일 테고요. 마음의 새 옷을 입는 것이 아니라 입고 있는 옷을 견딜 만하게 수선한다는 선생님의 이야기는 그래서 작은 위로와 격려가 되었습니다. 너무 과하면 죽여주고, 너무 부족하면 살려주는 마음으로 나의 마음을 수선해나가야 한다는 걸 알게 되었으니까요. 선생님이 죽음 직전까지 가서 깨달은, 작은 기쁨으로 마음의 상처를 덮어나가는 게 일상이라는 이치는 저도 평생 가슴에 새기고 싶습니다. '상처는 사라지지 않는다. 다만 열어질 뿐이다.' 어느새 자꾸 되뇌게 됩니다.

(정신이 건강한 사람은 어떤 사람인가요?)

정신이 건강한 사람의 조건

환자가 건강한 사람이고, 건강한 사람이 환자에요. 주변 환경이 안 좋은데 멀쩡하면 그게 환자지 건강한 사람이겠어요? 환자는 주변 환경의 영향을 그대로 받은 순수한 사람이에요. 주변이 다 미쳐 돌아가는데 혼자 아무 영향을 받지 않고 다른 행동을 하면 그게 환자죠. 정신과 의사를 하면서 환자는 드러난 정상인이고, 정상인은 감춰진 환자라는 걸 확인하곤 했습니다.

ㅅ 마음 편하게 길을 가기도 힘든 세상입니다. 갑자기 누가 해코지할지도 모른다는 불안감이 있기 때문입니다. 뉴스에서 한 번씩 나오는 길거리 묻지마 사건을 접할 때면 불안한 마음이 커집니다. 그러면서 서로 믿고 안전하게 산다는 것이 귀하다는 것을 알게 됩니다.

평소 당연하다고 생각하던 것이 귀하게 생각되는 요즈음입니다. 그러다 보니 건강한 정신으로 살아가는 것이 어느 때보다 소중하다는 생각을 하게 됩니다. 건강한 정신으로 산다는 것은 어떻게 사는 것을 말하는 것일까 궁금해졌습니다. 그것을 알게 된다면 나의 현재 정신 건강 상태도 돌아볼 수 있을 것이고, 보다 건강한 정신으로 살 수 있도록 노력할 수도 있을 테니까요. 선생님에게 살아오면서 만난 사람들 가운데 가장 건강한 정신을 가진 사람이 누구였는지 질문해보았습니다.

ㄱ **내 한계를 아는 사람이다**

내가 지금까지 만난 많은 사람들 가운데 정신이 가장 건강한 사람을 꼽으라면, 이화여대에 있을 때 함께 일한 남자 간호보조사들입니다. 이 사람들은 대부분 학력이 중학교나 고등학교 졸업이에요. 군대 갔다 와서 바로 들어온 거죠. 그때는 지금처럼 까다로운 자격이 필요하지 않았어요. 내가 가만히 살펴보니까, 대한민국에서 적어도 이 사람들 같은 사고를 갖고 살아간다면 갈등이 훨씬 줄겠다는 생각을 했어요. 왜 그러냐면, 딱 자기한테 맞는 것을 하는 거예요. 넘치지도 않고 부족하지도 않게. 그러면 의욕이 없다? 그것은 아니에요. 진취적인 의욕은 있는데, 그것을 무리하게 하려고 하지는 않는 거예요.

이 사람들을 보면 다 집도 사고 아이들 교육도 잘 시키고 정말 만족하게 살아요. 사회적인 불안도 있기야 하겠지만, 그것 때문에 목숨 걸고 그러지는 않아요. 그 사람들이 살아온 걸 지켜봤을 때, 그 정도의 교육을 받고 그 정도의 직업적인 역할을 하면서 퇴직 후에도 그만큼 잘 이끌고 갈 수 있다는 것은 칭찬하지 않을 수 없어요.

누구나 높은 자리에 올라서 큰소리치려고 하잖아요. 그런데 이 사람들은 그런 게 없어요. 자기 분수를 아는 거죠. 그리고 세상을 참 똑바로 봐요. 세상 탓을 하지 않는단 말이에요. 자기 능력으로 주어진 한계 안에서 평화롭게 살아간다고 해야겠죠. 이게 정신이 건강한 삶이에요.

남 탓하지 않는 사람이다

정신적으로 건강한 사람은 자기 분수를 아니까 과한 욕심을 내지 않죠. 그러다 보니 욕심내다가 만날 수밖에 없는 장애물이나 저항하는 사람을 덜 만나게 돼요. 그래서 덜 부딪칩니다. 덜 부딪치니 남을 탓할 일이 그리 많지 않아요.

내가 병원에서 만나는 환자들 대부분은 자기를 피해자라고 해요. 부모나 선생님, 세상 때문에 그렇게 되었다고 하지, 자기가 스스로를 그렇게 만들었다고 하지 않아요. 그게 환자에요. 모든 게 남 탓인 거죠. 그 사회가 얼마나 건강한가도 이 기준으로 보면 돼요. 정치하는 사람들이 국민 탓을 한다면 제대로 정치하는 사람이 아니에요. 모든 건 나에게 책임이 있다는 마음을 가지는 것이 윗사람이 될수록 필요한 건강한 정신이죠.

옛이야기 중에 며느리가 시집온 첫날 밥을 태웠는데, 한 집에서는 시어머니가 친정에서 밥하는 것도 못 배웠느냐고 며느리를 나무랐는데, 옆집에서는 내가 솥의 물을 적게 넣어서 밥을 태운 거라며 미안하다고 며느리를 위로했다는 이야기가 있어요. 누가 정신이 더 건강한 시어머니겠어요? 탓하지 않은 시어머니 아니겠어요? 세상 이치가 그래요. 내가 먼저 책임을 지려고 하는 게 건강한 사람의 모습이에요. 나에게 일어나는 모든 일은 크든 작든 내 책임이 있게 마련이니까요. 이런 사람을 자기 삶의 주인인 사람이라고 할 수 있어요. 이런 사람이 정신이 건강한 사람입니다.

선생님 이야기를 들으면서 잘되면 내 탓이고 못되면 조상 탓이란 속담이 떠올랐습니다. 우리가 남 탓을 하는 이유는 간단합니다. 그러면 내 마음이 편해지기 때문입니다. 누구나 자기를 가장 아끼고 사랑하다 보니, 무슨 안 좋은 일이 생길 때 나를 나무라면 마음이 아프고 불편합니다. 남 탓을 하면 내가 보호되고 안심이 됩니다. 남 탓을 하지 않고 내 책임을 먼저 생각한다는 것은 여간 마음을 수양하지 않고는 힘든 일입니다. 그래도 알고 못 하는 것과 모르고 못 하는 것은 큰 차이가 납니다.

어릴 때 할머니에게 자주 들었던 이야기는 욕심이 망친다는 소리였습니다. 또 분수대로 살아야 한다는 소리도 자주 들었습니다. 그러면서 할머니는 자기 분수를 잊고 욕심내다 망한 사람들 이야기를 놀부부터 시작해서 동네 아는 분들까지 줄줄이 들려주곤 했습니다. 지금 돌아보니 모두 손자가 건강한 정신으로 살라는 깊은 뜻이 담긴 이야기였네요. 세상을 탓하지 않고 자기 능력 안에서 바라고 이루어 지금도 기쁘게 살고 있는 간호 보조사들을 닮고 싶은 날입니다.

2장

지금 이대로의 내가 좋다

(자존감을 가지고 산다는 건 어떻게 사는 걸까요?)

자존감 있게 산다는 것

자존감 하면 유대인이 떠오릅니다. 유대인은 국가를 잃고 2,000년도 넘게 세계 각국에 흩어져 살았지만 유대인이라는 정체성을 잃지 않았어요. 1945년에 제2차 세계대전이 종료되자 다시 모여서 이스라엘을 세운 겁니다. 유대인의 중요한 성격은 우월감이에요. 바로 선민의식이죠. 선민의식이 작용하니까 자존감이 엄청 커요. 유대인 초등학교 교과서에 나오는 한 문장을 듣고 내가 깜짝 놀란 적이 있습니다. 우리나라 교과서에는 '철수야, 놀자' 같은 문장이 나오잖아요. 그런데 유대인 교과서에는 '우리는 한때 이집트의 노예였다'라고 나온대요. 이건 굉장한 자존감이거든요.

ㅅ 유대인 이야기를 들으면서 자존감이란 무엇일까 생각해보았습니다. 내 못난 것을 감추려고 하지 않는 것은 자존감이 높은 사람의 특징이군요. 내 못난 것을 감추려 애쓰면서 "나 이래 뵈도 자존심 있는 사람이야. 이거 왜 이래!" 하는 사람은 자존감이 높은 게 아니라 허세가 높은 것이었나 봅니다. 선생님에게 자존감을 가지고 산다는 건 어떤 모습으로 사는 것인지를 물어보았습니다.

ㄱ **부끄러운 약점을 숨기지 않는다**

자존감이 높은 사람은 못난 점을 일부러 감추려 하지 않습니다. 그런 나도 괜찮다고 스스로 인정하기 때문에 구태여 남에게 감추려 하지 않는 것이죠. 안네 프랑크의 집에 '용서하자. 그러나 잊지는 말자'라고 적혀 있다고 했잖아요. 내가 그걸 브루나이공화국에 갔을 때 이스라엘 대사 부인을 만나 물어보니까 알고 있더라고요. 그곳뿐만 아니라 많은 곳에 그런 게 쓰여 있대요. 선민의식이 아니고는, 열등감을 가지고는 그런 말을 못해요. 숨기죠.

우리나라에 대비해보면, 우리가 열등감이 있다는 걸 알 수 있습니다. 우리는 자랑스러운 역사에 대해서만 말하려고 하지 부끄러운 역사에 대해서는 드러내려고 하지 않거든요. 대표적인 예로, 병자호란 때 남한산성을 나와 삼전도에서 무릎 꿇고 머리를 땅바닥에 조아린 인조에게 항복을 받은 청나라 태종이 자신의 공덕을 기리기 위해 세우게 한 삼전도비를 들 수 있어요. 그 비석이 땅에 몇 번 묻혔는지 몰라요. 묻었다가 팠다가 또 묻었다가 팠다가. 이걸 파묻는 것 자체가 열등감이에요. 그래도 우리 역사인데 말이죠. 자존감이 낮으니까 숨기고 싶은 거예요. 유대인 같으면, 역사적 교훈으로라도 그 자리에 그대로 두고 후세들이 다시는 그런 일을 당하지 말자는 마음을 갖게 하지 않았을까요?

잘난 점을 드러내려 하지 않는다

자존감 있는 사람의 또 다른 특징은 잘난 걸 굳이 드러내려고 하지 않는다는 거예요. 요즘 유튜브 조회수에 연연하는 사람들이 많잖아요. 광고 수입 때문이기도 하겠지만 조회수 자체에 집착하는 사람들도 있어요. 조회수가 곧 자기에 대한 인정이라고 생각해서 집착하는 겁니다. 이런 사람들은 조회수를 어떻게 늘릴까, 자신의 잘난 점이나 특이한 점을 어떻게 드러낼까를 항상 고민하죠. 하지만 그건 자기 평가를 남에게 맡기는 거잖아요. 좀 더 깊이 들여다보면 자존감이 낮아서 그런 거예요.

자존감이 높으면 굳이 드러내려고 하지 않아요. 조회수에 연연하지 않을뿐더러 굳이 유튜브에 올리려고도 하지 않아요. 필요하면 사람들이 나를 찾겠거니 하지, 나를 모르는 사람한테 '나 이런 사람이니 나를 필요로 하세요' 하고 홍보할 게 아니잖아요.

신종 코로나바이러스로 모두 불안해할 때 어떤 젊은이가 전철에서 자신을 중국 우한에서 온 폐렴 환자라고 거짓말하며 기침을 해서 사람들을 깜짝 놀라게 하고, 그걸 유튜브에 올렸다는 거 아니에요. 이 사람은 자존감이 낮은 사람이에요. 자존감이 높으면 이런 짓을 하겠습니까? 오죽 했으면 이런 연극까지 벌여서 자기 존재감을 드러내려고 했겠어요.

배운 사람들이 일상적인 대화에 한자어나 영어를 심하게 섞어서 이야기하는 것도 자존감이 낮아서 하는 행동이에요. 자신은 못 배운 사람들과 다르다는 것을 드러낸다고 생각하겠지만, 자존감의 시선으로 보면 이건 도리어 우월감으로 포장된 열등감이에요. 영어의 시대가 되면서 학교 선생님이 나눠준 지도안을 보니까 이런 식이었어요. '윈드wind가 들어오니까 도어door

를 닫아라.' '거기 서 있지 말고 체어chair에 앉아라.' 의학 용어 같은 전문 용어는 우리말로 없기 때문에 그럴 수 있어요. 그런데 지금 내가 예로 든 것처럼 일상적인 대화까지 영어로 말해서 자신은 다르다는 것을 드러내야 할까요?

지금 이대로가 좋다는 게 진짜 자존감이다

자존감이 높은 사람은 조건이나 능력이 뛰어난 사람이 아닙니다. 아무 조건도 갖추지 못하고 잘하는 것이 없어도 지금 이대로의 내가 좋다고 생각하는 사람이 자존감이 높은 사람입니다. 그러니까 자꾸 뭘 자신에게 보태고 덧댈 필요가 없습니다. 조건이 자존감을 만드는 게 아니라 태도가 자존감을 만들기 때문이에요.

지금 이대로 내가 괜찮다는데 굳이 남과 비교할 필요가 있겠어요? 남이 날 무시할까 봐 걱정할 필요가 있겠어요? 내가 나를 괜찮다고 굳게 믿는데 누가 뭐라고 한들 흔들리겠느냐고요. 또 남에게 나를 알아달라고 내세울 필요가 있겠어요? 결국 내가 나를 인정하기 위해 그러는 건데, 이미 내가 나를 인정하고 있는데, 남의 인정을 더 받을 필요는 없는 것 아니에요? 그래서 자존감이 높은 사람은 담담한 사람이에요. 알아주면 나쁠 건 없

지만 딱히 좋을 것도 없는 사람입니다. 몰라준다고 섭섭해하지도 않고요.

ㅅ 지금 이대로의 내가 좋다는 마음은 조건이 결정하지 않는다는 선생님의 말씀이 너무 달콤합니다. 내가 괜찮다는 생각을 하기 위해 억지로 더 노력하지 않아도 된다는 거잖아요. 내 존재 자체를 긍정한다는 건 멋진 일이네요. 그리고 긍정하는 주체가 나라는 건 더 멋진 일이고요. 제 자신에게 왜 내가 괜찮지 않은지 물어봤더니, 사회에서 말하는 기준들이 줄줄이 나오네요. 돈이 많아? 지위가 높아? 힘이 있어? 그런 기준들 말이죠. 돈이 없어도, 지위가 낮아도, 힘이 없어도 자존감이 낮을 필요가 없다는 건 얼마나 희망적인 소식인지요. 그저 나를 받아들이고 다독이고 괜찮다고 말해준다면, 자존감이 올라가고 열등감이 사라진다니 반가운 소식입니다.

(열등감을 해소하고 싶어요)

열등감에서 편안해지는 법

우리 속담에 '뱁새가 황새 따라가려고 하다가 가랑이 찢어진다'는 말이 있습니다. 그걸 뒤집어서 생각해볼까요. 황새가 뱁새 둥지에 들어갈 수 있나요? 작아서 못 들어가잖아요. 뱁새는 황새도 못하는 걸 하는 겁니다. 그러니 작은 둥지에 들어가는 건 황새가 뱁새를 따라가지 못해요. 사람들이 자꾸 뱁새가 황새 따라가려다 가랑이 찢어진다는 한쪽 면만 보니까 황새가 낫고 뱁새가 못하다는 생각을 하는 거예요. 황새와 뱁새는 서로 잘나고 못나고가 없어요. 황새는 황새로 살 뿐이고 뱁새는 뱁새로 사는 것뿐이에요.

ㅅ 황새와 뱁새는 서로를 비교하여 잘나고 못나고를 따지는 우리를 의미하는 것 같습니다. 다른 기준을 적용하면 전혀 다른 잘남과 못남이 펼쳐지는군요. 《이솝우화》 속 토끼와 거북이의 경주도 육지에서 하니까 토끼가 빨랐지, 바다에서 수영하도록 했다면 정반대의 결과가 되었을 겁니다. 그런데도 우리는 매일 나와 다른 사람을 비교하며 삽니다. 비교의 결과, 내 마음을 제일 괴롭히는 것은 내가 저 사람보다 못하다 싶어 속상하고 괴로워지는 열등감입니다. 기준을 다르게 하면 열등감은 사라질 수 있을까요? 선생님에게 열등감을 어떻게 다루는 것이 좋을지 물어보았습니다.

ㄱ **열등감을 활용하라**

열등감의 반대말이 뭘까요? 우월감입니다. 열등감과 우월감은 쌍둥이에요. 어머니가 같다는 거죠. 그럼 어머니는 누구일까요? 비교라는 어머니에요. 가다가 이리 가면 열등감이고, 저리 가면 우월감이 되는 거죠.

서양 사람들은 우리가 날 때부터 열등감을 가지고 태어난다고 봐요. 무엇과 비교해 열등하냐면, 신보다 열등하다는 겁니다. 서양은 신본주의를 따르니까 신은 완벽하고 완전하다고 생각합니다. 그러나 신이 만든 사람은 뭔가 하나라도 부족하다고 생각해요. 그래서 사람은 태어나면서부터 평생에 걸쳐 신을 닮아가려고 합니다. 즉 완전해지려고, 지금의 나보다 우월해지려고 노력한다는 겁니다. 열등감에 위축되는 것이 아니라 열등감을 활용해서 나아지려고 애쓴다는 거예요. 그래서 열등감을 극복하고 우월감으로 가면, 이제는 우월감을 놓치지 않으려고 노력하는 겁니다.

기본적으로 인간과의 비교 대상이 신이라는 점에서 서양의 열등감은 병적으로 진행되는 것이 아니라 자기 발전을 위한 원동력으로 작용합니다. 우리나라의 열등감과 다른 궤도를 그리면서 간다고 봐야 하지요. 우리나라의 열등감은 인간과 인간이 비교 대상입니다. 그것도 나와 가까운 대상과 비교해요. 그래서 자꾸 부정적인 감정을 불러일으키는 겁니다.

비교의 대상을 달리하면 열등감은 부정적이고 파괴적인 감정이 아니라 긍정적이고 발전적인 감정이 됩니다. 그러면 열등감을 활용할 수 있어요. 이것이 내 삶에 도움이 되는 열등감 활용법입니다.

자기를 볼 수 있는 눈이 생기면 열등감도 사라진다

열등감을 활용하려면 자기를 볼 수 있는 눈이 있어야 해요. 자기를 본다는 건 내가 좋아하고 싫어하는 것을 안다는 것이고, 내가 무엇을 잘하고 못하는가를 안다는 것이죠. 특히 내가 무엇을 잘하고 못하는지를 아는 것은 자기를 객관적으로 볼 수 있다는 겁니다.

노래 경연 대회에 나가는 사람을 예로 들어볼게요. 자기를 보는 눈이 없는 사람은 노래 실력은 부족한데 가수가 되고 싶은 마음만으로 노래 경연 대회에 나갑니다. 그러면 예선에서 어떻게 되겠어요? 떨어지겠죠. 당연한 결과잖아요. 그리고 옆 사람이 노래하는 걸 들을 때는 자기보다 잘하니까 샘이 나고 속이 상해요. 열등감을 느끼며 괴로워합니다. 이 사람의 열등감이 건강한 열등감인 것 같습니까? 아니죠. 이 사람은 열등감으로 괴로워하기 전에 자기가 이 대회에 나갈 수 있는 사람인가부터 따져봐야 했지요. 자기를 볼 수 있는 눈을 가진 사람은 노래 경연 대회에 구경을 가지, 직접 참가하지는 않아요. 자기 분수를 알기 때문입니다. 그리고 노래 경연 대회에서 노래 잘하는 사람을 보면 열등감을 느끼는 것이 아니라 존중하는 마음이 되어 노래를 즐겁게 듣습니다.

열등감을 느끼던 사람도 자기를 볼 줄 아는 눈이 생기면 열등감이 사라집니다. 대신 열등감을 건강하게 활용하게 됩니다. 학력이 모자라면 공부를 해서 보충하고, 힘이 모자라면 운동을 해서 키우는 거죠. 모자란 부분을 채우기 위해 노력하게 된다는 말이에요. 그걸 자기 발전이라고 부르는 겁니다.

나와 나를 비교하라

자신의 얼굴이 못생겼다고 생각하는 사람이 장동건과 비교해서 열등감을 가질까요? 아니에요. 자신과 거리가 너무 먼 사람은 비교의 대상이 아니라 흠모의 대상입니다. 열등감으로 힘들어하는 사람은 자신과 너무 차이가 나는 사람과 비교하지 않습니다. 장동건도 자신을 우리와 비교하며 우월감을 느끼지 않아요. 그 사람이 비교하는 건 잘생겼다고 소문이 난 다른 영화배우일 가능성이 높아요. 명문대 학생은 다른 명문대 학생과 자기를 비교해요. 초등학생은 같은 반 아이와 하고요. 소위 같은 업종끼리 비교하는 겁니다. 나보다 조금 나은 같은 업종의 사람과 나를 비교하니 자꾸 속이 상하고 힘들어지는 거예요.

그래서 비교의 대상을 남에서 나로 바꾸라는 거예요. 어제의 나와 오늘의 나, 옛날의 나와 현재의 나, 대학 다닐 때의 나와 회사 다닐 때의 나. 이렇게 비교 대상을 정하라는 거죠. 그러면 어떤 일이 일어날까요. 흐뭇한 마음이 일어날 때도 있고 부끄러운 마음이 일어날 때도 있어요. 흐뭇한 마음이 일어나는 건 건강한 우월감이 생긴 것이고, 부끄러운 마음이 일어나는 건 건강한 열등감이 생긴 것입니다. 둘 다 건강한 거죠. 우월한 마음이 들면 자축하면서 즐기면 되고, 열등한 마음이 생기면 스스로 위로해주면서 분발하면 되는 거예요. 가까이 있는 다른 사람과 비교하면서 매달리거나 얽매일 필요가 없어요.

人 열등감을 나쁘다고만 여겼지 활용해야 할 마음의 자원이라는 생각은 미처 하지 못하고 살았습니다. 선생님의 이야기 속에서 일관된 가르침은 비교의 대상을 무엇으로 하느냐가 중요하다는 것이었습니다. 가까운 사람과 비교하여 스스로 마음을 들들 볶던 우리를 다시 돌아보게 했습니다.

열등감을 발전의 원동력으로 삼으라고 이야기한 정신분석가는 알프레드 아들러였습니다. 우리 몸 속에 열등한 부분이 있으면 그것을 보완할 다른 장기가 특별히 더 발달한다는 것이었지요. 다리를 못 쓰게 된 중도 장애인은 손의 힘이 더 강해진다는 원리입니다. 열등감이 병적인 콤플렉스로 가지 않고 성장의 원동력이 될 수 있도록 내 마음의 문지기를 한 사람 세워두어야 겠습니다.

(다른 사람들의 평가를 다 모으면 내가 되는 걸까요?)

나는 나일뿐이다

내가 치료한 환자 중에 글을 써 오는 학생이 있었어요. 몇 편 읽어보니 괜찮은 것도 있어서 무심코 지나가는 말로 "글을 잘 쓰는구나"라고 했어요. 그런 말을 했다는 것도 잊고 지냈는데, 한참 지난 후에 그가 책을 한 권 들고 찾아왔어요. 작가가 되었다는 거예요. 글을 잘 쓴다는 내 말에 용기를 얻고 열심히 써서 등단도 하고 어엿한 작가가 되었더라고요. 깜짝 놀랐습니다. 의사의 한마디가 이렇게 사람의 인생을 바꿀 수도 있구나 하는 생각이 들었죠.

ㅅ 살다 보면 나에게 굉장히 중요한 사람이 한두 사람 있게 마련입니다. 그런 사람에게 듣는 말은 내 인생에 결정적인 영향을 미칩니다. 그 환자에게는 선생님이 그런 사람이었나 봅니다. 그는 자라면서 여러 사람에게 이런저런 평가를 들었을 테지요. 모두 그에게 부정적인 이야기를 해서 정신병원 신세를 지게 된 건지도 모릅니다. 그러나 자신의 재능을 알아보는 의사 선생님의 한마디로, 그는 자신을 전혀 다르게 바라보게 되었습니다.

그렇다면 여기서 한 가지 의문이 생깁니다. 이 사람은 도대체 누구일까요? 여러 사람이 내린 부정적인 평가가 그 사람의 진짜 모습일까요, 의사 선생님의 한마디로 달라진 게 진짜 모습일까요? 특히 우리 사회는 다른 사람의 평가에 많이 신경 쓰는 사회라, 이 사람이 누구인지 더 궁금해집니다. 선생님에게 다른 사람의 평가를 모두 모으면 내가 되는지 물어보았습니다.

ㄱ **장님들이 만진 코끼리를 합한다고 코끼리가 되지 않는다**

그건 내가 아니에요. 그 사람들이 본 나일 뿐입니다. 장님들이 코끼리 만지는 이야기나 같아요. 장님들이 코끼리를 만지고 다 다른 소리를 하잖아요. 그런 소리를 다 합하면 어디 제대로 된 코끼리가 되나요? 이상한 짐승이 될 뿐이죠.

다른 사람의 평가는 그 사람들의 시선이 담겨 있을 뿐이지 내가 아닙니다. 《이솝우화》에도 다른 사람들의 이야기를 듣다가 당나귀를 메고 가는 아버지와 아들 이야기가 나오잖아요. 처음에 아버지가 당나귀를 타고 아들이 끌고 가니까 사람들이 보고 아들 생각도 안 하는 무정한 아버지라고 해요. 반대로 아들을 태우고 가니까 또 불효막심한 아이라고 해요. 둘 다 타고 가니까 불쌍한 당나귀라고 해요. 그래서 둘이 당나귀를 메고 간다는 거 아니에요. 그런 꼴이 납니다. 다른 사람의 이야기만 듣고 자기인 줄 아는 사람을 우리는 팔랑귀라고 하죠. 귀가 얇아서 이 사람 말을 들으면 이렇게 하고 저 사람 말을 들으면 또 저렇게 하는 사람인 거죠. 자기 주관이 없고 줏대가 없으면 자칫 팔랑귀가 되기 쉽습니다.

그런 사람은 남이 하는 평가에 지나치게 마음을 쓰며 삽니다. 잘한다고 하면 우쭐하고, 못한다고 하면 우울해지죠. 자기가 없으니 남으로 자기 속을 채우는 겁니다. 불쌍한 인생을 사는 거예요.

어린 시절 들었던 말이 평생을 좌우한다

팔랑귀가 되는 건 기질적일 수도 있지만 심리적인 원인이 있어요. 자라면서 좋은 소리를 못 들은 거죠. 어릴 때는 자아가 약합니다. 그런 아이에게 부정적인 이야기를 하면 그게 자기인 줄 알아요. 콩 심은 데 콩 나고 팥 심은 데 팥 나는 것과 같은 이치죠.

환자 중에 자꾸 자살을 시도하는 명문대생이 있었습니다. 자살하려는 이유가 뭐냐고 물었더니 머리가 나빠서래요. 머리가 나빴다면 명문대에 들어갈 수 있었겠어요? 명문대에 들어간 사실 자체가 머리가 나쁘지 않다는 증거잖아요. 왜 그렇게 생각하느냐고 물었더니, 자기 집안이 모두 최고 대학의 의대를 나온 의사 집안이래요. 그래서 아주 어릴 때부터 전교 1등을 못 하면 그 집에선 머리 나쁘단 소리를 들은 거죠. 그러다 보니 자기가 머리가 나쁘다고 확신하게 됐어요. 친구들이나 주위 사람들이 머리 좋다고 해도 별 소용이 없어요. 가장 가까운 부모와 형제가 말하는 게 영향력이 훨씬 강해서 자꾸 자살을 시도하는 거예요. 얼마나 가여운 아이에요. 어린 시절에 들었던 부정적인 말 때문에 자살까지 하려고 하는 인생이 되었으니 말이죠.

기가 센 것이 도움이 되기도 한다

우리가 사람을 보면 기가 세다, 약하다 이야기하잖아요. 기가 세면 다툼도 많을 것 같고 여러 가지 안 좋을 거 같죠? 그렇지 않아요. 기가 세면 자기에게 굉장히 좋습니다. 특히 부정적인 말을 많이 하는 부모를 만났을 때 별 영향을 받지 않고 일찌감치 부모로부터 심리적 독립을 해버립니다. '부모님은 그렇게 말하세요. 나는 나대로 살 테니.' 이렇게 되는 거죠. 그래서 어릴 때 부정적인 평가를 받는다고 해서 다 팔랑귀가 되는 것은 아니에요. 기가 센 아이, 다르게 말하면 자아 강도가 강한 아이는 버티고 견디고 이겨냅니다. 마치 흙으로 덮어도 강한 새싹은 위로 솟아오르고 약한 새싹은 흙에 묻혀서 나오기 힘들어하는 것처럼, 자아가 강한 아이는 어떤 환경이 주어져도 자라납니다.

환자가 정상이고 정상인이 환자다

엉뚱한 생각을 해요. 내가 치료하는 많은 환자들은 절대로 환자가 아니라는 거죠. 오히려 치료를 받지 않은 많은 다수가 환자들이고. 무슨 말이냐면, 지금 세상을 살아가자면 받는 스트레스가 엄청나거든요. 언젠가 추석에 제사를 지내고 아이들이 모두 나가서 할 일이 별로 없었어요. 흔들의자에 앉아 종일 텔레비전만 봤는데 온통 정치 이야기에요. 나는 한 귀로 듣고 한 귀로 흘렸다고 생각했는데, 그게 스트레스가 되었다는 걸 병원에 가고 나서야 알았습니다. 혈압이 정신없이 올라가서 무려 200이 넘었어요. 자극을 받은 일은 텔레비전에 나오는 정치 이야기밖에 없었는데. 그때 내 환자들 생각이 나더라고요. 오늘날에는 사람을 미치게 만드는 자극이 너무 많아요. 그러면 당연히 미쳐야 정상이잖아요. 그런 자극을 주는데도 안 미치고 살아서 돌아다니는 사람들이 비정상 아닐까요? 양심적으로 그걸 못 견디겠다며 나한테 온 사람들을 미쳤다고 해야 하는가 싶은 거죠.

좋은 말 해주는 사람을 만나라

기가 센 사람이건 약한 사람이건 자기 줏대를 세워야 다른 사람의 평가로부터 자유로워져요. 그러려면 우선 좋은 말 해주는 사람을 만나야 해요. 만나면 왠지 내가 작아지는 느낌이 드는 사람은 가급적 만나지 마세요. 아주 피할 수 없는 사람이 아니라면 만나지 말라는 거죠. 그런 사람의 영향은 아주 강하고 오래가거든요. 나를 작게 만드는 사람은 나에 대해 안 좋게 말하는 사람일 가능성이 큽니다.

만나고 나면 내가 왠지 더 커지는 느낌을 주는 사람도 있어요. 그런 사람을 자주 만나야 해요. 밥도 사주고 차도 사주면서 친하게 지낼 필요가 있어요. 그래서 내가 좋은 사람이라는 걸 자꾸 확인받고 내 줏대도 좀 세워지면 면역력이 생기는데, 그걸 정신과에서는 자아방어기제라고 합니다. 건강한 자아방어기제가 생기면, 이런 사람 저런 사람이 나에 대해 이러쿵저러쿵하는 평가를 가볍게 웃으면서 들을 수 있게 됩니다.

ㅅ 선생님의 이야기를 듣고 나자 '그대 앞에만 서면 나는 왜 작아지는가'라는 노래 가사가 생각났습니다. 이런 사람은 가급적 만나지 않아야겠습니다. '그대 앞에만 서면 나는 왜 커지는가' 하는 사람을 찾아서라도 만나야겠습니다. 길어야 100년 인생인데, 좋은 사람을 만나 좋은 이야기만 듣기에도 짧지 않습니까? 제 경험에 비추어보면 저에게 안 좋은 소리를 하는 사람들은 대부분 '이게 다 너를 위해서 하는 소리'라고 단서를 달고 이야기합니다. 정말 저를 위해서라면 부정적인 소리를 하지 말아달라고 말하고 싶습니다.

기가 센 사람이 얼마나 많겠습니까? 우리는 대개 기가 약하고 귀가 얇습니다. 그리고 다른 사람 말에 신경을 많이 쓰며 삽니다. 이런 우리에게 부드럽고 다정하게 강점과 장점을 말해 주며 용기를 북돋워준다면 얼마나 고맙겠습니까? 저도 누군가를 평가할 때 더 조심하는 사람이 되어야겠습니다.

(어떻게 해야 내가 좋아하는 것을 찾을 수 있을까요?)

내가 나로 살아가는 법

대학교에 들어가니 적성에 안 맞는 거예요. 싫어하는 과목만 잔뜩 있으니까 적응할 수가 없었어요. 시험은 많지. 탈출구가 뭐였냐면, 교내에 시문학연구회를 만들었고 학교 밖에서는 문학동인회에 들어가 백기만, 이효상 선생님을 모시고 활동했어요. 그다음에는 경북학생산악연맹을 만들었죠. 거기 가면 다들 형님이라고 대접해주니 기분이 좋았어요. 그렇게 과외활동을 계속하니까 의과대학 공부는 바닥을 헤매는 거예요. 낙제를 겨우 면할 정도였죠. 그러니 재미가 없었어요.

ㅅ 정신과 의사로 평생을 산 선생님도 대학교에서는 적성에 맞지 않아 고민이 많으셨네요. 그런데 부럽습니다. 문학과 등산을 찾아내셨으니 말입니다. 우연히 찾아낸 건지 작정하고 찾아낸 건지 모르지만 재미없는 대학 시절을 버티게 해주었고, 30여 년간 네팔에 갈 수 있었던, 베스트셀러 책을 쓸 수 있었던 뿌리가 모두 이때 탄생했으니까요. 그때는 그게 훗날 선생님 인생의 출발이 될지 몰랐을 겁니다. 선생님이 문학과 등산을 찾아낸 것처럼 우리도 어떻게 하면 내가 좋아하는 걸 찾아낼 수 있을지 선생님에게 물어보았습니다.

ㄱ **과정이 재미있어야 좋아하는 거다**

일이 그래요. 결과가 재미있는 게 있고 과정이 재미있는 게 있어요. 내가 좋아하는 일이라면 결과가 어떻게 나오든 상관이 없어요. 과정이 재미있으니까. 결과가 잘 나오면 그건 보너스일 뿐이에요.

내가 학교 다닐 때 공부하고 시험 준비하는 건 하나도 재미가 없었어요. 그런데 결과로 100점이 나오면 재미있었어요. 흥분되고 즐거웠죠. 집에 시험지를 들고 가면 어머니가 엄청 좋아하셨어요. 사실 그걸 보는 재미로 공부했죠. 결과만 재미있는 거예요. 그때는 공부를 좋아한다고 생각했는데, 내가 좋아한 건 공부가 아니었어요. 과정이 즐겁지 않았으니까요.

국제대회에서 메달 따는 선수들의 표정을 보면, 옛날보다 요즘 선수들의 표정이 훨씬 밝아요. 옛날에는 은메달 따면 울었어요. 금메달을 놓쳐서 분한 거죠. 그런데 요즘은 웃어요. 인터뷰에서 은메달을 딴 자신이 자랑스럽다고 말하거든요. 옛날 선수들은 금메달이란 결과가 즐거운 것이었지만, 요즘 선수들은 과정이 즐거운데 메달까지 따니 금상첨화라는 거예요. 그래서 요즘 신문 기사를 보면 '즐기면서 성적도 올리는 세대'라는 표현이 심심치 않게 헤드라인으로 등장해요. 세월이 변하면서 선수들도 결과를 보고 운동을 시작하는 게 아니라 운동이 좋아서 시작하고, 과정이 즐겁다 보니 그 결과도 좋다는 겁니다.

내가 사라지는 일이 내가 좋아하는 일이다

어릴 때 해가 질 때까지 친구들과 놀다 보면 집에 들어오라고 해요. 그제야 '아, 벌써 저녁 먹을 시간이구나!' 하는 생각이 들어요. 정신없이 재미있게 놀다 보니 지금 해가 졌는지, 내가 뭘 하고 있는지도 잊어버린 거죠. 그 순간만큼은 내가 사라진 겁니다. 나이가 들어서도 그림을 그리다 시간을 까맣게 잊은 적이 있어요. 그림 그리는 순간에는 시간도 공간도 사라지고, 그 속의 나도 사라지는 거죠. '아, 벌써 몇 시간이 지났나?' 이런 생각이 든다면 이건 내가 좋아하는 일인 거예요.

다만, 한 가지 단서가 붙어요. 게임이나 술, 마약 같은 것은 내가 좋아하는 게 아니라 중독되는 겁니다. 나의 몸과 마음에 해를 주지 않는 일이어야 좋아하는 일이라고 할 수 있습니다. 나도 일흔 중반에 사이버대학교에서 공부를 하는데, 온라인 수업을 듣다 보면 빠져들어 나를 잊어버려요. 네팔을 다니며 문화에 대해 좀 더 체계적으로 알고 싶던 차에 교수들에게 설명을 들으니 시간 가는 줄 모르겠더라고요. 아내가 나한테 어디 홀린 것처럼 컴퓨터 화면을 정신없이 보고 있었다고 해요. 아내가 옆에 있는 줄도 모르고 몰입되어 본 것이지요.

너무 보고 싶은 연인을 만나면 시간이 총알처럼 가버리잖아요. 만난 지 몇 분도 안 된 것 같은데 벌써 헤어질 시간이란 생각이 들지요. 반대로 억지로 떠밀려 나온 미팅에서 만난 사람은 한참 이야기한 것 같은데 30분도 안 된 걸 알게 되죠. 오늘따라 시간이 너무 안 간다는 느낌이 들어요. 좋아하는 일도 보고 싶은 연인을 만나는 것과 같습니다. 시공간이 사라지며, 나도 사라지는 느낌. 문득 정신을 차렸을 때 훌쩍 시간이 지나갔다면, 이건 분명 내가 좋아하는 일입니다.

좋아하는 일을 하면 내가 사라지는 느낌이 드는 이유는 생각을 하지 않기 때문입니다. 좋아하고 싫어하고는 느낌이지 생각이 아니거든요. 생각을 하는 양과 시간은 비례해서 느껴집니다. 생각을 많이 하면 시간이 천천히 가고, 적게 하면 시간이 금방 갑니다. 낯선 길을 갈 때는 오래 걸리는 것 같은데, 돌아서 나올 때는 반도 안 걸린 느낌이 드는 이유가 여기 있어요. 갈 때는 이 길이 맞는지, 제대로 가는지 머릿속으로 이런저런 생각을 많이 하거든요. 그래서 시간이 오래 걸리는 걸로 느껴져요. 그런데 돌아서 나올 때는 이 길을 아니까 별로 생각할 필요가 없어요. 그래서 금방 나온 것 같아요. 시간을 재보면 둘 다 별 차이가 없는데도 우리 머리는 그렇게 인식하는 겁니다.

이 일을 하면 무엇이 좋은지를 생각한다면, 이미 좋아하는 일이 아니에요. 우리가 누가 좋을 때, 그 사람이 왜 좋으냐고 물으면 대답이 막히면서 하는 말이 있잖아요. '그냥!' 맞아요. 그냥 좋은 게 좋은 거예요. 그리고 그렇게 그냥 좋은 것을 할 때는 내가 사라집니다. 그걸 기준으로 내가 지금 하는 일을 살펴보면 무엇을 제일 좋아하는지 알 수 있어요. 가장 많이 내가 사라지는 일. 그게 내가 제일 좋아하는 일입니다. 그리고 잘할 가능성도 높은 일이지요.

ㅅ 제 경험에 의하면 내가 좋아하는 걸 발견하는 것은 우연이었습니다. 우연이라고 말한 것은 작심하고 찾으려 해도 때가 되지 않으면 찾을 수 없기 때문입니다. 사실 세상에 우연은 없습니다. 우연은 원인이 너무 복잡해서 지금 설명할 수 없는 필연이라고 하잖아요. 그런데 그 우연을 앞당길 수 있는 방법이 있었네요. 바로 내가 사라지는 경험을 하는 일이 무엇인지 살펴보는 것입니다.

선생님처럼 저도 한 번씩 하얀 종이에 펜으로 그림을 그리곤 합니다. 한참 그리다 고개가 아파 들어보면 한두 시간이 훌쩍 가버리곤 하더라고요. 마음으로는 10분도 채 그리지 않은 것 같은데 말이죠. 잘 그리고 못 그리고를 떠나서 무언가를 보고 그리다 보면 제가 문득 사라지는 느낌이 드는 것 같습니다. 그리고 다시 돌아온 나를 느낄 때 헤어졌던 가족을 만난 듯 반갑고, 그림을 보면 빙그레 미소가 끊이지 않습니다. 아하, 내가 좋아하는 일은 몰입이 될 수밖에 없는 거로군요. 선생님의 말씀으로 이제 하나씩 제가 사라지는 일들을 찾아보아야겠습니다. 인디아나 존스가 성배를 찾아 떠나는 마음으로 내가 좋아하는 것을 찾아 떠나는 여행을 한다면, 어느새 좀 더 즐거운 인생을 살고 있는 나를 발견할지도 모르겠네요. 이제 제가 좋아하는 것을 찾아 떠나는 희망원정대가 되어야겠습니다.

(창의성을 기르려면 어떻게 해야 할까요?)

창의적으로 산다는 것

하늘 아래 새로운 것은 없어요. 새로워 보여도 가만히 보면 틈새를 파고든 것들이에요. 새로운 각도나 시선으로 보면 똑같은 네모가 점으로도 보이고 선으로도 보이고 면으로도 보이는 거죠. 그래서 뭔가 새로 만들어낸다는 것은 이리저리 비틀어본다는 말과 같은 말이에요. 새로운 것을 만들려면 있던 것을 잘 살펴보면 됩니다. 그리고 의문을 가져야 해요. 이럴 수밖에 없을까? 다르게 될 수는 없을까? 그런 관찰과 의문이 자기만의 답을 가져오죠. 그걸 다른 사람한테 인정받으면 창의성이 되고, 인정받지 못하면 망상이 되는 거죠. 내가 만난 환자들도 창의성은 천재적이에요. 현실성이 없어서 그렇지. 창의성과 망상은 현실이란 종이 한 장 차이입니다.

ㅅ 선생님의 제자로 사람 사는 이치를 배운 지 어느새 25년이 되어갑니다. 그동안 선생님 곁에서 하시는 일들을 보고 도와드리면서 느낀 한 가지는, 선생님이 세상에 없던 일들을 개구쟁이 소년처럼 만들어내시는 데 기막힌 재주를 가지셨구나 하는 겁니다. 이것을 세 글자로 요약하면 창의성이 됩니다. 그래서 선생님에게 평소 궁금했던 한 가지, 바로 창의적인 사람이 되려면 어떻게 하면 좋을지 물어보았습니다.

ㄱ **벽돌 한 장 얹은 것뿐이다**

창의성이라는 말은 참 좋은데, 실은 나한테 그런 게 많지 않아요. 내가 한 일이라곤 지금까지 다른 사람이 해온 일들 위에 벽돌 한 장 얹은 게 전부입니다. 그게 다른 사람 보기에는 굉장히 창의적인 것처럼 보인 거죠.

내가 조금 달랐다면 남들보다 좀 더 앞을 봤을 뿐이지 큰 미래를 본 것은 아니에요. 정신과 교수로 있으면서 레지던트들에게 교육할 때 앞으로 정신과는 이러저러해야 한다고 이야기하면, 전부 허황된 소리를 한다고 했어요. 그 당시 상황으로는 현실성이 없다는 뜻이지요. 그런데 그때 내 이야기를 들었던 레지던트들이 전문의가 되어 스승의 날에 밥을 사주겠다고 와서는 이렇게 말해요. 그때 내가 했던 이야기가 지금은 맞는다고.

정보가 창의성의 재료다

요즘은 내가 그때처럼 자식 손주들 앞에서 이러저러한 이야기를 하면, 반응이 옛날 제자들과 달라요. 내가 이야기한 것이 이미 현실에 적용되고 있다는 겁니다. 내가 이야기한 것들이 예전에는 적어도 5년쯤 지나야 생겼는데, 요즘엔 이미 존재한다는 거죠. 나는 달라진 게 없는데 왜 이런 차이가 생길까 생각해보았어요. 답이 바로 나오더라고요. 정보력의 차이. 그게 답이에요. 옛날에는 내가 정보를 많이 가지고 판단하니까 조금 앞서갈 수 있었는데, 요새는 현역에 있을 때보다 정보 소스가 없잖아요. 정보력이 약하니까 앞을 내다보는 힘이 적어지는 겁니다. 내가 퇴직할 때 제자들에게 이런 말을 했어요. "오늘까지는 내가 너희들의 스승인데 오늘 이후는 너희들이 내 스승이다." 내가 정년 퇴임 하고 나면 현역에 있을 때만큼 정보를 수집할 기회도 없고 능력도 자꾸 떨어지니까, 공부를 계속하고 있는 제자들이 내 스승이 될 수밖에 없다는 거죠.

곱씹는 힘이 창의성이다

그런데 정보가 그냥 많기만 해서는 창의적이 되지 않습니다. 요즘 정보야 흘러넘치잖아요. 그렇다고 누구나 스마트폰을 만들 수 있었을까요? 스티브 잡스라는 사람이 정보를 잘 활용해서 만들었잖아요. 정보를 잘 활용한다는 말을 다르게 말하면 정보를 곱씹는다고 할 수 있을 겁니다. 정보를 내가 주체적으로 곱씹는 과정이 있어야 창의적인 아이디어가 나오는 거예요. 우리 속담에도 '구슬이 서 말이라도 꿰어야 보배'라는 말이 있듯이, 구슬은 요즘 누구나 가지고 있는데 꿰는 기술은 아무나 가지고 있는 게 아닙니다.

호기심이 정보를 곱씹게 한다

정보가 눈앞에 있어도 이게 궁금하지 않으면 그저 있을 뿐인 거예요. 하지만 궁금증이 있다면, 다시 말해 호기심이 있다면, 눈앞의 정보를 가만히 두고 보지 못합니다. 어떻게든 꿰어보려고 이리 꿰고 저리 꿰는 거죠. 의사를 예로 들어봅시다. 의사에게 제일 바탕이 되는 것은 측은지심입니다. 남이 아프다고 하면 '아이고, 왜 아플까?' 해야지, 그냥 '아픈가 보다!' 해서는 의사가 될 수 없어요. 왜 아플까 궁금해하는 마음이 호기심입니다. 호기심이 있으면 최신 학술지도 찾아보고, 인터넷도 뒤져보고, 어디서 관련된 스터디가 있다면 일부러 시간 내서 찾아가기도 한단 말이죠. 그러다 보면 이런저런 정보가 구슬 꿰듯 끼워 맞춰지는 겁니다.

상상력이 추가되면 창의성이 된다

요즘 가만히 생각해보니까, 상상력이 호기심에 보태지면 창의성이 되는 것 같아요. 내가 중학교 때 장래희망란에 지구를 들어 올리겠다고 썼어요. 아이들이 그걸 보고 자꾸 놀리기에, 지금 보여주겠다고 했죠. 아이들이 잔뜩 모였어요. 내가 그 순간 물구나무서기를 했어요. '봐라, 들어 올렸지?' 하고요. 그때 어떻게 그런 생각을 했는지 지금도 신기하지만, 그런 게 상상력인 거예요. 이렇게 비틀어서 생각해보고 저렇게 돌려서도 생각해보는 게 상상력입니다.

상상력의 천재들은 내가 본 환자들이에요. 현실 가능성이 없어서 그렇지, 환자들의 이야기를 들어보면 기발한 상상력에 혀를 내두르게 됩니다. 한번은 한 환자가 나에게 벼락부자를 만들어주겠다면서 땅 한 평만 사라는 거예요. 어떻게 벼락부자가 되는지 말해주면 생각해보겠다고 했죠. 그랬더니 자기가 한 평,

내가 한 평 사서 두 평 땅에 석유 시공하는 파이프를 박는다는 거예요. 끝없이 계속 박아나가면 사우디아라비아 유전에 연결된다는 겁니다. 그러면 사우디의 석유가 고스란히 파이프를 통해 우리가 투자한 두 평 땅 위로 솟아나니 그걸 내다팔면 벼락부자가 된다는 거죠. 황당하지만 언뜻 그럴 수도 있겠다는 생각이 들었습니다. 이 환자의 상상력이 얼마나 뛰어나요.

ㅅ 창의성은 무에서 유를 뚝딱 만들어내는 것이 아니었군요. 유에서 호기심과 상상력이란 다리를 건너 새로운 유를 만들어내는 것이었네요. 25년간의 궁금증이 한꺼번에 풀리는 시원한 순간이었습니다. 조금만 다르게 생각하는 연습을 하다 보면 누구나 창의적인 삶을 살 수 있다는 희망이 생겨 기쁩니다. 먼저 정보를 충분히 확보하되 호기심을 가지면 나머지는 상상력이 알아서 해주겠네요. 타고날 때부터 창의적인 사람도 있겠지만 평범한 우리도 기존의 배움과 틀에 안주하지만 않는다면 얼마든지 새로운 시선으로 새로운 세상을 열 수 있겠습니다.

저도 최근 '감정식당'이란 식당을 하나 열어 매주 하나의 감정을 요리하는 시간을 사람들과 가지곤 합니다. 예를 들어

'허무'란 감정을 요리할 때는 허무를 대표하는 음식으로 공갈빵을 설정하고, 허무를 요리하는 심리적 방법을 레시피로 만들어 사람들과 나눕니다. 감정식당에 참여하는 사람들은 제가 감정식당이란 창의적인 생각을 어떻게 했느냐고 신기해합니다만, 감정이라는 재료와 우리 주변에 흔한 식당이라는 장소를 결합하니 간단하게 감정식당이란 이름이 나오고 제가 감정 요리사가 되더라고요. 이것이 또 최근에는 '감정식당 to you'라는 이름으로 라디오 방송 진행으로까지 이어지니 저도 놀랐습니다. 없던 것이 아니라 있는 것을 잘 연결하고 조합하는 것이 창의성이라는 것을 실감하고 있는 요즘입니다.

3장

세상살이가
힘들고 지쳐도

(열심히 사는데도 왜 내 마음대로 안 되는 걸까요?)

청춘의 슬픔과 해법

안 해서 못 되는 사람과 해도 안 되는 사람이 있다면 누가 더 괴로울까요? 내가 살아온 세월을 보면 예전엔 안 해서 못 되는 사람들이 많았지만, 요즘은 해도 안 되는 사람들이 훨씬 많습니다. 해도 안 되면 무력감이 생깁니다. 그리고 우울증이 생기죠. 요즘 젊은이들은 우울증 세대입니다. 우울증을 벗어나기란 무척 힘듭니다. 열심히 하면 세상이 내 마음대로 척척 되는 게 제일 좋겠지만, 그렇게 안 되면 내가 이리저리 움직일 수밖에 없죠. 화살이 과녁에 안 맞으면 과녁을 옮길 게 아니라 내가 자세를 다르게 해야 하는 거나 같은 이치에요.

ㅅ 중년이 된 사람들이 만나 지금 젊은이들과 지금의 나를 바꿔준다면 바꾸겠냐고 물어봅니다. 열 명 가운데 아홉은 고개를 가로젓습니다. 그만큼 청춘들도, 그것을 바라보는 기성세대도 청춘들이 가진 막막함과 힘겨움을 잘 알고 있다는 것이겠지요. 열심히 사는데도 내 마음대로 안 된다는 것에 절망하는 청춘들이 우리 주변에는 너무 많습니다. 정신과 의사로 평생을 살아온 선생님은 이런 현상에 대해 어떻게 생각하실지, 혹시 해법으로 제시해주실 것이 있는지 무척 궁금했습니다.

ㄱ **마음대로 안 되는 게 세상이다**

사람은 원래 자기 맘대로 안 되게 되어 있는 동물이에요. 태어나고 죽는 게 내 맘대로 안 되잖아요. 사람뿐 아니라 모든 생명체는 이 세상에 나오고 싶어서 나온 게 아니라고요. 나하고 상관없이 내가 태어난 거예요. 불교식으로 말하면, 부모의 몸을 의탁해서 나온 거죠. 저세상 갈 때도 가고 싶어서 가나요?

누구나 마음대로 살고 있다

이론적으로는 태어나서 죽을 때까지 그 사이는 내 맘대로 할 수 있어요. 프랑스 철학자 사르트르도 '인생은 b와 d 사이의 c다'라고 했어요. b가 탄생birth이고, d가 죽음death, 그 사이에 c가 선택choice으로, 선택이 인생이라는 겁니다. 태어나고 죽는 것은 선택할 수 없지만 나머지 인생은 선택할 수 있는 것, 다시 말해 자기 마음대로 할 수 있는 것이라고 한 거죠.

자기 마음대로 된다, 안 된다고 하는 것은 자기 느낌이 그렇다는 것이지, 실제로는 마음대로 하고 있어요. 다른 사람이 어떻게 살아야 한다고 할 때 그것을 할지 말지도 자신의 선택이잖아요. 선택은 마음대로 하면서 결과가 원하는 대로 안 나오니 자기 마음대로 안 되는 것처럼 느끼는 거죠. 산다는 것은 주변 환경에 적응한다는 뜻이에요. 날씨가 추우면 옷 껴입고 사는 것처럼 적응하는 거예요. 적응이 안 되면 자기 마음대로 안 된다고 느끼게 됩니다. 결국 선택의 주체는 자기에요. 결과가 불만족스럽거나 좌절되니까 탓을 하지만, 따지고 보면 자기 자신이에요. 그런데 아무도 자기가 선택해서 산다고 생각하지 않아요.

내 맘대로 했지만 결과가 잘못되었을 뿐이다

우리는 결과가 좋은 걸 소망하잖아요. 그걸 이루기 위해서 선택을 하고요. 선택은 자기 딴에는 잘했다고 생각하지만 결과가 나쁘면 좌절이나 절망 같은 감정을 느끼는 거죠. '내 마음대로 되는 게 없구나!' 하고. 통찰력이 조금 더 있는 사람은 '내 선택이 잘못됐구나!'라고 생각하죠. '내 맘대로 하긴 했는데, 내 맘대로 한 게 결과가 잘못되었구나!' 이것만 알아도 굉장한 거예요.

ㅅ 선생님의 말씀을 듣고 혼란스러워졌습니다. 선택이라는 말이 이해가 되면서도, 선택할 여지가 적을 때라면 과연 선택의 자유가 있는지 궁금했습니다. 예를 들어 백화점에 갔을 때 10만 원을 가진 사람은 100만 원을 가진 사람보다 선택의 폭이 좁습니다. 처한 상황과 조건 자체가 절벽처럼 깜깜한데 젊은이들에게 네가 더 현명하게 선택해야 한다고 말하는 게 온당한 일인지 의문이 생겼습니다. 선생님의 다음 이야기가 더 궁금해졌습니다.

ㄱ **시선을 돌리면 다른 선택이 기다린다**

네팔에 갔을 때 오랜 세월 가까이 지낸 명상가 라즈반다리

씨와 4,000미터가 넘는 카린쵸크까지 트래킹해서 2주 정도 명상을 하고 내려온 적이 있어요. 올라가면서 힘들잖아요. 라즈반다리 씨가 나한테 "닥터 리, 이 소리 안 들려?" 하고 묻는 거예요. 나는 속으로 환청인가 생각하면서 "무슨 소리?" 하고 되물었어요. 벌레 소리가 들린대요. "이 장대한 자연 속에서 벌레 한 마리가 운다고 들리겠어? 내 귀엔 안 들려." 라즈반다리 씨가 옆으로 오라고 하더라고요. 둘이 누워서 하늘 쳐다보고 히말라야 쳐다보니까 온갖 소리가 다 들리는 거예요. 자세히 보니 곤충들이 지나다니더라고요. 이 거대한 히말라야 속에도 이런 작은 벌레들이 있다는 게 신기했어요. 곤충마다 내는 소리도 다 달랐어요.

그러니까 관심을 가지면 들리는 거예요. 드러누우니까 들린 거죠. 우리 사회는 모두 늘 서서 시선을 한곳에 고정하고 있는 게 아닐까요? 드러누우면 전혀 다른 세상을 볼 수 있어요. 세상이 말하는 세상 말고 나만 볼 수 있는 세상도 있을 수 있다는 겁니다.

다른 세상을 만날 수 없다면 내가 달라질 수밖에 없다

외국에서 공부하다가 들어온 아이를 치료한 적이 있어요.

이 아이의 부모가 외국에서 사장을 하며 홍콩이니 싱가포르니 많이 돌아다녔어요. 그래서 아이는 국제학교를 다녔죠. 국제학교에서는 공부가 달라요. 숙제를 내도 선생님이 어떤 것을 해오라고 지정해주는 것이 아니라, 학생이 궁금한 게 무엇인지를 선생님이 들어보고 좋은 아이템이면 그걸 해오라고 하는 거죠.

한번은 이 아이가 하수도에서 나오는 나쁜 물과 상수도에서 나오는 깨끗한 물 중 어떤 물을 줬을 때 식물이 더 잘 자랄까 궁금했다는 거예요. 하수도에서 나오는 오염된 물은 나쁜 물이니까 우리가 마셔서는 안 되잖아요. 그런데 식물은 어떨지 궁금했던 거죠. 선생님이 해보라고 했대요. 실제로 두 가지 물을 주면서 키워보니까 하수도 물이 더 잘 자라더라는 거예요.

이런 애를 부모가 한국에 와서 강남의 고등학교에 넣었어요. 그랬더니 아이가 한국의 교육제도에 적응을 못 하는 거예요. 선생님은 '물은 생수다'라고만 가르치는데, 이 아이는 수돗물도 있고 구정물도 있는데 왜 생수냐고 묻는 거죠. 선생님은 시끄럽다고 하고. 내가 면담을 해보니 애가 선천적으로 창의성이 있는 건 아닌데 외국에서 공부하다 보니까 그렇게 공부하는 방법에 익숙해진 거예요. 다양한 시선을 갖게 된 거죠.

그런데 우리나라는 그렇지 않고 한번 튀면 선생님 눈 밖에 나잖아요. 선생님이 아이를 정신과에 데리고 가보라고 한 거예요. 그래서 내가 여기선 절대로 안 되니 아이를 외국에 내보내야 한다고 했어요. 결국 그 애는 미국에서 대학교를 졸업하고 회계사로 잘나간대요. 한국에 있었으면 일탈했을 것 같아요.

우리 젊은이들이 이 아이처럼 다른 세상으로 갈 수 없다면 방법은 하나밖에 없어요. 스스로 다른 시선을 선택하여 다른 세상을 꾸려 사는 거죠. 그것은 정말 어렵지만 그래도 가야 하는 것이 지금 젊은이들의 슬픔인 동시에 해법인 거죠. 어느 때보다 요즘 젊은이들이 어려운 때에 살고 있어요. 나도 생각하면 마음이 아픕니다.

ㅅ 다 듣고 나서 저절로 긴 한숨이 나왔습니다. 마음이 아프다는 말씀이 유독 가슴에 크게 와닿았습니다. 그만큼 어려운 시절을 살고 있는 우리 젊은이들입니다. 취업 절벽에 아르바이트 자리마저 하늘의 별 따기인 세상입니다. 또 다른 시선이란 과연 무엇일까요? 오랫동안 한 시선에만 고정한 채 살아온 젊은이들이 새로운 시선을 가진다는 것은 얼마나 어려운 일이겠습니까? 저 또한 교수 생활을 그만두고 나올 때 새로운 시선으로 새로운

삶을 선택하는 것이 너무 막막했었습니다. 결국 나이와 상관없이 난관에 부딪칠 때 세상을 탓하기보다 나의 시선, 나의 선택에 더 큰 힘을 싣고 내가 내 삶의 주인이 되어야 한다는 것이 선생님이 이야기하려는 인생의 이치인 듯합니다. 힘든 젊은이들이 할 새로운 선택들에 응원을 보냅니다.

(재미없는 공부를 왜 해야 하나요?)

공부가 재미없는 이유

모르는 걸 알아가는 게 공부에요. 책 보고 시험 치는 것만 공부라고 생각하니까 공부하는 게 너무 힘들다고 해요. 글자를 몰라도 공부할 수 있어요. 두메산골 까막눈 할머니도 농사 공부는 일등이에요. 세상에 공부 안 하는 사람은 없어요. 다 자기 인생이라는 학교에서 모르는 걸 매일 알아가는 학생들인 거죠. 제도권 공부만 공부라고 생각하는 건 공부를 너무 좁게 보는 겁니다. 뭘 해도 공부라고 마음을 넓히면 공부하는 게 참 재미있어요.

ㅅ 'ᄆ모니터에 머리 박고 죽고 싶다!' 이 말은 사이버대학에 입학한 학생들이 수업이 재미없을 때 하는 소리입니다. 이런저런 사정 때문에 공부할 시기를 놓친 어른들이 온라인으로 공부하는 사이버대학에 들어와서, 강의가 지루하고 재미없으면 이런 심정이 됩니다. 역시 공부는 재미없구나 싶은 거지요. 세계에서 제일 좋은 대학은 하버드대학이고, 제일 재미있는 대학은 유대학이라고 합니다. 유튜브가 제일 재미있다는 거죠. 학교 공부는 왜 유튜브처럼 될 수 없을까요? 왜 우리는 평생 재미없는 공부를 해야 하는 걸까요? 저 또한 평생 공부를 하는 사람이면서도 공부가 재미없다는 말을 부인하긴 어렵습니다. 그래서 선생님에게 공부가 왜 재미없는지 질문했습니다.

ㄱ **남 이유로 하니까 재미없다**

어느 통계를 봤더니 OECD 국가 중 공부에 대한 흥미도가 제일 떨어지는 게 한국이고, 공부 시간이 가장 긴 것도 한국이에요. 제일 싫어하는 공부를 제일 오랫동안 해서 제일 높은 성적을 내는 게 우리라는 거죠. 그렇다 보니 현재 OECD 국가 중 우리나라 아이들의 행복지수가 가장 낮다고 합니다.

행복이란 무엇인 것 같아요? 아이들한테 물어봤더니 "행복은 재밌는 거예요", "즐거운 거예요" 하더라고요. 맞아요. 즐거우면 행복한 거예요.

즐겁고 즐겁지 않고는 '나 자신이 중심인가?'라는 질문에 대한 대답에 좌우됩니다. 그렇다고 하면 즐겁고, 아니라고 하면 즐겁지 않은 거죠. 내가 선택을 해야 해요. 재미를 선택해야 해요. 유튜브가 재미있는 것은 내가 선택하기 때문이에요. 아무도 나에게 어떤 걸 보라고 강요하지 않잖아요. 수없이 많은 영상 가운데 내가 흥미가 생기고 보고 싶은 걸 선택하니까 뭘 봐도 재미있는 거예요.

나는 초등학교부터 고등학교까지는 부모님을 위해 공부했어요. 부모님에게 우수한 성적표를 보여드리는 게 즐거웠죠. 하지만 공부 자체가 재미있지는 않았어요. 그렇게 고등학교를 졸업하고 의과대학에 들어가니까 적성에 안 맞는 거예요. 내가 싫어하는 과목만 잔뜩 있는 데다 시험은 많았어요. 적응할 수가 없었죠. 탈출구로 과외활동만 열심히 하다 보니 의과대학 공부는 낙제를 겨우 면할 정도였어요. 대학교 때까지 재미있게 공부한 게 하나도 없는 겁니다. 부모님 보라고 공부하고, 낙제 안 하려고 공부한 거죠. 나를 위해서 공부한 건 하나도 없어요.

내가 필요해서 하면 반은 재미있다

교수가 되면서 공부를 많이 했어요. 레지던트를 교육하기 위해서 내가 먼저 공부해야 한 거죠. 환자를 진료하는 것이 재미있어서 공부하기도 했고요. 그때는 공부가 반쯤 재미있었어요. 하나도 재미없던 공부가 처음으로 반쯤 재밌어진 거죠. 반은 재미, 반은 필요. 그래서 그때 알았어요. 누구를 위해서 하는 공부는 아예 재미가 없지만, 내가 필요해서 하는 공부는 반은 재미있다는 걸 말이에요.

내 이유로 하면 공부가 재미있다

정년 퇴임을 하고 구기동에 살 때는 차로 손주를 유치원에 데려다줬어요. 그때 한국디지털대학교라는 간판을 보게 되었죠. 디지털대학은 내가 정말 하고 싶었던 것이었어요. 이화여대에서 환등기나 OHP, 빔 프로젝터 같은 기기를 내가 처음으로 사용했어요. 학교에 기기를 준비해주지 않으면 강의 안 한다고 해서 억지로 만들었죠. 재미있었어요. 그런데 디지털대학이 그런 신기술을 이용해 강의하는 곳이잖아요.

그래서 대학교 졸업한 건 빼고 고등학교 학력까지만 적어서 지원했어요. 결국 들통이 났지만. 상담학과에 교수로 있던 내 제자들이 이력서의 이름과 사진을 보고 알게 된 거죠. 불편하니까 오지 말라고 하더라고요. 그래서 상담학과가 아닌 문화학과에 지원했어요. 내가 네팔을 자주 왔다 갔다 할 때 문화이해의 방법론을 알았으면 훨씬 쉬웠을 텐데, 무작정했던 거잖아요. 이론적으로 정립된 걸 알고 싶어서 문화학과에 들어간 거죠. 공부가 너무 재미있어서 강의를 다 듣고 또 한 번 더 들었어요. 틀면 나오니까.

나는 정년 퇴임을 했으니까 특별하게 할 일이 없잖아요. 하루 종일 공부했어요. 시험 치려고 공부한 게 아니라 재미있어서 한 거죠. 하루는 총장이 날 만나자고 해서 점심을 같이했는데, 상담학과 교수를 해달라는 거예요. 그래서 2년째부터는 교수를 겸임했어요. 상담학과 교수 겸 문화학과 학생이었던 거죠. 공부를 가르치는 것도 내가 하고 싶은 대로 재미있게 했어요. 온라인상으로 학생들과 대화도 많이 하면서. 그렇게 4년을 보냈어요.

오랫동안 공부를 계속해왔는데 재미있었냐고 물어본다면, 대학교 졸업할 때까지는 재미가 없었어요. 어떤 목적으로 했기 때문이에요. 그런데 디지털대학교는 내가 선택한 공부라서 그 과정이 재밌는 거예요. 재미있게 하다 보니까 결과도 좋았죠.

부끄럽지만 졸업할 때 성적 우수상도 받았어요. 내 평생 디지털 대학 다닐 때가 제일 즐거웠어요.

ㅅ 선생님의 공부에 대한 이야기를 들어보니, '공부가 재미없어요!'라고 생각된다면 스스로에게 무엇을 목적으로 공부하고 있는지 물어봐야 할 것 같습니다. 그리고 나의 이유로 공부를 선택하는 것이 공부에 재미를 붙이는 방법임을 확인하게 되었습니다. 저 또한 대학교수를 그만둔 후에 정말 재미있게 공부했습니다. 상담하면서 필요한 책을 찾아 원리를 깨달을 때마다 짜릿한 공부의 맛을 느꼈으니까요. 내가 나의 필요, 나의 이유로 공부한다면 공부는 더 나은 나를 만들고 더 좋은 관계를 만드는 즐거운 과정이 된다는 것을 깨닫게 된 시간이었습니다.

(재미있게 살 수 있는 방법이 뭔가요?)

창의성의 원리

벽이 참 고마운 존재에요. 살다가 벽을 만나면 꼭 생각지도 못한 재미난 일이 생기더라고요. 여러 해 전에 히말라야에 가고 싶어서 산악인들과 문교부에 지원을 신청했더니 학술적 목적이라야 된다는 거예요. 정신과 의사와 산악인들이 함께하는 네팔 문화탐방이라는 아이디어가 떠올랐어요. 덕분에 오랜 세월 네팔 오지의 문화를 볼 수 있었고 그게 요즘 우표 책을 쓰는 자료가 되었죠. 벽이 가로 막으면 벽을 깨려 하지 않고 차선으로 어떻게 할까를 생각하는 습관이 생겼어요. 돌아보니 그게 창의적인 일로 발전하는 힘이 된 것 같아요.

ㅅ 선생님이 주례를 서주실 때 일이 떠오릅니다. 아내와 주례를 부탁하러 간 자리에서 선생님은 면접과 필기시험을 합격해야 주례를 서주겠다고 했습니다. 깜짝 놀란 저희에게 바로 구술시험을 쳤습니다. 하고많은 사람 중에 왜 하필 앞사람을 배우자로 선택했는지 각자 말해보라고 했습니다. 진땀을 흘리며 겨우 구술시험에 통과하자, 결혼해서 상대에게 받고 싶은 것 5가지, 줄 수 있는 것 5가지를 써서 일주일 안에 이메일로 보내라고 했습니다. 결혼식 날은 우리가 보낸 5가지를 서로 비교해서 궁합이 얼마나 맞는지를 파워포인트로 보여주며 주례사를 했습니다. 그뿐만 아니라 주례사에서 이 결혼은 5년만 유효하다고 선언하고, 실제로 결혼 6년째 저를 불러 그간 줄 수 있다는 5가지를 얼마나 지켰는지 물었습니다. 이런 선생님의 창의성이 도대체 어디에서 나올까 궁금했습니다. 그래서 선생님에게 창의적인 생각을 어떻게 하는 건지 질문했습니다.

ㄱ **붕어빵에는 창의성이 살지 않는다**

창의적이라는 것은 사회에서 규격화된 게 아니라는 뜻이에요. 그걸 사람들은 일탈이라고 부르지만, 나는 창의성이라고 생각해요. 그런데 창의성은 제도가 허용해줘야 나와요. 정신과 교과서에 자녀의 자아는 부모가 허용하는 범위만큼 자란다고 했어요. 부모가 울타리를 쳐놓은 만큼 아이의 자아가 발달한다는 거죠. 잠재적으로 창의성이 많은 애들은 부모의 울타리가 작을 수밖에 없어요. 그러니까 튀어 나가는 거예요. 지금 우리 교육제도로는 창의적인 애들을 감당하지 못해요.

지금 우리의 교육은 붕어빵을 찍어내는 거예요. 교육제도도 잘못되어 있고, 거기에 적응하는 학부모도 잘못되어 있어요. 옛날에는 없던 특목고라는 게 만들어졌잖아요. 처음에는 나름대로 창의성을 생각해서 만들었을 텐데, 자녀를 그 학교에 보내려고 하는 학부모는 창의성이 아니라 대학입학시험을 생각하는 거예요. 그래서 특목고가 설립 목적과는 달리 입학시험을 준비하는 학원으로 전락한 거죠. 선진국의 교육과 비교하면, 우리는 답은 하나라고 생각하는 정답 사회인 거고, 선진국은 정답은 없고 명답만 있을 뿐이라고 생각하는 명답 사회인 거예요. 나와 네가 생각하는 것들이 다 명답이 될 수 있다는 게 창의력을 자극하는 거죠.

요즘은 아무리 교육제도가 정답을 요구하더라도 우리 사회가 개방되어 있고 다양한 가치를 지향하기 때문에 많은 정보를 쉽게 접할 수 있어요. 앞으로는 창의적인 사람이 성공할 수 있는 사회가 될 것 같아요.

그럼에도 불구하고

창의적이지 못하고 재미없는 사회에서는 내가 좋아하는 것을 찾는 게 핵심이에요. 좋아하는 것을 찾는 방법은 '그럼에도 불구하고' 정신을 가지는 겁니다. 나는 창의적으로 하고 싶은데 학교에선 제도적으로만 한다면, 제도적인 걸 내가 이길 수가 없으니까 '그럼에도 불구하고'를 붙이는 거죠. 이길 수 없음에도 불구하고 찾아보자는 거예요. 찾아보자고 생각하면 행동으로 이행됩니다. 그렇게 야금야금. 스텝 바이 스텝으로.

재미없다는 데 집착하면 재미있는 게 지나가도 보이질 않아요. 기회가 지나가 버리는 거죠. '그럼에도 불구하고' 하면서 한 단계 낮추면 안 보이던 게 보여요. 최근에 한 인터뷰에서 '나이 들어 좋은 점'이 무엇이냐고 물었어요. 그래서 내가 나이 들어 좋은 것은 없다고 했어요. 그러면서 '나이 들면 슬프다. 슬픔에도 불구하고 찾아보자! 무엇을? 즐거움을!'이라고 말했죠. 어떻게 보면 진정한 즐거움이 아닐 수 있지만 의학적으로 통하는 겁니다.

할 수 없지 뭐

'그럼에도 불구하고' 정신으로도 통하지 않을 때가 있어요. 그럴 땐 어떻게 해야겠어요? 이럴 땐 '할 수 없지 뭐!' 정신으로 받아들여야 해요. '진인사대천명'의 마음이에요. '그럼에도 불구하고' 정신으로 살다가 그것도 통하지 않을 때는 '진인사대천명', '할 수 없지 뭐' 하고 받아들이는 것, 그러면서 그 속에서 새로운 방법을 선택하는 것, 그것이 인생을 총괄하는 하나의 지혜라고 할 수 있어요. 그러면 누구라도 지금보다는 더 재미있게 살 수 있어요.

제 경험이 하나 떠오릅니다. 교수 생활을 하면서 가장 재미있었던 과목이 '청소년 복지론'이라는 과목이었어요. 청소년 복지론은 사회복지사 자격증을 취득하기 위해서 꼭 들어야 하는 필수 과목은 아니었기 때문에 자유롭게 가르칠 수 있었어요. 학교에서는 그래도 사회복지에 맞게 가르치라는 지침을 줬는데, '그럼에도 불구하고' 제가 수업 방법으로 생각한 게 시중에 있는 교과서 말고 나만의 교과서를 만들어보자는 것이었어요. 일반 청소년들이 가장 고민하는 문제들을 뽑아서 새롭게 쓰는 거죠. '왜 대학을 가야 하나요?', '지금은 왜 여자랑 자면 안 돼요?', '당구를 치면 손가락이 부러지나요?' 등 아이들의 고민을 제목으로 정하고, 각 주제에 맞는 전문가를 불러서 대담을 했어요. 그랬더니 제가 배우는 게 너무 많고 학생들도 그 주제에 대해서 깊이 알게 되니까 그 과목이 강의 역사상 가장 좋은 평가를 받았습니다. 저도 지금까지 그 강의가 가장 재미있었다고 생각해요.

그게 왜 그렇게 즐겁고 좋았는지 궁금했었는데, '그럼에도 불구하고' 내가 할 수 있는 걸 생각해서 만들었기 때문이라는 걸 이해하게 됐습니다. '그럼에도 불구하고'에서 '그럼에도'에 너무 마음을 쓰고 있으면 정말 재미없는 삶, 재미없는 공부가 되지만, '불구하고'에 방점을 둬서 스스로 생각하고 찾아보면 그 속에서도 재밌고 즐겁고 좋아하는 것을 찾을 수 있다는 인생의 교훈을 배웠습니다. '그럼에도 불구하고' 정신을 마음 깊이 새겼습니다.

(나 자신이 싫은데 남과 잘 지낼 수 있을까요?)

나와 나의 갈등 관계

부탄에 여행을 간 적이 있어요. 그곳에 가서 놀란 건 사람들의 얼굴이 편안하다는 거였어요. 남에게 친절하게 보이려고 애쓰는 얼굴과는 달랐어요. 자기에게 만족하고 편안해하는 얼굴이었죠. 그런 얼굴을 보고 있으니 보는 사람이 친절해지더라고요. 이 나라 사람들은 물질적으로는 부자가 아니지만 마음이 부자예요. 자기 삶에 대해 큰 욕심이 없어요. 높이 올라가야겠다거나 많이 가져야겠다는 생각을 하지 않고 분수껏 즐기며 사는 거죠. 그래서 자기가 자기를 좋아합니다. 각자 자기를 좋아하니 서로 편하게 지내는 것 같았습니다. 부탄에 있으면서 나도 나를 더 좋아하게 되는 듯했어요. 잠시지만 좋은 마음에 물드니 기분이 좋더라고요.

ㅅ 가정폭력이 없는 나라의 공통점은 자기가 행복하다는 것이라고 합니다. 그만큼 인간관계의 출발점은 나와 나의 관계라고 할 수 있습니다. 나조차 나에게 잘해주지 않는데 누가 나에게 잘해주겠습니까? 또 내가 나에게도 잘하지 않는데 누구에게 잘할 수 있겠습니까? 모든 인간관계의 바탕인 나와 나의 관계에 대해 선생님에게 물어보았습니다. 먼저 왜 내가 나와 잘 지내지 못하고 갈등이 생기는지부터 질문했습니다.

ㄱ **나도 내 마음대로 못하기 때문이다**

스스로도 자기 자신에게 저항을 합니다. 저항이란 것은 무엇인가 밀고 들어올 때 대항하는 힘이잖아요. 내 마음속에서도 무엇인가 밀고 들어옵니다. 예를 들어 수험생이 밖에 나가 놀고 싶은데, 마음속에서 지금이 놀 때냐고 시비를 걸면서 공부하라고 밀고 들어오는 거죠. 그러면 놀고 싶은 마음이 저항을 해요. '좀 놀고 하면 되잖아. 왜 못 놀게 하는데.' 그러면 중간에 또 다른 마음이 생겨서 둘이 싸우지 말고 한 시간 정도만 놀다가 들어와서 공부하는 건 어떠냐고 타협을 하도록 해요.

이게 다 자기 마음속에서 일어나는 일이잖아요. 프로이트는 밀고 들어오는 힘을 초자아, 슈퍼에고superego라고 이름 지었어요. 그리고 저항하는 힘을 본능, 이드id라고 하고, 중간에서 현실적으로 중재하고 조절하는 힘을 자아, 에고ego라고 했죠. 이 세 가지 힘이 서로 갈등을 일으킨다는 거예요. 놀고 싶은 힘이 너무 강하면 공부 안 하는 애가 되고, 공부하라는 힘이 너무 강하면 공부만 하는 애가 되고, 조절하는 힘이 가장 강하면 마음의 저항이 최소화되어 놀면서도 공부하는 아이가 되는 겁니다. 결론적으로 내가 나와 사이좋게 지내지 못하는 이유는 내 안에 이런 힘들이 있어서 나도 내 마음대로 못 하기 때문이에요.

억지로 누르면 나중에 드러난다

나와 나의 관계가 좋지 않으면서 남들에게는 아주 좋은 것처럼 보이는 사람들이 있어요. 예전에 사회적으로 인정받고 정의로우며 많은 제자들에게 존경받는 교수가 있었어요. 그 교수는 평소에 나이가 50이 되면 그만두고 젊은 사람들에게 자리를 내줘야 한다고 주장하더니, 자기는 65세까지 채우고 나가면서도 학교가 자기를 내쫓는다고 억울해하는 거예요.

이 교수처럼 사회 고위층 가운데에는 막상 옷을 벗고 나면 사람이 돌변하는 경우가 있어요. 이건 그 자리에 있을 때 가면을 쓰고 있었기 때문이에요. 마음속으로는 놀고 싶은데 부모 눈이 무서워 공부하는 척하는 수험생처럼 말이죠. 너무 오래 자기를 억누르고 있다가 이제 공직의 옷을 벗어서 그럴 필요가 없어지면 가면이 벗겨지는 겁니다. 그러면서 그동안 저항하던 힘이 한꺼번에 올라와 남들이 이해하기 힘든 말이나 행동을 하는 거죠. 이에 비해 가면을 쓸 필요가 없는 농부는 젊어서나 나이 들어서나 말이나 행동에 별 차이가 없어요. 나와 나의 관계가 좋지 않으면 언젠가는 표가 나게 된다는 말입니다.

나와의 관계가 풀려야 남과의 관계도 풀린다

나도 나와의 관계가 잘 풀리지 않았어요. 보통 부모의 우산 밑에 있다가 사춘기 정도 되면 부모에게서 벗어나려고 발버둥을 치잖아요. 나는 우산 밑에 있는 기간이 너무 길어서 고등학교 졸업할 때까지였어요. 아버지가 고등학교 2학년 때 돌아가셨는데, 그때 처음으로 '나는 누구지?'라는 의문을 가지면서 사춘기가 온 거죠.

엄마는 외아들인 내가 혹시라도 다칠까 봐 금지하는 게 많았어요. 대표적인 것이 물에 빠져 죽을까 봐 물에 들어가지 못하게 한 거죠. 내가 나하고 사이가 좋을 리가 있어요? 내 마음은 물에 들어가 헤엄치며 친구들과 즐겁게 놀고 싶은데, 엄마 힘에 눌린 또 다른 내 마음이 절대 물에 들어가지 못하게 했으니. 그렇게 오래 억눌리다 내가 처음으로 저항한 것이 산에 간 거예요. 물에 못 들어가게 하니까 산으로 간 거죠. 고등학교 2학년 때 부모에 대한 저항, 또 나를 억누르는 나에 대한 저항으로 일탈한다는 게 겨우 산에 간 겁니다. 어쨌든 그게 산과의 인연이 시작된 계기가 되었습니다.

그 후 의과대학에 들어갔는데 이때도 나와 나의 관계는 갈등이었어요. 나는 원래 인문계열에 관심이 많았기 때문이죠. 의과대학 공부를 하면서도 인문계열 책을 보며 관심을 이어갔어요. 그게 나에 대한 저항이라고 볼 수 있죠. 그러다 보니 의과대학은 낙제를 겨우 면하면서 다녔어요. 그 과정에서 마음속으로 자꾸 불만이 쌓였고, 불만이 쌓이니까 투쟁적이 되더라고요. 교수가 부당하게 대하면 강하게 저항했어요. 누가 봐도 내 말이 타당했지만, 사실은 나에게 쌓인 불만을 교수에 대한 저항으로 표출한 거죠. 저항을 가장 크게 표출한 것은 4·19 때였어요. 사회적인 저항을 엄청나게 분출하고 나니까 그제야 안정이 되더라고요. 내 속에 있는 나에 대한 불만과 저항을 내놓을 만큼 내놓으니까 안정이 된 거죠. 내가 안정된 걸 스스로 느끼면서 왜 안정되었는가를 생각하다가 내 안의 불협화음을 발견하게 되었습니다. 그때가 첫 번째로 나를 내가 발견한 시기였어요.

그 후 정신과 전문의가 되고 의과대학 교수를 하면서 제대로 공부를 시작했어요. 안정이 되니까 공부를 편하게 할 수 있었던 거죠. 또 내가 치료하는 환자들을 통해서 제대로 나를 볼 수 있었어요. 종로에서 뺨 맞고 한강에서 눈 흘기던 나를 보게 된 겁니다. 그 시절 내 인격의 온갖 편린들이 어느 날 한꺼번에 오는 것이 아니라 하나씩 우연찮게 나한테 들어왔어요. 그렇게 나를 찾아가는 시기를 보냈습니다. 입산수도가 아니라 환자를 통해서 나를 찾아간 거죠. 환자들이 엄청 고마웠습니다. 그때부터 내 성격이 조금 유해지더라고요.

人 선생님의 회고를 통해 자연스럽게 왜 나와 나의 관계가 원만하지 않으면 남과 좋은 관계를 맺기 어려운지를 이해하게 되었습니다. 어떻게 보면, 나와 나의 관계가 좋지 못한 사람은 누르고 저항하고 조절하느라 대부분의 에너지를 써야 하기 때문에 다른 사람과의 관계에 신경 쓸 여력이 상대적으로 적은 게 아닐까요? 또한 가장 가까운 나에게도 제대로 못하는 내가 남

에게 잘하고픈 마음이 생기기는 어려운 것이 아닐까요?

사회적으로 엄청나게 분출하고 난 후에야 안정되었다는 선생님의 경험담은 나의 욕구를 무조건 억누른다고 욕구가 사라지지 않는다는 것을 말해주고 있습니다. 그렇다면 나와 나의 관계를 좋게 하기 위해서는 프로이트가 말한 세 가지 힘 가운데 어느 한 힘이 너무 득세하지 않도록 조화와 균형을 이루려는 노력이 평생 필요하겠습니다. 특히 조절하고 타협하는 자아의 힘을 단단하게 만들어야겠네요. 첼로의 줄은 너무 조이거나 너무 느슨하게 하지 말아야 아름다운 소리가 나는 것처럼 말이죠.

(나에게 자연은 무엇인가요?)

사람과 자연의 관계

미국 여행에서 만난 사람에게 고향 하면 떠오르는 게 뭐냐고 물어보니 휘발유 냄새라고 해서 깜짝 놀란 적이 있어요. 우리는 보통 어머니나 연기가 피어오르는 굴뚝, 동산 등을 떠올리잖아요. 이 사람은 어릴 때 아버지 차로 어디를 다니던 게 좋았던 거예요. 그래서 출발할 때 나던 휘발유 냄새가 고향의 이미지로 남아 있는 거죠. 이 사람의 고향이자 자연은 산이나 나무가 아니라 휘발유 냄새일 수 있겠다는 생각이 들었어요. 자연이라는 것도 사람마다 다를 수 있다는 겁니다.

ㅅ 사람은 자연에서 태어나 자연에서 살다가 자연으로 돌아갑니다. 그런데 도시에 살다 보니 자꾸 자연을 잊고 살게 됩니다. 흙과 원수 사이라도 된 것처럼 모든 길이 시멘트와 아스팔트로 덮이고 여름이면 에어컨, 겨울에는 온열기에 둘러싸여 자연과의 관계를 멀리하게 됩니다. 어쩌다 휴가철이나 주말에 바다나 산으로 가면 문득 자연이 아름답고 좋다는 생각을 하게 됩니다만, 이내 도시로 다시 돌아오면 언제 그랬냐는 듯 자연의 존재를 잊고 삽니다. 이런 환경에서 우리는 자연과 어떻게 관계를 맺고 살아가는 것이 좋을지 궁금해졌습니다. 세계 최고봉들로 둘러싸인 히말라야에 30년 이상 다니고 있는 선생님이라면 궁금증을 풀어주실 것 같았습니다. 선생님에게 자연과 나의 관계를 어떻게 설정하는 것이 좋을지 물어보았습니다.

ㄱ **내가 태어난 곳이 내 자연이다**

자연이라고 해서 꼭 내셔널지오그래픽에 나오는 낯선 풍경을 생각할 필요는 없어요. 나에게 있어 자연이라는 건 내가 태어난 곳이에요. 그렇게 생각하면 됩니다. 미국에서 태어나면 미국 속에 자연이 있고, 네팔에서 태어나면 히말라야 속에 자연이 있는 거예요. 그러니까 각 개인이 처한 자연은 다 다른 겁니다.

나는 한국에서 태어나 한국의 자연만 보다가 네팔에 가서 세상에서 제일 높은 산맥을 보았어요. 처음에는 히말라야산맥의 장엄한 아름다움에 압도당했어요. 내가 나고 자란 한국의 산은 너무 작고 초라해서 산도 아닌 것 같았죠. 산맥이 워낙 거대하다 보니까 나는 그저 작은 미물이구나 싶어서 위축되기도 했어요. 하지만 히말라야가 주는 기운은 굉장했어요. 내가 히말라야를 갔다 오면 간호사들이 "선생님은 네팔만 다녀오시면 눈이 반짝반짝하세요"라고 했으니까요.

그런데 신기한 게 하나 있었어요. 해를 거듭해서 히말라야를 갈수록 내가 태어나고 자란 한국 산이 더 아름답다는 생각이 들더라는 거예요. 자기가 태어난 곳의 자연이 제일 아름답다는 걸 알게 된 거죠. 한국에서 태어났다면 한국의 자연이 제일인 겁니다. 네팔 사람은 당연히 히말라야가 제일이겠죠.

국제회의 참석차 중국에 가면서 평소 알고 지내던 정신과 의사에게 고려인삼을 선물로 준 적이 있어요. 그런데 그분이 고려인삼을 받고는 "고맙습니다. 그런데 여기도 인삼이 납니다"라고 말하는 거예요. 그래서 내가 "여기서도 나는가 보네요. 몰랐습니다. 그런데 고려인삼은 세계적으로 유명하잖아요"라고 하니까, 그분은 거기서 나는 인삼이 세계 최고라는 겁니다. 그게 무슨 말이냐고 물었더니, 그분이 이런 이야기를 했어요. "나는 여기에서 태어났기 때문에 나한테는 이곳에서 나는 인삼이 더 맞습니다. 당신이 준 고려인삼이 고맙긴 한데, 신토불이라…." 고려인삼이 아무리 좋다고 할지라도 그 사람에게는 자기가 태어나 살고 있는 토지에서 난 인삼이 더 몸에 맞는다는 거죠. 자연이란 게 그런 겁니다. 자기가 태어난 자연이 제일인 거예요.

ㅅ 선생님의 이야기를 듣고, 내가 태어난 땅 못지않게 내가 태어난 가족도 나의 자연이라고 할 수 있겠다는 생각이 들었습니다. 예전에 선생님이 '서울서 둘째로 잘하는 집'이라는 상호를 가진 단팥죽 가게에 갔다가 기왕이면 첫째로 잘하는 집이라고 하지 그랬느냐고 하자, 주인 할머니가 웃으며 첫째로 잘하는 집은 자기 엄마가 사는 집이라고 했답니다. 그 이야기에 선생님은 고개를 끄덕였다고 합니다.

나의 고향은 동요처럼 꽃피는 산골이기도 하지만 나를 낳아준 엄마일 수도 있습니다. 나의 자연은 우리 가족이기에 우리는 기뻐하고 괴로워하며 가족을 떠나지 못하고 결국 가족으로 회귀하는 것 같습니다. 아이를 낳아 키우는 부모의 입장에서 이러한 관점을 수용한다면, 적어도 우리 아이에게 내가 척박한 자연이 되어서는 안 되겠다는 생각을 하게 될 겁니다.

정신분석가 카를 구스타프 융은 환자는 의사의 인격을 넘어설 수 없다고 했습니다. 자녀도 부모의 인격을 넘어서기 어렵습니다. 그러므로 자녀에게 아름다운 자연이 되도록 스스로 삶을 반듯하게 가꾸어나가는 것이 자녀를 깊이 사랑하는 부모의 책임일지도 모르겠습니다. 이러한 논리를 확장하면, 신입사원에게는 입사한 회사가 자연입니다. 회사의 경영진과 상사는 직원들의 아름다운 자연이 되도록 스스로를 가꾸어나가야 하겠습니다. 우리는 누군가에게 자연이 됩니다. 선생님과의 문답 시간은 서로의 자연이 아름답기를 희망하는 시간이었습니다.

(세상과는 어떻게 관계를 맺어야 하나요?)

나와 세상의 관계

나 없는 세상은 존재하지 않아요. 또 세상 없는 나도 의미가 없지요. 나와 세상은 물과 물고기의 관계에요. 물고기가 물과 싸우면 답이 나오지 않듯이, 사람도 세상과 싸우면 답이 나오지 않습니다. 작고한 스티븐 호킹 박사가 남긴 말 가운데 세상에 화내지 말라는 말이 있어요. 나는 그 말에 동의합니다. 세상에 화를 내기보다 내가 즐겁게 사는 데 세상을 어떻게 활용할까를 고민하는 것이 더 생산적이에요.

ㅅ 대학교에 입학하자마자 시위가 꼬리를 물고 일어났습니다. 수업을 거부하고 본관 앞으로 행진을 하는데 구호도 섬뜩하고 무서운 마음이 들었습니다. 행렬에서 빠져나오려는데 뒤에서 친구가 말했습니다. "비겁한 놈!" 이런 의문이 들었습니다. 시위할 때는 모두 시위를 해야만 비겁하지 않은 것인가? 사람마다 시위하는 방법이 다를 수도 있지 않은가? 우리가 사는 세상에서는 많은 사람이 촛불을 들고 태극기를 들고 거리로 나가고 있습니다. 새삼스레 20대 초반의 의문이 다시 살아나곤 합니다. 그래서 내가 사는 세상, 곧 사회와 나는 어떻게 관계를 맺어야 하는지 선생님에게 물어보기로 했습니다.

ㄱ **다 살아남으려 하는 일이다**

모든 사회가 늘 완성된 상태는 아니기 때문에, 사회에는 항상 정치적 이슈를 비롯해서 크고 작은 많은 문제들이 있지요. 그때 뒷짐 지고 가만히 있는 사람도 있고, 적극 나서는 사람도 있어요. 이럴 때 사회구성원인 나는 사회와 어떤 관계를 맺어야 할지 궁금해지는 건 당연합니다.

관계의 원칙을 정신의학적으로 말하자면 한 가지에요. 서바이벌! 자기가 살아남고자 하는 게 제일 밑바닥에 깔려 있어요. 은둔하는 사람은 은둔해야 자기가 살아남는다는 거고, 투쟁하는 사람은 투쟁을 해야 자기가 산다고 생각하는 거죠. 은둔하면 안 된다고, 혹은 나서지 말라고 이야기할 게 아니에요. 각자 서바이벌의 방법으로 선택했을 뿐이니, 어떤 게 옳고 그르다가 아니라 그냥 선택이 다를 뿐인 겁니다.

사회도 살아남으려 한다

쌍둥이를 대상으로 한 연구 중에 이런 게 있어요. 한 아이는 A 집안에 보내고 다른 아이는 B 집안에 보낸 후, 나중에 비교해보니까 쌍둥이라서 공통점도 있지만 판이하게 다른 점이 있다는 거예요. 다른 게 뭔가 봤더니, 자기가 속해 있던 가정과 사회의 관습에 젖어 있는 것이었어요. 로마에 간 아이는 로마의 관습을, 서울에 온 아이는 서울의 관습을 따르는 거죠. 우리나라 홀트아동복지회에서 해외로 입양을 많이 보냈어요. 성장한 아이들이 한국에 와서 생모를 찾는 프로그램도 있었잖아요. 생긴 외모는 한국인인데, 사고체계라든지 습관은 한국인과 달랐어요. 다른 문화에서 살았기 때문이죠. 문화가 사람에게 그만큼 큰 영향을 준다는 거예요.

지정학적으로 강대국들에 둘러싸여 있는 대한민국이 서바이벌하는 기술이 지금 우리가 살아가고 있는 방식입니다. 그러니까 개인이 스스로 생명체를 유지하고 살아남으려고 하듯이, 사회도 마찬가지예요. 정치하는 사람이 국가를 살아남게 하려고 정책을 만들고 시행하잖아요. 그런데 여기에 이해하기 힘든 사익이나 집단의 이익이 개입되면 생존에 독이 돼요. 그럴 때 개인은 자신의 방식으로 사회와 관계를 가지는 겁니다. 내가 사는 사회가 살아남아야 나도 살아남을 수 있으니까요. 결국 내가 살아남기 위해 투쟁도 하고, 기자는 글도 쓰고, 종교가 있는 사람은 기도로 기운을 보태기도 하는 거죠. 그렇게 개인들의 힘이 모여 사회가 조금씩 개선되고 성숙되어가는 겁니다.

ㅅ 개인이나 사회나 서바이벌이 근본적인 동기이고, 그래서 개인차에 따라, 사회 차이에 따라, 혹은 지도자에 따라 선택하는 것이 다를 뿐이라는 것을 알게 되었습니다. 그러므로 개인이 서바이벌하기 위해 어떤 선택을 하건 나와 같은 선택이 아니라고 비난할 일이 아니라는 것도 깨닫게 되었습니다. 각자의 방식으로 각자 살아남기 위해 최선을 다하는 것이라고 받아들여야

하는 것이었네요.

20살에 들었던 비겁한 놈이란 낙인에서 자유로워졌습니다. 그러나 완전히 자유로워지지는 않았습니다. 투쟁 대열에서 나와서 나는 사회의 변화를 위해 무엇을 했는가라는 질문은 여전히 남기 때문입니다. 모두가 사회 변화를 위해 고통을 감당하는데 혼자 자유롭게 즐거움을 찾고 있었던 건 아닌가. 그건 정말 비겁한 놈이란 생각이 듭니다. 나름의 방식으로 나를 살리고 사회를 살리려고 애쓰는 것이 비겁하지 않고 떳떳하게 사회와 관계를 맺는 방법입니다.

얼마 전 같은 건물에 사는 장인과 사위가 태극기집회와 촛불집회에 가는 문제로 크게 싸워 가정폭력상담을 받으러 온 분의 이야기를 들었습니다. 서로 이야기를 시작하면 큰소리가 나고 싸움으로 끝난다고 했습니다. 서로의 이야기를 끝까지 들어준 적이 있는지 묻자, 중간에 속에서 불이 나서 더 들을 수가 없었다고 합니다. 선생님의 이야기를 들으니 어쩌면 장인과 사위는 각자의 시선으로 살아남기 위해 애쓰고 있었는지도 모르겠다는 생각이 들었습니다. 내 생각과 다른 생각을 쳐내지 않는 것이야말로 오늘날 우리 사회에서 내가 사회와 관계를 맺는 첫 번째 자질이 아닐까 싶습니다. 장인은 사위의, 사위는 장인의 이야기를 끝까지 듣고 그 말도 일리가 있지만 내 생각은 이렇게 다르다고 말할 수 있다면, 우리는 조금 더 성숙한 태도로 세상을 대하고 있는 게 아닐까 하는 생각을 하게 됩니다.

4장

가족 간에도 거리가 필요하다

(3대가 모여 살아도 괜찮을까요?)

대가족으로 산다는 것

대가족이 함께 모여 사는 방법은 두 가지가 있어요. 하나는 할아버지에서 아버지로 이어지는 중심 세력이 그들의 가치관으로 다스리고 나머지 식구들은 무조건 순응하는 방식이죠. 또 하나는 할아버지고 아들이고 손주고 다 각자의 차이를 인정하고 존중하며 사는 방식이에요. 3대가 함께 사는 우리 가족이 17년 동안 별 탈 없이 살아올 수 있었던 건 두 번째 방법으로 살았기 때문입니다.

ㅅ 선생님은 '예티의 집'에서 3대 13명의 가족이 모여 살고 있습니다. 예티란, 선생님이 30여 년간 자원봉사를 다닌 네팔의 전설 속 설인이지요. 3대가 함께 살자면 크고 작은 문제가 생길 수밖에 없는데 오랜 시간 불협화음 없이 살고 있다면, 거기엔 어떤 비밀이 숨어 있지 않을까요? 그리고 그 비밀을 알게 되면 우리도 3대가 함께 살아볼 용기를 낼 수 있지 않을까요? 3대는 아니더라도 2대가 좀 더 마음 편하게 살 수 있는 원리 하나쯤 배울 수 있지 않을까요? 선생님에게 3대가 함께 살아가는 비결에 대해 물어보았습니다.

ㄱ **맞추면서 살아야 한다**

손주까지 3대가 한 집에서 산 지 어느새 16년이 되었습니다. 별 탈 없이 3대가 함께 살고 있는 비결을 꼽으라면 맞추며 살았기 때문이라고 이야기하고 싶어요. 맞춘다는 것은 모든 관계에서 서로 맞춰야 한다는 말이에요. 나이 든 부모도 젊은 자식 얘기를 들어야 하고, 또 젊은 자식도 노인이 된 부모 얘기를 들어야 합니다. 세대 간에 맞추는 노력이 왔다 갔다 해야 하는 거죠.

꼰대하고는 못 산다

내가 아들 손주들과 살아가기 위해 노력한 게 있다면, 꼰대 소리를 듣지 않으려고 한 겁니다. 꼰대라는 건 사실 나이와 상관없어요. 나이가 몇이든 자기 습관을 완고하게 고집하는 사람이라면 꼰대인 거죠. 앞뒤가 꽉 막혀서 한 소리를 또 한다면 20살이라도 20살 꼰대가 되는 겁니다. 나이가 들수록 꼰대가 되기 쉽다는 것이지, 나이 든 사람이 꼰대라는 등식은 성립하지 않아요. 꼰대는 다르게 말하면 자기 습관에 갇혀 새로운 변화에 신경 쓰지 않는 사람이에요.

내가 젊은 사람들에게 조금이라도 꼰대 소리를 적게 듣는 이유는, 그들이 사용하는 용어도 받아들여 SNS에 쓰면서 생각을 공유하기 때문이에요. 이런 습관은 내가 대학교수로 있을 때 젊은 사람과 마주치면서 생겼어요. 대학교에서는 4학년이 졸업하면, 또 새로 1학년이 들어오잖아요. 강으로 치면 항상 새 물이 흐르는 겁니다. 내가 그 애들과 함께 생활하려면 소통하려고 여러 가지로 노력해야 해요. 그렇게 눈높이를 맞춰 말하고 생각하는 습관을 갖게 되어, 나이 든 사람과 이야기하다 보면 내가 젊은 사람을 많이 이해하는 것처럼 보이게 되는 것 같아요. 사실 내가 젊은 사람을 이해하는 것은 눈곱만큼일 수도 있겠지만,

꼰대들이 보기에는 굉장히 크게 보일 수도 있을 거예요.

질문하는 것만 대답한다

3대가 함께 살 때 제일 방해되는 것은 수직 대화에요. 누구나 주인이 되고 싶어 하지 남의 종노릇은 하고 싶지 않잖아요. 그게 부모라고 해도 말이죠. 자기도 자식이 있는 어른이라고 생각하는데, 부모에게 이래라저래라 이야기 듣는 걸 좋아하겠어요? 그래서 수직 대화, 즉 일방향 대화는 가급적 하지 않는 게 좋습니다.

내가 어떤 좋은 말을 하더라도 자녀들은 수평 관계에서 듣지를 않더라고요. 이미 수직 관계로 성립되어 있고 그런 습관이 몸에 배어 있어서, 내가 앞으로 수평 관계로 바꾸겠다고 말해봐야 자녀들이 신뢰를 안 하는 거죠. 그래서 나 스스로도 일방적으로 이야기하는 걸 차단하려고 한 가지 다짐을 했습니다. '질문하는 것만 대답한다.' 아내와도 그렇게 하자고 약속을 했죠. 도움도 청할 때만 주기로.

그런데 실천하기는 쉽지 않았습니다. 아내는 아이들이 어릴 때부터 주는 게 습관이 되어서 막상 그런 상황이 되면 자기도 모르게 주는 경우가 종종 있어요. 예를 들어 명절이라고 제자들에게 선물을 받으면 둘이 다 먹을 수는 없잖아요. 그럼 아내는 그걸 자식들한테 주겠다고 해요. 나는 그런 주는 행위를 하지 말라는 거예요. 아까워서 그러는 게 아니라 달라고 하면 주라는 거죠. 이런 선물이 있으니 필요한 사람 가져가라고 가족 단톡방에 알려놓으면 돼요. 과일은 아이들이 다니는 계단 옆에 갖다놓으면 먹고 싶은 사람이 하나씩 가져가겠죠.

그러니까 '가져가라'는 것도 수직적인 명령이라는 겁니다. 좋은 일도 그런데 하물며 좋지 않을 일로 '이리 와라', '하지 마라' 하는 건 굉장히 거북한 대화가 되는 거예요. 수평 관계로 바꾸는 과정이 쉬운 것만은 아니었어요. 야금야금 해나간 거죠.

세 가지는 묻지 않는다

3대가 같이 살다 보니 자연스럽게 원칙이 생겨요. 그중 하나가 세 가지는 묻지 않는다는 거예요. 아침에 며느리가 외출할 때 "어디 가니?"라고 묻는 게 첫 번째 금지 질문입니다. "누구 만나니?"가 두 번째 금물이에요. 마지막으로 돌아왔을 때 "뭐 하고 왔니?"도 금물이죠. 그러면 뭐라고 해야 되나 싶지요? 나갈 땐 "잘 다녀와라!", 들어올 땐 "잘 갔다 왔니?"만 하면 돼요.

생각해봐요. 시어머니들이 며느리에게 세 가지 질문을 할 때 답을 꼭 듣고 싶어서 하는 걸까요? 건성으로 묻는 거예요. 밖에서 아는 사람을 만났을 때 "안녕하세요. 밥은 드셨어요?" 하고 묻는 거나 마찬가지죠. 안 먹었다고 하면 밥을 사줄 것도 아니잖아요. 세 가지 질문도 그런 습관에서 나온 영양가 없는 질문이에요. 그러니까 전달되지도 않고, 혹여 전달되었다 하더라도 따지는 것 같아서 기분이 나쁜 거죠. 며느리는 시어머니가 또 간섭하고 참견한다고 생각할 수밖에 없어요. 그러니 이 문제는 시부모가 조심할 수밖에 없어요.

人 선생님 말씀을 들으면서, 마음씨 좋은 할아버지 할머니가 허허 웃고 자식들이 즐겁게 따라주면 3대가 잘 살 수 있는 게 아닐까 하고 생각했던 동화 같은 상상력이 와르르 무너지는 소리를 들었습니다. 수평 대화를 통해 할아버지 할머니가 솔선수범하는 노력을 매일 야금야금 기울여나갈 때 대가족의 평화로운 관계가 만들어진다는 것을 알게 되었습니다. 찬물도 공짜가 없다는 말이 실감 나는 순간이네요.

(정 때문에 멀어진다고요?)

정情의 빛과 그림자

3대가 함께 사는 우리 집에는 각자 자기 집 비밀번호가 따로 있습니다. 부모라고 해서 아이들 집에 마음대로 들어갈 수 없지요. 또 가려면 미리 예약을 해야 합니다. 사람들이 너무 정 없이 사는 게 아니냐고 하는데, 저는 생각이 좀 다릅니다. 무심한 듯 지낼 때 생기는 게 정이라고 생각해요. 너무 가까우면 오히려 정이 떨어집니다. 모든 관계가 그런 것처럼 적당한 거리가 부모와 자식 사이에도 좋습니다. 그게 정이 솟아나는 옹달샘 역할을 합니다.

우리나라 사람의 특징을 한 글자로 하라면 '정'이라는 말로 대표됩니다. 김현식이 부른 〈사랑〉의 노랫말 중 "누구나 한 번쯤은 사랑에 울고 누구나 한 번쯤은 사랑에 웃고"에 '사랑' 대신 '정'을 넣어도 어색하지 않습니다. 정이 없다는 말은 인간미가 없다는 말로, 어울릴 만한 사람이 못 된다는 말입니다. 그래서 누구나 정을 그리워하고 좋게 생각합니다. 그런데 정 때문에 힘들기도 합니다. 특히 가족 사이에서 과한 정으로 괴로운 경우도 많습니다. 3대가 함께 사는 선생님이 명절에 선물이 들어와도 주지 않고 자식들이 오르내리는 계단에 두는 것은 정이 부족하게 느껴질 수도 있습니다. 선생님에게 우리가 일상에서 그리워하기도 하고 힘들어하기도 하는 정에 대해 질문했습니다.

정을 앞세우면 갈등이 따라온다

우리 부부는 명절에 선물이 들어오면 계단에 두고 원하는 자식이 가져가게 했습니다. 과거의 개념으로 보면 정이 없고 살갑지 못하다고 생각할 수 있죠. 그런데 요즘 끈끈한 정서보다는 이성적인 판단을 요구하는 사회로 변해간다는 말이에요. 그런 사회에서 과거와 같은 정을 앞세우면 갈등이 더 심해지죠.

우리가 명절 선물을 자식들에게 물어보지 않고 가져다주면 자식들이 왜 원하지도 않는 걸 가져다주느냐고 할 수 있어요. 그러면 우리 부부는 가져다주는 정도 몰라준다고 섭섭해지는 거죠. 마음속에서 자식들과 갈등이 생기잖아요. 갈등이 쌓이면 응어리가 되고, 응어리가 쌓이면 한이 됩니다. 우리나라 사람은 한이 많이 맺혀 있어요. 학자들이 한이 맺히는 이유에 대해 연구해보니까 정 때문이에요. 한국 사람의 성격을 연구한 국내 학자나 외국 학자나 공통적으로 지적하는 게 정이에요. 정 때문에 갈등을 갖는다는 거죠. 정은 양면의 칼과 같습니다. 좋은 점도 많지만, 그것 때문에 심리적인 암에 걸리는 사람도 많아요. 너무 정을 앞세우면 필연적으로 갈등이 따라옵니다.

이성을 품은 정이 필요하다

그렇다고 정이 다 나쁜 게 아니에요. 이론적으로 이야기하면, 개인이 발달하는 것도 그렇지만 사회가 발달하는 것도 정서적인 사회가 먼저예요. 그다음에 오는 게 합리적인 사회죠. 사람도 정서가 먼저 발달하고 그다음에 사고체계가 생기잖아요. 사고체계가 생긴다는 것은 이성적인 단계로 넘어가는 거예요. 그러면 이성적으로 넘어간 사람이 다시 정서적으로 초월한다면, 다시 말해 정서적인 발달에서 이성적으로 이행했다가 이성을 초월하는 정서를 가지면, 굉장히 성숙한 개인, 성숙한 사회가 될 수 있는 거죠. 지금은 아직도 정서에 머무른다거나 이성적인 게 제일이라고 하는데, 이성을 초월하는 정서를 가져야 성숙해질 수 있어요.

ㅅ 명절에 들어온 선물을 자식에게 주는 것은 정서적 단계, 나에게 온 건 내가 먹는 것은 이성적 단계, '여기 두었으니 필요한 사람은 가져가도 좋다'라며 계단 옆에 두는 것은 이성을 초월한 정서적 단계라는 걸 알게 되었습니다. 자식을 대할 때나 가까운 사람을 대할 때 이제부터 이성을 품은 정으로 대해야겠습니다. 자칫 참견과 간섭으로 고통을 주는 과한 정에서 벗어날 좋은 비결을 얻은 느낌입니다.

혼자 살아도 괜찮은 건가요?

1인 가족이 살아가는 법

산속에서 혼자 살아가는 사람들의 이야기를 보여주는 TV 프로그램 〈나는 자연인이다〉를 한 번씩 봅니다. 자연 속에서 즐겁게 살아가는 모습을 보면 앞으로 저렇게 살아갈 사람이 점점 늘어나겠다는 생각이 들어요. 꼭 자연이 아니더라고 혼자 살 수 있다면 도시에 살아도 상관이 없지요. 사람은 가족을 만들어 즐겁게 사는 게 아니라 즐겁게 살기 위해 가족을 만드는 거잖아요. 그러니까 혼자서 즐겁게 살 수 있다면 꼭 가족을 만들어야 하는 건 아니에요. 그리고 혼자 살면서도 가족이 있는 것처럼 산다면 1인 가족이라고 부를 수 있지요.

ㅅ 혼자 사는 사람이 점점 늘어가고 있습니다. 혼자 살면 무슨 문제가 있는 게 아닌지 색안경을 쓰고 바라보던 시절도 있었습니다. 그러나 점점 개인의 행복이 중요한 시대가 되면서 1인 가족은 낯설지 않게 되었습니다. 저희 집안에도 조카들이 혼자 살겠다며 독립선언을 하고 있습니다. 선생님에게 1인 가족에 대해 어떻게 생각하는지, 또 가족을 어떻게 바라보아야 하는지 물어보았습니다.

ㄱ **한 지붕 밑에 살면 가족이지**

가족에 대한 개념이 빠르게 바뀌고 있어요. 과거에는 가족에 대한 정의에서 '한 지붕 밑에 사는'이 가장 중요한 전제였어요. 한 지붕 밑에 사는 부부와 미성년 자녀를 가족이라고 했죠. 핵가족을 말하는 겁니다. 핵가족이 여러 개 모이면 확대가족이 되는 거예요. 그러니까 우리 집 같은 경우에는 확대가족이죠.

이제 가족의 개념에서 '한 지붕'의 의미를 넓혀야 해요. 우리 집에 기와 얹은 것이 한 지붕이 아니고, 세계가 한 지붕인 거죠. 한 대기권이 한 지붕이에요. 앨빈 토플러가 쓴《제3의 물결》을 보면 '미래의 가족'이라는 챕터가 있어요. 1980년에 나온 책이잖아요. 그때는 미래의 가족이 굉장히 생소해서 와닿지 않았어요. 당시에 내가 가족에 대한 논문을 써야 해서 참고문헌을 수집하는데, 50년 뒤에는 가족이 해체되어 없어진다고 했어요. 가족이 해체된다? 그러면 도대체 어떤 가족이 생긴다는 말인가? 의문점이 굉장히 많았지만 내 머리로는 생각할 수가 없었지요.

내가 생각을 바꾸게 된 계기는, 1970년대 말에 크리스찬 아카데미라는 모임에서 독일 인구학자의 초청 강연을 들으면서였어요. 그 학자가 '1인 가족'이라는 말을 썼어요. 나는 그걸 또 생각할 수 없었어요. 혼자도 가족이 된다? 가족의 핵심 구성원으로 부부가 있잖아요. 부부가 다른 관계와 확연하게 구분되는 특징은 성적인 부분이에요. 부부의 합의에 의해 부부 관계가 허용되는 거죠. 다른 사람과는 배타적이어야 하고요. 나는 그런 개념의 가족을 생각하고 있다 보니, 1인 가족의 경우 성 문제를 어떻게 해결할 것인지 의문이 들었어요. 그 학자에게 질문했더니, "한국에서는 그게 문제가 됩니까?" 하고 반문하더라고요. 그래서 머리가 또 멍해졌어요. 지금 생각해보면 진짜 사오정 같은 질문을 한 거죠.

1인 가족을 바라보는 시선이 문제다

나는 아무 문제 없이 사는데, 그렇게 살면 안 된다는 사람이 있어요. 그럼 누가 문제일까요? 안 된다고 하는 사람이 문제지요. 1인 가족도 그런 차원에서 생각해야 합니다. 1인 가족이 문제가 아니라, 1인 가족을 못마땅하게 바라보는 시선이 문제란 말이에요. 세상은 빠르게 변해가고 변화 속도만큼이나 다양한 가족이 등장하고 있어요. 그리고 그 나름대로 세상에 적응하며 살아가죠. 그것을 받아들이고 인정해야지 '이건 가족이다, 이건 가족이 아니다' 하면서 현실을 부정하는 건 흐르는 강물을 혼자 막겠다는 것과 같아요. 다양한 가족을 인정하고 세상에 잘 적응할 수 있도록 어떻게 도움을 줄까를 생각하는 마음이 필요해요.

옛날 우리 전통사회의 가족이 덩어리 가족이라면, 지금의 가족은 개인 가족입니다. '가족의 화목이 가장 중요하다'는 것이 과거의 전통이었다면, 요즘은 '가족을 이루는 개인이 행복하지 않다면, 화목이 다 무슨 소용인가'로 생각이 바뀌고 있죠. 그래서 '가족을 생각해서라도 어떻게 하라'는 부모의 말이 더 이상 자녀들에게 받아들여지지 않아요. '네 인생은 너의 것이니, 네가 네 인생을 잘 선택해서 살 거라, 믿는다'는 말이 오히려 자녀에게 필요한 말이지요.

개인의 선택이 어느 때보다 중요하게 여겨지는 세상에 우리가 살고 있어요. 이럴 때 조심해야 할 것은 '개인의 선택이 늘 옳은 것인가?'에요. 아직 경험이 적어 세상 물정을 잘 모를 때 미래를 결정하는 건 위험할 수가 있거든요. 부모가 할 일은 이럴 때 자신의 경험을 참고로 이야기해주면서 용기를 주는 거죠. 참견이나 간섭이 아니에요.

ㅅ 가족 지상주의가 아직 우리가 사는 세상에서는 핵심 가치입니다. 설이나 추석에 민족 대이동이 일어나는 것은, 가족이 우리에게 가장 소중한 소속 집단임을 단적으로 보여주고 있지요. 그럼에도 불구하고 빠른 속도로 다양한 가족이 등장하고 확대되고 있습니다. 많은 외국인이 우리나라에 결혼하러 와서 새로운 가족이 되고 있고, 1인 가족이 중요한 인구집단이 되고 있습니다. 조손가족, 모자가족, 부자가족, 청소년 한부모가족도 점차 늘어나고 있습니다. 모두 소중한 가족입니다. 새로운 형태의 가족이 문제가 아니라 그 가족을 못마땅하게 바라보는 시선이 문제라는 선생님의 말씀을 들으면서, 우리 사회의 문제는 드러

나는 현상이 아니라 그것을 바라보는 폭력적인 시선이라는 것을 확인하게 되었습니다. 폭력적인 시선을 거두어들이고 온화한 시선으로 바라보도록 모두가 노력해야 할 것 같습니다.

(결혼하지 않아도 될까요?)

비혼주의로 산다는 것

20대에 접어든 손주들과 결혼에 대해 이야기를 나누었어요. 다 결혼을 안 한대요. 내가 다시 물었어요. "그러면 독신주의자니?" 그것도 아니래요. "그럼 뭐냐?" 남이 나를 좋아한다고 해서 결혼하고 싶지는 않대요. 누구에게 꽂히면 결혼하겠다는 거냐고 물어보니, 또 단서를 붙여요. 결혼은 하되 애는 안 갖겠다는 거예요. 우리는 법률혼이잖아요. 법률혼은 속박하는 느낌을 준다는 거예요. 그때야 알았어요. 애들이 속박받기 싫어한다는 것을 말이에요.

ㅅ 선생님 손주들의 이야기는 요즘 젊은 세대의 생각을 대변하고 있는 듯합니다. 실제로 결혼하지 않고 혼자 살겠다는 미혼남녀가 급증하고 있습니다. 이유는 크게 세 가지라고 합니다. 내가 하고 싶은 것을 하고, 내가 가고 싶은 곳을 가며, 내가 살고 싶은 삶을 살고 싶다는 것이지요. 이런 이야기를 들으면 나는 왜 결혼을 했나 살짝 후회되기도 합니다. 옳고 그르고의 문제가 아니라, 나이 들면 결혼해야 한다고 생각했던 당위적인 생각이 결혼의 유무는 개인의 선택일 뿐이라는 새로운 생각으로 변화했을 뿐입니다. 선생님에게 최근 사회적 흐름으로 보이는 비혼주의에 대해 물어보았습니다.

ㄱ **속박받기 싫다**

결혼하면 사실 모든 게 구속이잖아요. 법률적으로 부부가 되면, 그 도장 찍은 것 때문에 감수해야 하는 게 너무 많아요. 그러니까 동거하려고 하는데, 동거도 힘들어요. 한 방에 함께 있으면, 뭔가 구속당하는 것 같은 느낌이 들잖아요. 그러니까 따로 살면서 보고 싶을 때 만나고 싶은 거죠. 요즘 젊은 사람들이 제일 싫어하는 게 속박이라는 걸 손주들과 대화하면서 확인하게 됐습니다.

고통 없이 열매도 없다

낯선 사람과 마음과 마음이 통하는 깊은 관계가 되는 것은 참 어려운 일이에요. 앞으로 아무리 많은 세월이 흐른다 하더라도, 내 밑 마음까지 알아주는 사람과 교류하려면, 그 과정에 반드시 고통이라는 통과의례가 있을 거예요. 서로 다르기 때문에 어쩔 수가 없어요. 산으로 가로막혀 있지 않은 도로가 어디 있어요. 컴컴한 터널을 통과해야 시원한 길이 나오잖아요. 가다 보면 또 터널을 지나죠. 그리고 그 터널을 지나야 시원한 길이 얼마나 귀하고 좋은 줄 알잖아요. 사는 것도 마찬가지입니다. 시원한 길만 갈 수 있는 방법은 없어요. 터널을 가기 싫다면, 시원한 길도 갈 수 없는 거예요.

사람 관계는 그래요. 내가 원하는 걸 얻으려면, 역설적이지만 상대가 원하는 걸 내가 해줘야 해요. 내가 원하는 걸 좀 덜어내야 하고요. 대등하게 주고받아야 하는 거죠. 그런데 사람은 다 자기중심적이니 내 건 덜 주고 네 건 더 취하려고 해요. 갈등이 생길 수밖에 없어요. 그런데 갈등을 푸는 게 쉽지 않아요. 복잡하고 까다롭고 오래 걸리는 게 보통이에요. 여간 머리 아픈

게 아니란 말이죠. 참고 견디고 울고 웃고 그런 비바람을 감당해야 합니다. 하지만 힘든 건 싫은 마음이 들기 마련이죠.

결혼하지 않겠다는 말은 빛과 그림자가 있는 말이에요. 빛은 '자유'라는 말로 대표할 수 있어요. 속박 받지 않고 주체적이고 자율적으로 내 삶을 내가 원하는 방향대로 이끌어갈 수 있어요. 인류 역사를 봐도 큰일을 이루어내고 자기 분야를 확립한 사람은 독신이 많아요. 의식주를 해결할 수입이 되고 자기 의지가 분명하다면 혼자 살아가는 건 멋진 일입니다. 수많은 부부가 자기 꿈은커녕 자기 삶도 없이 자식 뒷바라지에 희생하고 눈물 흘리잖아요.

그림자는 '친밀'이라는 말로 대표할 수 있어요. 결혼은 법적인 것만 의미하는 건 아니에요. 혼과 혼이 결합되었다는 뜻이니 동거도 법률화되지 않은 결혼이에요. 자유로운 대신 친밀한 관계에서 오는 안정감은 얻기가 쉽지 않은 게 혼자 사는 겁니다. 그래서 오래전부터 '해도 후회, 안 해도 후회'라는 말이 내려오는 거죠. 세상에 다 좋은 건 없어요. 있다고 해도 그건 잠시일 뿐이죠. 자유와 친밀감 둘 다 얻으려는 마음만 내려놓으면 결혼해도 좋고 하지 않아도 좋아요.

AI가 대체해줄 수 있을까

요즘 반려동물을 키우는 사람이 늘어나는 이유 중 하나도, 정신의학적으로 보면 거절과 관련된 심리적 배경이 있을 거예요. 사람보다는 반려동물이 거절을 덜 하잖아요. 개나 고양이도 욕구가 있어서 그것이 충족되지 않으면 주인이나 다른 사람에게 저항하지만, 그 정도는 사람에게 비할 바가 아니에요. 사람이 하는 저항은 사람을 죽이기도 하니까요. 관계에 있어서는 반려동물이 사람보다 감당해야 하는 부담이 훨씬 적어요.

과학이 더욱 발달하면 인공지능Artificial Intelligence, AI이 배우자 역할도 해줄 수 있을 겁니다. 성생활을 할 수 있는 정교한 로봇도 개발 중이라고 하잖아요. 배우자와 AI의 차이가 뭐냐면, 배우자는 잔소리를 하고 AI는 잔소리를 안 한다는 거예요. 만일 AI가 나한테 잔소리한다면 스위치를 꺼버리면 되잖아요. 날이 갈수록 내가 왕처럼 느끼게 해주는 시스템이 과학 덕분에 만들어집니다. 그럼 AI와 사랑에 빠질 수 있을까요? 깊은 관계를 맺을 수 있을까요?

조금 엉뚱한 소리 같지만, 완전한 것은 완전한 것과 어울려요. 고양이는 고양이로서 완전합니다. 그래서 고양이끼리 짝을 짓습니다. 자연은 완전한 존재인 거죠. 그런데 인간이 만든 것은 인위적인 존재입니다. 완전하지 않아요. 그래서 비싼 가구와 자동차를 사고 별장을 지어도 결국 무료함과 권태로움을 느끼게 됩니다. 그것들은 인위적이고 불완전하기 때문이에요. 사람은 자연의 일부입니다. 그래서 완전합니다. 그런데 AI는 인위적인 인간의 생산물입니다. 불완전한 존재입니다. 완전한 존재인 인간이 불완전한 존재인 AI와 산다면, 어느 정도 충족은 될지언정 완전한 충족은 어려워요.

기성세대도 반성해야 한다

기성세대 그러니까 지금의 부모 세대가 반성해야 하는 것은, 아이들 세대가 결혼하고 싶지 않게 만든 책임이 크다는 거예요. 큰소리, 억압, 갈등과 폭력이 난무하는 부부 생활을 보면서 누가 결혼하고 싶겠어요? 더구나 '너만 아니면 벌써 이혼을 해도 몇 번 했을 건데' 하는 엄마를 보며 어느 딸이 엄마처럼 살고 싶겠어요? 비혼주의가 오늘날의 주류로 등장한 데는, 이런 윗세대와 닮고 싶지 않다는 젊은 세대들의 깊은 실망과 좌절감이 자리하고 있는 거예요. 그러니 결혼하지 않겠다는 아들딸에게 '그래도 사람이 나이가 되면 결혼도 하고 애도 낳고 그래야지!'라며 소위 꼰대 소리를 하지 말아야 해요. '미안하다. 내가 너희 엄마랑 금슬 좋게 살았어도 네가 이런 소리를 안 했을 텐데' 하고 사과해야 합니다. 좋은 모델이 되지 못한 부부의 삶, 그리고 자기 삶을 모두 던지고 오직 아이들에게만 헌신한 뒤 내가 너를 어떻게 키웠는데 하고 원망하는 부모의 삶을 솔직히 자녀들에게 고백하고 사과해야 하는 겁니다. 그게 부모다운 태도인 거죠. 지금도 결혼을 당연하게 생각하는 젊은 사람은 엄마와 아빠가 자기 삶을 멋있게 살면서도 자식에게 건강한 사랑을 주고 적절한 거리를 유지한 경우가 많을 겁니다.

그래서 무조건 결혼을 안 하겠다고 결심하기보다는 어떻게 해야 실패하는 결혼이 아닌 성공적인 결혼을 할 것인가를 고민하는 젊은이가 되면 좋겠어요. 아무리 생각해도 결혼은 안 하겠다는 결심이 굳을 때는 본인의 선택대로 하더라도 말이에요. 내 삶은 누구도 책임져주지 않아요. 그러니 감정적인 결정보다는 차가운 이성을 거쳐 나오는 감정적 결정이 좋겠다는 생각이 듭니다. 결혼을 해도 한세상이고, 안 해도 한세상이잖아요.

선생님의 말씀을 들으면서 문득 동료 교수였던 한 분이 떠올랐습니다. 아들을 셋 둔 그분에게 "한 달 월급으로 세 아이 공

부시키는 게 만만치 않으시지요?" 하고 물어보았습니다. 그분은 하하 웃으시더니, "아이고 선생님, 아이들이 주는 기쁨을 돈으로 어떻게 환산하겠습니까? 아이들은 백 번 부모를 울리고 난 뒤 한 번 웃기는 걸로 백 번을 지우는 존재잖습니까?" 하셨습니다. 망치로 뒷머리를 맞은 것 같았습니다. 정말 그랬거든요. 아이를 키우며 고통을 알았고, 고통 뒤에 오는 기쁨을 알았으며, 그것이 참사랑이라는 걸 알았으니까요.

젊은이들의 고통을 피하고 싶어 하는 마음에 고개를 끄덕이고, 자유롭고 싶어 하는 마음에 박수를 보냅니다. 다시 과거로 돌아가 선택하라면 저도 고민했을 것 같거든요. 그럼에도 불구하고 겪어보니 알게 되는 사랑의 세계도 있더라는 말씀을 사족으로 보태고 싶습니다. 세상에 다 좋은 건 없다는 선생님 말씀이 명답 아닐까요?

(가족에게는 왜 말조심을 안 하게 되는 걸까요?)

가족을 대하는 법

환자들이 가족과 말하는 걸 듣다 보면 가까운 것과 무례한 것을 구분하지 못할 때가 많아요. 예의바르면서 가까울 수도 있잖아요. 꼭 무례해야 가까워지는 건 아니니까요. 그런데 우리는 가까워진다는 건 막해도 되는 거라고 생각하고 살아요. 그러다 보니 상처를 가장 많이 받는 사람이 가족입니다. 가족은 막해도 된다고 생각하는 거죠. 가까운 사이니까 이해해줄 거라 생각하거든요. 사실은 그렇지 않습니다. 가까울수록 넘지 말아야 할 선을 지켜야 해요. 그래야 오래 가까이 지낼 수 있어요.

ㅅ 가장 가까운 사람들이 모여 사는 곳, 집입니다. 가장 미운 사람들이 모여 사는 곳, 역시 집입니다. 세상에서 가장 가까운 사람들이 한 집에 살면서 가장 미워하게도 되는 곳이 집인 거죠. 그러고 보면 가족은 가까워지기도 쉽지만 멀어지기도 쉽습니다. 가깝게 지내는 집을 보면 공통점이 말을 예쁘게 하는 것입니다. 멀어져 지내는 집은 반대로 말을 밉게 합니다. 말조심을 하지 않습니다. 왜 우리는 가깝고 소중한 사람들인 가족에게 말조심을 하지 않는 걸까요? 선생님에게 물어보았습니다.

ㄱ **가까우니까 조심을 안 한다**

가족에게 말조심을 안 하는 이유는 하나예요. 가까워서 그래요. 정서적 거리가 너무 가까워서 긴장이 풀리고, 긴장이 풀리니 자신도 모르게 속에 쌓여 있는 감정이 폭발하는 겁니다. 밖에서는 얌전하던 사람이 집에 오면 폭군이 되는 이유가 여기에 있어요. 부부가 다 감정 폭발이 일어나면 집안이 편안할 날이 없지요.

내가 상담했던 한 부부는 환자는 아닌데 맨날 싸워요. 한참 싸우다가 격해지면 남편이 "저놈의 자식들 때문에 내가 이혼을 못 하는 거야"라면서 이혼하고 싶은데 자식들 때문에 참고 산다고 해요. 그러면 아내도 "너만 그런 게 아니라 나도 자식만 없었으면…"이라고 맞받아치죠. 그러고 나서 또 화해를 해요. 그런데 이런 싸움이 너무 잦았어요. 그러던 어느 날, '새끼들 때문에 내가 이혼 안 하는 걸 알아' 하면서 둘이 다 삿대질을 하니까, 누가 문을 똑똑 두드리더니 "부모님, 잠깐만 좀" 이러더라고요. 애들 넷이 다 쭉 서서 "우리 걱정하지 말고, 이혼하세요"라고 말하는 거예요. 이 부부가 깜짝 놀라서 나한테 어떻게 하면 좋겠냐고 묻더라고요. 나는 이렇게 말해줬죠. "자식 말 들어요!"

속상하면 무슨 말인들 못 하겠느냐고 하잖아요. 하지만 이건 잘못된 말이에요. 속상하니까 말을 가려서 해야 하는 거죠. 내가 항상 이야기하는 게 있어요. 부부가 상담을 오면 이혼하겠다, 어쩐다 별소리를 다해요. 내가 내려주는 결론은, 이혼이라는 말은 이혼할 때만 하라는 거예요. 평소에는 금기시하는 말로 삼고, 도저히 안 되겠어서 진짜 이혼하게 될 때, 그때 한마디 뱉으라는 거죠. 아무리 속상해도 헤어지자는 막말은 쉽게 하지 말아야 한다는 겁니다.

가족을 남처럼, 남을 가족처럼

내가 생각하는 해답은 간단해요. 가족을 남처럼 생각하고, 또 남은 가족처럼 생각하면 됩니다. 가족을 남처럼 생각하라는 건 예의를 지키라는 거죠. 우리가 남에게는 예의를 지키잖아요. 옷도 반듯하게 입고, 말할 때도 '이 말을 했을 때 어떻게 생각할까'를 한 번 더 생각한 뒤에 하잖아요. 그런데 가족에게는 그런 생각을 하지 않아요. 그렇게 하려면 신경을 써야 하는데 그런 에너지를 쓰고 싶지 않은 거죠.

한두 번은 가까우니까 가족들이 받아주지만, 이게 열 번이고 백 번이고 정도를 넘어서면 쌓여요. 쌓이다 보면 무게가 바윗돌처럼 무거워져요. 산언덕에 바윗돌이 생겼다고 해봐요. 당연히 무게를 못 이기고 굴러 떨어지지 않겠어요? 그게 막말이 되는 거예요. 그러면 막말이라는 바윗돌에 맞고 가만히 있을 사람이 어디 있어요? 자기가 그 바윗돌을 만든 건 까맣게 잊어버리고 어떻게 말을 그런 식으로 하느냐고 더 큰 바윗돌을 만들어 언덕 위로 올리지요. 더 큰 바윗돌을, 더 엄청난 막말을 쏟아부는 거죠. 이게 자꾸 악순환이 되니까, 이혼하자는 소리가 자꾸 나오는 겁니다.

남을 가족처럼 생각하라는 건 이런 말이에요. 가족에게 우리가 살갑게 대하듯이, 다른 사람에게도 친절하게 대하라는 소리에요. 정답게 대해주면 그 사람도 고마울 거 아니에요. 나에게도 다정하게 대해주는 거죠. 그래서 가족과 남을 바꿔서 생각하는 습관을 들이면 좋아요. 가족을 남처럼, 남을 가족처럼. 그러면 가족은 적당한 거리로 멀어져서 말조심을 하게 되고, 남은 적당한 거리로 가까워져서 말을 더 잘하게 되는 겁니다.

ㅅ 결혼 전 어머니가 다니시던 노인대학교 회장님이 제게 결혼을 축하한다고 밥을 사주시며 당부했던 이야기가 떠올랐습니다. 회장님 부부는 40년째 서로 높임말을 쓰는데, 그게 싸울 때 아주 효과가 만점이라며 높임말 쓰기를 권했습니다. 막말이나 욕을 하고 싶어도 평소 높임말을 쓰다 보니 막장으로 가기가 어렵다고 말이지요. 큰소리를 내도 결국 서로 피식 웃게 되더랍니다. 그 말씀이 워낙 설득력이 있어서 저희 부부도 지금까지 가급적 높임말을 쓰려고 노력하고 있습니다. 정말 싸울 때 효과가 아주 좋았습니다. 높임말은 그 자체가 말조심이라는 걸 결혼 15년이 넘어가면서 확인하고 있습니다. 가족을 남처럼 대하라는 말씀에 담긴 의미를 되새겨봅니다.

(나이 드는 것도 서러운데)

노인으로 산다는 것

노인이 따로 있는 것은 아니에요. 누구나 태어나는 순간, 태어나기 전보다 노인입니다. 출생을 기준으로 보면 우리는 죽을 때까지 매일 노인이 되는 것이고, 죽음을 기준으로 생각하면 오늘이 가장 젊은 날입니다. 그래서 세상이 정한 65세라는 기준으로 노인을 바라볼 것이 아니라, 내가 나를 노인이라 규정하는 순간 노인이 된다는 것을 알아야 해요. 노인으로 산다는 것은 신체적 어려움을 받아들이고 천천히 사는 거예요. 천천히 가면 보이는 게 많습니다. 젊어서는 급히 가느라 못 보던 것들이 보인단 말이죠. 그래서 우리 인생은 모든 순간 빛나는 장점이 있고 취약한 약점이 있는 겁니다. 그때그때 내 장점을 살려 살면 그게 좋은 삶이에요.

ㅅ 나고 늙고 병들어 죽는 것이 인생입니다. 이 가운데 우리가 두려워하는 것이 난 이후에 피해갈 수 없는 늙고 병들고 죽는 것입니다. 특히 늙는 것은 내 의지대로 막을 수가 없기 때문에 서러운 마음이 듭니다. 나이 드는 것도 서러운데 찬밥 신세까지 된다면 그 서러움은 더 커질 수밖에 없습니다. 나이 들어 제일 힘든 것 가운데 하나는 쓸데없어진다는 생각입니다. 그것을 확인시켜주는 것이 가족이나 일상에서 만나는 사람들입니다. 그래서 노인이 되면 어떻게 젊은 세대와 어울려 지낼 것인가가 중요한 고민거리가 됩니다. 어떤 마음을 가지고 어떻게 준비해야 젊은 세대인 가족, 이웃들과 사이좋게 지낼 수 있을지, 그 세월을 살아가고 있는 선생님에게 물어보았습니다.

ㄱ **가족으로 들어가기 어렵다**

개인적인 생각입니다만, 요즘은 개나 고양이가 가족 안으로 들어가고 노인은 가족 밖으로 밀려나는 것 같아요. 예전에 손주들이 가족을 주제로 그림을 그려서 가져왔는데 거기에 개와 고양이는 있지만 할아버지 할머니는 없는 걸 보고 깜짝 놀랐습니다. 노인이 되면 가족 안으로 들어가기가 어렵다는 걸 실감

하는 순간이었죠.

왜 개나 고양이보다 할아버지 할머니가 가족으로 들어가기가 어려운 걸까 생각해보았습니다. 한참이 지난 최근에야 답을 알게 되었어요. 아이들은 솔직하잖아요. 한번은 어린 손주들에게 개나 고양이가 왜 좋은지 물어보았어요. 자기 말을 들어준대요. 이리 오라면 오고, 저리 가라면 가고. 그리고 귀찮게 이거 해라, 저거 해라 하지 않는다는 거예요. "그럼 할아버지는 네 말을 들어주니?" 하고 물었더니, 반대라고 해요. 자기들이 개나 고양이처럼 할아버지 말을 들어야 한다는 거죠. 그러면서 개나 고양이는 뭘 좋아하는지 알겠는데, 할아버지는 말씀을 잘 안 하시니까 뭘 좋아하는지 모르겠다는 거예요.

그 이야기를 듣고 어린아이라도 사람은 다 같다는 생각이 들었습니다. 자기 이야기를 들어주고, 자기들이 뭘 해주면 좋아하는지도 알려주어야 편하게 생각하고 좋아한다는 거죠. 그 후로 손주들에게 무엇을 이야기하려 하다가도 속으로 꾹 참고, "너는 어떻게 생각하니?"라는 질문을 먼저 했습니다. 그러자 손주들은 생각지도 못했던 기발한 대답도 하고, 순수한 동심으로 맑은 대답도 해서 듣는 저를 즐겁게 했습니다. 듣기 시작하니 재미가 붙었습니다. 그리고 매사 할아버지는 괜찮다고만 하지 않고, 어깨가 아픈데 두드려주면 좋겠다고 도움도 청했습니다. 그러자 신기하게 손주들이 전보다 더 자주 할아버지 할머니와 이야기하는 걸 좋아하고, 어깨도 두드려주고 과일도 입에 넣어 주며 즐거워했습니다.

가르쳐주려는 마음 하나 내려놓고, 어른이니까 괜찮은 척 하는 마음 하나 내려놓으니까, 서로 웃고 나눌 수 있는 가족이 되는 걸 느꼈습니다. 엄마 아빠가 못 하게 하는 컴퓨터 게임도 할아버지 할머니 방에서 신나게 하게 된 것도 이런 나눔의 과정을 거치며 자연스레 생겨난 일이었어요. 손주들이 낄낄거리며 자기들 속마음도 털어놓고 힘든 거 도와달라고 요청도 하면서 할아버지 할머니도 어느새 같은 눈높이의 개구쟁이 친구로 가족에 편입되었죠.

호통 대신 소통을 하라

지금 시대에는 노인이 가족 속에 들어가려면 자기반성이 필요해요. 자리 안 비켜준다고 고함지르지 말아야죠. 어리더라도 몸이 허약하다든지 취약자로서 얼마든지 앉을 수 있다고 생각해야 합니다. 며칠 전에 이화여대에 약 타러 갔다가 집에 오려고 택시를 탔어요. 택시가 학교 밖으로 나오려면 차단기를 열어줘야 하잖아요. 근데 여는 게 좀 늦었다고 이 운전수가 고함을 지르더라고요. 차단기 올려주는 사람이 뭐라고 설명을 하니까, 운전수가 당장 "야, 너 몇 살이야?" 하고 젊은 여성에게 호통을 치는 거예요. 이런 게 가족에 낄 수 없는 중요한 요인인 거죠. 호통으로 통하던 시절은 벌써 끝났습니다. 지금은 소통으로만 통하는 시대입니다. 이걸 노인이 먼저 깨달아야 해요. 그래야 가족 안으로 넣어줍니다.

나도 공감할 수 있는 공통점을 찾아라

호통이 아닌 소통을 하려면 추가해야 할 것이 있어요. 적어도 나보다 젊은 사람들의 생각을 이해하고 비슷하게라도 내가 공감할 수 있는 걸 찾아야 한다는 겁니다. 노인으로 대접받으려는 게 아니라, 그래야 젊은 사람들에게 노인의 존재를 인정받을 수 있어요.

저는 일부러라도 요즘 젊은이들이 쓰는 SNS 신조어를 찾아서 공부합니다. 재미있어요. 새롭게 만들어진 말을 배우다 보면 요즘 젊은 사람들이 무슨 생각을 하는지 알 수 있으니까요. 또한 젊은 사람들이 지금 이 사회에 적응하는 방법도 알 수 있어요. 그런 방법을 응용하면 지금의 사회 적응력도 높아지고 젊

은 사람과 소통도 더 잘되는 걸 느낍니다.

ㅅ 만년 청춘이란 말이 있습니다. 인천상륙작전으로 유명한 맥아더 장군은 청춘은 나이를 뜻하는 것이 아니라 가슴이 뛰면 언제나 청춘이라고 했습니다. 몸이 늙었다고 노인이 되는 것은 아닙니다. 마음이 경직되고 귀가 굳어 다른 사람 말을 듣지 않으면 몸이 늙지 않았어도 이미 노인입니다. 노인이 가족으로 인정받고 사회에서 젊은 세대에게 공감을 얻기 위해서는 가족과 젊은 사람들만의 노력으로는 역부족입니다. 먼저 노인이 자신의 마음을 말랑말랑하게 만들 필요가 있습니다. 젊은 사람들의 이야기에 귀를 열고 마음을 열어 잘 들어야겠습니다. 나이라는 계급장을 떼고 서로 의견을 나누는 교류의 장으로 들어가야겠습니다.

진도 차이가 있을 뿐 우리는 태어나는 순간부터 노인으로 가는 여정을 매일 걸어가고 있는 같은 처지의 사람들입니다. 선생님이 만년 청춘인 이유가 호통이 아닌 소통을 위해 매일 노력하는 데 있었음을 알게 되었습니다. 호통 대신 소통으로!

5장

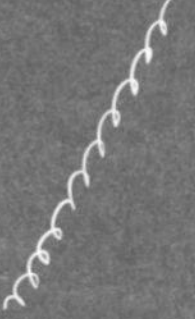

아이는 부모가 허용하는 만큼 자란다

(게임만 하는 아이를 보면 속이 탑니다)

게임하는 아이를 대하는 법

학창 시절 나는 말 잘 듣고 공부 잘하는 모범생이어서 아버지의 자랑이었습니다. 그래도 공부하다 지겨우면 만화를 빌려 보곤 했어요. 어느 날인가 아버지가 술이 얼큰하게 취해 친구분들과 함께 집에 오셨어요. 왁자지껄 술판을 벌이다가 돌연 아버지는 친구분들을 데리고 내 방으로 들어오셨어요. 깜짝 놀란 내가 감출 새도 없이 아버지와 친구분들은 벽에 가득 꽂혀 있는 만화책을 보고 말았습니다. 친구분들이 큰 소리로 웃는 만큼 아버지의 얼굴도 무안해서 붉어지셨어요. 나는 엄청 화가 난 아버지에게 야단을 맞았습니다. 공부하다가 짬이 나면 보던 만화였기에 내심 억울했지만 '학생이 하라는 공부는 하지 않고 만화나 보느냐'는 말에 반박할 수가 없었어요.

人 선생님도 공부만 하던 공부벌레는 아니었나 봅니다. 지금 아이들이 하는 게임이 그 시절에는 만화책이었군요. 그러고 보면 그때나 지금이나 공부는 하기 싫고 딱히 할 건 없는 게 학창 시절이네요. 제가 학교 다닐 때는 전자오락실이 유행했습니다. 물론 만화방도 있었고요. 점심시간이나 학교를 마치면 삼삼오오 전자오락실로 가서 시간 가는 줄 모르고 오락에 심취하곤 했습니다.

이젠 각 집마다 전자오락실이 있습니다. 그것도 첨단 오락실입니다. 집마다 있는 것을 넘어서서 우리 아이들 휴대폰 속에도 예전 큰 오락실보다 고급 사양의 게임들이 포진해 있습니다. 하라는 공부는 안 하고 이틀이 멀다 하고 게임에 몰두하는 아이를 보면 부모 속이 새까맣게 탑니다. 시간 제한을 해도 안 되고, 야단을 쳐도 안 되니 부모들의 걱정은 커집니다. 저러다 대학도 못 가고 취직도 못 해 사회낙오자가 될까 불안합니다. 저도 게임을 하는 아이를 둔 부모로서 선생님에게 왜 아이들이 게임에 그렇게 몰두하는지, 그리고 부모가 이런 아이들을 어떻게 대해야 하는지 물어보았습니다.

재미있으니까 한다

세월이 지나면서 만화는 진화해 전자오락이 되더니 최근에는 온라인 게임이 되었어요. 그때 내가 아버지에게 야단맞았듯이, 요즘 아이들은 엄마에게 하라는 공부는 안 하고 게임만 하냐며 야단을 맞습니다. 만화책으로 야단맞았던 내 심정이나 게임한다고 야단을 맞는 아이들의 심정이 다르지 않을 거예요.

만화와 게임의 공통점은 재미있다는 거예요. 사람은 죽을 때까지 재미를 추구하는 동물입니다. 정신의학을 창시한 프로이트도 인간은 재미를 좇는 쾌락 본능이 가장 큰 삶의 본능이라고 했어요. 어른은 쾌락을 다양하게 추구합니다. 술을 마시거나 낚시, 등산, 스포츠 동호회 등을 만들어서요. 도박이나 유흥으로 퇴폐적 쾌락을 추구하기도 하고요. 이에 비하면 아이들이 선택할 수 있는 쾌락은 한정되어 있습니다. 여학생은 화장이나 연예인 팬클럽이 대표적이고, 남학생은 게임이 대표적이죠.

그런데 부모가 나서서 한정된 쾌락을 추구하는 아이를 제지하면 아이와 전쟁이 날 수밖에 없습니다. 쾌락은 즐겁기 때문에 멈추고 싶지 않은 속성이 있거든요. 반복하고 싶은 겁니다. 연애를 하면 이틀이 멀다하고 만나도 계속 더 보고 싶은 이유가 여기에 있어요. 즐겁기 때문에 매일 매 순간 반복하고 싶은 거죠. 아이도 게임과 연애하는 거예요. 그래서 매일 만나고 싶어지죠. 자연스러운 충동이자 본능이에요.

안쓰러운 마음으로 게임을 바라보아야 한다

부모는 아이가 게임을 할 때 공부와 반대되는 방해물로서 게임을 바라볼 것이 아니라 즐거움의 수단으로서 게임을 바라봐야 해요. 우리나라처럼 재미없는 공부를 오래 해야 하는 사회에서는 게임을 하는 것이 오히려 정상이고, 공부만 하는 것이 비정상이라고 볼 넉넉한 마음을 가져야 한다는 겁니다. '우리 아이가 지금 즐거움의 연료가 바닥났구나. 그래서 게임이라도 해서 즐거움을 얻으려고 하는구나.' 이런 시선으로의 변화가 아이와 게임 문제를 해결하는 첫걸음입니다.

게임의 원리를 알아야 한다

우리 집에는 3대가 공동으로 살고 있어요. 그러다 보니 손자들도 게임을 해서 두 집에서 엄마와 갈등이 생겼어요. 여느 집처럼 게임을 그만하고 공부하라는 엄마와 조금만 더 하겠다며 도를 넘기는 아들 사이에 전쟁이 난 거예요. 내가 중개자로 나서서 아내와 내가 사는 집 거실을 개방했습니다. 손자 둘에게 할아버지 집 비밀번호를 가르쳐주고 언제든지 원할 때 와서 게임을 하라고 했죠. 아이들을 위해 컴퓨터 두 대를 사서 게임을 깔아주었습니다. 아이들은 엄마에게 한 시간만 하겠다고 말하고 내 집에 와서 게임을 시작해요. 한 시간쯤 지나면 엄마한테서 시간 다 되었으니 올라오라고 전화가 오죠. 그러면 아이는 나에게 한 시간만 더 하게 해달라고 사정을 해요. 그러면 내가 엄마한테 말해서 한 시간을 더 연장해주곤 했어요.

옆에서 아이들이 게임하는 것을 한동안 지켜보니 문득 게임이 무엇인지 궁금해졌어요. 그래서 아이들이 하는 게임을 관찰하고 아이들에게 물어 알아보았더니 별천지더라고요. 게임은 한두 시간으로 해결될 게 아니더군요. 한번 들어가면 자꾸 연장하지 않으면 안 되도록 프레임이 짜여 있어요. 누구나 들어가면 한 시간만 하고 나오지 못하도록 연속적으로 구성되어 있는 거죠. 빠져 나가려고 하면 또 재미를 붙여놓으니 아이들이 못 빠져 나가는 겁니다. 아이템을 몇 개 모으면 새로운 것을 줘서 아이들에게 수집하는 벽을 만들어요. 이 아이템을 모으려고 밤새서 하는 겁니다.

게임의 원리를 알게 되면서 아이들이 게임을 시작하면 멈추기 어려운 이유를 이해하게 됐어요. 멈출 수가 없게 만들어져 있기 때문에 멈출 수가 없는 거예요. 왜 게임업자들은 멈출 수가 없게 만드는 것일까요? 멈추지 않아야 돈을 더 많이 벌 수 있기 때문이에요. 게임업자는 아이들의 건강을 생각하지 않습니다. 아이들 정신의 해악을 중요하게 여기지도 않아요. 아이들을 돈이 나오는 현금지급기로 볼 뿐입니다. 거기서 한 푼이라도 더 빼내는 것이 게임업자의 목표에요. 그러니 점점 더 쾌락이 크도록 게임 프로그램을 개발하고, 더 진화된 업그레이드 버전을 출시하는 거예요.

게임을 알게 되니 고민이 생겼어요. 엄마들이 멈추라고 말해야 하는 대상은 게임을 하는 아이들인가, 게임을 만드는 어른들인가 싶더라고요. 나는 게임에 관한 한 일차적으로 게임을 개발하는 사람들이 문제라고 생각해요. 학자들과 공모하여 게임을 하면 머리가 좋아진다는 등의 여론을 조성하기도 하잖아요. 슬픈 것은 그것을 막을 방법이 없다는 겁니다. 돈이 된다는데 안 할 사람이 있을까요? 돈이 되면 더한 일도 하는 것이 사람이잖아요. 부모의 고민이 깊어지는 것은 아이가 게임을 계속하는 것이 아이의 잘못이 아니라 게임을 둘러싼 큰 틀의 문제이기 때문이에요.

할 만큼 해야 그만한다

오래전 프랑스에서는 초등학교 앞 문방구에서 포르노 잡지를 팔았어요. 그러자 학부모, 정치가들이 일어나서 법으로 규제해야 한다고 했습니다. 각계각층의 전문가가 참여한 청문회가 1년 동안 프랑스 국회에서 열렸어요. 반박하거나 비난하지 않고 모든 이야기를 다 들었어요. 마지막으로 프랑스 대통령의 의견을 물었습니다. 그때 대통령은 "프랑스 국민은 볼 만큼 보면 안 볼 것입니다"라고 했어요. 입법이 필요 없다고 한 거죠. 얼마나 자신감이 있으면 그렇게 이야기했겠는가 싶어 지금까지 인상에 남아 있어요.

부모들이 그만한 자신감을 갖기는 힘들겠지만, 우리 아이들도 게임을 할 만큼 하면 빠져나올 것이라고 생각합니다. 부모가 안달해서 멈추게 할 수 없다면 그냥 두는 수밖에 없어요. 금지는 욕망을 낳는 법이거든요. 연애도 그렇죠. 부모가 말리면 무슨 수를 쓰든 죽자고 더 만나고 더 애틋해합니다. 금지하는 정도가 강할수록 하려는 욕망도 강해지는 게 사람이니까요. 역설적이지만 아이들 게임도 갈 데까지 가야 한다고 생각합니다. 갈 데까지 가면 무엇이 될까요? 끝장이에요. 끝장나면 어떻게 될까요? 끝장나면 새순이 돋습니다. 끝장나는 것은 산불 나듯이 다 타버려 없어지는 거예요. 산불이 났다고 계속 민둥산인 것은 아닙니다. 일정한 시간이 지나면 또 새순이 돋아요.

엄마에게 미안한 마음이 들면서 게임을 하게 하라

중요한 것은 자녀가 게임하는 것을 넋 놓고 방치하지는 말아야 한다는 거예요. 아이가 엄마에게 미안한 마음이 들면서 게임을 하도록 해야 합니다. 아이에게 미안한 마음이 들게 하려면 엄마는 아이를 안쓰러운 마음으로 바라보며 아이 가슴에 사랑을 넣어줘야 해요. 극단적으로 아이가 가출을 하더라도 앙심을 갖고 가출하도록 만들면 안 됩니다. 평소 아이 마음에 사랑을 담아두어야 한다는 거죠. 사랑을 담아주면 가출을 하거나 게임을 하더라도 엄마한테 미안한 감정이 생깁니다. 사랑을 주지 않고 매만 들면 원망만 생길 뿐이에요. 그러니까 엄마는 그 뒤까지 보면서 애정을 주어야 해요.

애정을 준다는 건 '내가 지시하니 내 말을 들어라'가 아니에요. 넓은 의미에서의 애정을 표현해놓아야 합니다. 아이가 낭떠러지에서 떨어지는 걸 좋아할 부모가 어디 있겠어요? 낭떠러지에 안 떨어질 정도의 간섭만 하면, 위기에 처했을 때 아이가 애정을 기억하는 거죠. 그러면 그 애가 포기하지 않고 구렁텅

이 속에서 빠져나오려고 하는 동기가 생기게 돼요. 동기가 생기게 하는 힘은 엄마의 따뜻한 애정밖에는 없어요. 아이들은 말로 되는 게 아닙니다. 그래서 게임하는 아이에 대한 부모의 태도는 미움과 금지가 아닌 사랑과 지켜봄이 되어야 해요. 안쓰러운 마음으로 지켜보며 기다려주는 것이 아이들의 게임을 지혜롭게 헤쳐 나가는 부모의 자세입니다.

ㅅ 선생님의 이야기를 듣고 난 후 밀려온 감정은 슬픔이었습니다. 슬픔이란 회복할 수 없는 상실에서 생기는 감정입니다. 게임하는 아이와 부모가 잃어버린 것은 무엇일까요? 김빠진 맥주를 마신 적이 있습니다. 맥주는 김이 빠지면 맥주로서의 맛을 상실합니다. 아이들에게 맥주란 공부이며, 김이란 재미입니다. 어른인 부모에게 맥주란 일이며, 김이란 재미입니다. 아이와 부모는 지금 재미없는 공부와 재미없는 일을 하며 살아가고 있습니다. 아이보다 더 넓은 인간관계와 더 많은 돈을 가지고 있는 부모는 재미를 찾아 이리로 저리로 돌아다닐 수 있습니다. 부모보다 모든 기회가 제한된 아이는 게임의 세계를 돌아다닙니다.

프로이트의 이야기를 빌리지 않더라도, 인간은 괴로움을

피하고 즐거움을 찾는 존재입니다. 공부와 일에서 괴로움을 피하고 게임과 유흥으로 즐거움을 찾는 존재가 평범한 사람의 삶입니다. 공부가 즐거워지고 일이 즐거워진다면 게임과 유흥이 발붙일 자리가 없겠죠. 지금의 게임공화국은 슬픔공화국이 만든 자식이 아닐까요?

큰 틀을 바꿀 수 없다면 작은 내용을 새롭게 하는 수밖에 없습니다. 아이들은 기다려주지 않고 쑥쑥 자라기 때문입니다. 먼 산을 바라보며 한 걸음씩 걸어가야 합니다. 그 길을 선생님은 사랑을 아이 가슴에 담아주고 지켜보는 것이라고 하시네요. 큰 것을 바꾸려하지 말고 바꿀 수 있는 작은 것을 바꾸려 애쓰는 것. 그게 게임하는 아이를 둔 부모가 할 수 있는 유일한 길인 것 같습니다.

(중2병이 왜 생기는 걸까요?)

중2병에 대처하는 법

TV 프로그램 〈동물의 왕국〉을 보니까 어미 새가 새끼에게 하는 행동으로 두 종류가 있어요. 첫째는 새끼가 어느 정도 커서 날 수 있으면 엄마가 떠나버려요. 둥지를 둔 채로요. 둥지를 두고 '이제 네가 알아서 살아라' 하고 떠나버린다는 거죠. 다른 하나는 자는 새를 발로 차서 내밀어버려요. 나가라고요. 쫓아내는 거죠. 그렇게 너 혼자 살라고 독립을 시켜버리는 겁니다. 새도 날갯죽지에 날 수 있는 힘만 생기면 독립을 시켜요. 그런데 우리는 날갯죽지에 골다공증이 올 때까지 내가 품으려고 해요. 이건 서로에게 도움이 되지 않습니다.

人 새뿐이겠습니까? 사자도 새끼가 어느 정도 크면 벼랑에서 밀어 떨어지게 한다고 합니다. 동물들은 일정한 시기가 되면 새끼를 다 독립하도록 하는 것이지요. 오직 사람만이 독립에 주저합니다. 그러다 보니 이런저런 어려움이 생깁니다. 부처님의 아들 이름은 라훌라였습니다. 라훌라는 '인생의 걸림돌'이라는 뜻이라고 합니다. 그만큼 자식은 부모에게 가슴에 걸린 물건, 즉 애물덩어리입니다.

'이 세상의 부모 마음 다 같은 마음 아들딸이 잘되라고, 행복하라고' 하는 유행가 가사처럼, 평범한 부모들의 마음은 자식이 잘 먹고 잘 살게 되기를 바랍니다. 그래서 공부하라는 소리를 입버릇처럼 달고 살죠. 공부밖에 잘 먹고 잘 사는 방법이 없다는 생각을 많은 부모들은 아직 고수하고 있습니다. 그런데 아이가 말을 듣지 않습니다. 공부하라는 말도 듣지 않고 숫제 부모 말에 짜증난다고 하고, 내가 알아서 할 테니 그만 신경 끄라고 합니다. 부모 속이 새까맣게 타들어갑니다. 중2병이라고 불리는 아이들의 반항과 저항 앞에서 고민이 깊어지는 부모들이 많습니다. 그래서 선생님에게 중2병이란 왜 생기고 부모가 어떻게 대처해야 좋을지 물어보았습니다.

7 엄마의 불안과 아이의 저항이 만나 생긴다

중2병은 예전 고3병이 점점 아래로 내려온 겁니다. 조금 더 있으면 아마 초6병, 초5병으로 내려갈 거예요. 그만큼 아이들과 부모가 부딪치는 시기가 빨라지고 있는 거죠. 왜 이렇게 빨라지는 줄 알아요? 그 이유는 아이들이 아닌 엄마에게 있어요. 엄마의 불안이 점점 커지고 있다는 게 이유에요. 옛날 고3 아이를 둔 엄마가 가지는 불안보다 요즘 중2 아이를 둔 엄마의 불안이 더 높다는 소리죠. 왜 불안이 높아지느냐? 주된 이유는 선행학습입니다.

옛날에는 선행학습이라는 게 아주 예외적인 학습 형태였어요. 전교에서 많아봤자 서너 명 정도만 학교 진도보다 빨리 공부했을 뿐입니다. 나는 평생 선행학습을 해본 적이 없어요. 배운 걸 따라가기도 버거웠으니까요. 요즘 아이들이 제 이야기를 들으면 호랑이 담배 피우던 시절 이야기로 알 거에요. 상상하기 힘들다는 거죠. 그만큼 요즘 아이들에게 선행학습은 누구나 하는 공부 방법이 되었어요.

선행학습은 기본적으로 불안의 산물이에요. 학교 진도만 따라가면 남들보다 뒤처질 수밖에 없다는 불안이 조금이라도 더 앞에 있는 내용을 공부하도록 하는 거죠. 모두 선행학습을 하면 엄마는 어떤 마음이 들겠어요? 불안이 점점 심해지는 거예요. 초등학생이 고등학교 3학년 영어, 수학까지 선행학습을 하는 세상이다 보니 우리 아이만 안 하는 것 같단 말이에요. 그럼 어떻게 하겠어요? 좀 무리가 되더라도 우리 아이를 밀어붙여서 조금이라도 더 멀리 선행학습을 시키려 할 겁니다. 그래야 엄마가 일단 덜 불안해지거든요.

그런데 아이 입장에서 한번 생각해봐요. 선행학습이란 건 경량급 체중을 가진 선수에게 중량급 선수와 시합을 자꾸 시키는 것과 같아요. 교육 전문가들이 발달 단계에 맞게 진도를 맞추어놓았어요. 그런데 자기 나이와 정신발달 단계에 맞지 않게 선행학습으로 공부시키면, 겉으로는 따라가지만 깊은 속 공부는 할 수가 없어요. 그리고 매일 중량급 선수와 시합을 하면 좋겠어요? 어려운 것도 한두 번이지 매일 하면 속에서 반항심이 솟아오르는 거죠. 그게 까칠한 아이로 비쳐지는 행동으로 나타나게 됩니다. 그러면 엄마가 '너도 중2병이 왔구나' 하고 규정짓는 거죠. 원래 고3병, 중2병 이런 건 다 존재하지 않는 거예요. 부모들이 지은 이름에 불과하죠.

저항은 건강하다는 신호다

엄마의 불안과 아이의 저항이 만나 중2병이 생긴다고 했잖아요. 여기서 저항이라는 말을 잘 새겨들어야 합니다. 강물이 동쪽으로 흘러간다고 해봐요. 물고기가 강물을 따라 동쪽으로 헤엄쳐 간다면 순응한다고 하고, 강물을 거슬러 서쪽으로 헤엄칠 때는 저항한다고 합니다. 그러니까 저항하는 물고기는 자기 생각이 있는 물고기에요. 순응하는 물고기는 아직 자기 생각이 생기지 않은 물고기지요. 엄마가 강물이고 아이가 물고기라고 생각하면 돼요. 지금까지 동쪽으로 물결 따라 잘만 헤엄치던 아이가 어느 날 느닷없이 헤엄을 멈춰요. 엄마가 엄청 당황하겠죠. 얘가 잘 헤엄치다 왜 멈추나 싶으니까요. 그런데 멈출 뿐만 아니라 어깃장을 놓아요. 그리고 반대 방향인 서쪽으로 헤엄을 칩니다. 눈치 보며 하던 게임을 드러내놓고 하고, 안 하던 화장을 하고, 학원을 빠지고 PC방에 가죠. 제대로 저항이 시작되는 순간입니다.

저항은 강물이나 엄마의 입장에서는 속이 상하는 일이지만, 물고기나 아이의 입장에서는 이제 정신을 차리기 시작했다는 의미를 가져요. 아이를 키우는 최종 목적은 아이를 떠나보내는 거예요. 언제까지나 내 품에 둘 수가 없으니까요. 아이의 독립이 아이를 품는 이유라면, 아이가 최초로 독립할 정신적 싹을 보이는 건 저항을 통해서예요. 아이는 부모와 다른 자기의 생각, 감정을 말과 행동으로 표현하는 거죠. 그게 처음이라 서투르고 거칠긴 하지만, 이제 나는 엄마가 아니라 나라는 것을 드러내는 몸짓인 겁니다. 앞으로 부모로부터의 독립이라는 먼 목표를 달성하기 위한 첫걸음을 내딛는 거예요. 정말 축하받을 일인 거죠. 더 이상 어린아이가 아니라는 증거가 저항입니다. 그래서 아이의 저항은 아이가 건강하다는 신호에요. 설령 그것이 부모의 마음에 들지 않는 말과 행동으로 나타나더라도 말이죠.

부모가 져야 한다

요즘 사람들이 하는 질문 가운데 사춘기와 갱년기가 싸우면 누가 이기겠느냐는 말이 있어요. 답은 갱년기가 이긴다더라고요. 이 말은 갱년기 엄마의 스트레스가 사춘기 아이의 스트레스보다 높고, 힘도 엄마가 세다는 말 같아요. 충분히 그럴 수 있죠. 그런데 이 말은 문제 자체가 말이 안 되는 겁니다. 사춘기 자녀와 갱년기 엄마는 이기고 지는 그런 관계가 아니에요. 서로 잘 지낼 수 있도록 어떻게 할 것인가를 고민해야 하는 관계에요. 그러니까 다르게 질문을 해야 합니다. '사춘기와 갱년기가 잘 지내려면 누가 맞추어야 하는가'로 바꿔야 해요.

답은 엄마가 바꿔야 한다는 거예요. 원래 질문에 맞게 대답하면 갱년기 부모가 져야 한다는 거죠. 일단 부모는 자식을 이길 수 없습니다. 이기면 더 마음이 아파요. 진 자식을 보는 부모의 마음이 더 힘들거든요. 그래서 못 이깁니다. 모든 관계는 더 사랑하는 쪽이 지는 겁니다.

부모가 져야 하는 가장 큰 이유는 그래야 아이가 살아갈 힘이 생기기 때문이에요. 자기주장을 처음 했는데, 이게 꺾여버리면 평생 제대로 된 마음의 독립을 못 하게 됩니다. 봄에 올라오는 새싹을 군홧발로 밟아버리면 자라도 제대로 자라지 못하는 것과 같은 이치입니다. 아이는 부모를 어떻게든 이기려고 이 세상에 태어난 존재가 아니에요. 자기답게 살려고 태어난 존재입니다.

부모가 아이에게 져주는 방법은 간단해요. 생각 하나만 바꾸면 됩니다. 바꿔야 할 생각은 아이가 내 말을 들어야 한다는 생각입니다. 그런데 이 생각 하나 내려놓기가 정말 힘듭니다. 더구나 자식이 공부 잘하길 바라고 그래서 좋은 대학 가길 바라는 부모일수록 이 생각을 떨치기 힘듭니다. 오히려 내 말만 들으면 될 텐데 하며 혀를 끌끌 차죠. 그래도 져야 합니다. 아이의

공부를 포기하라는 소리가 아니에요. 아이를 좌지우지하려 하고 내 말대로 하라고 강제하는 태도를 바꾸라는 이야기에요. 아이가 저항하면 제압할 생각을 하지 말고, '아, 중2 되니까 자기 소리를 하는구나, 건강해졌구나' 하고 받아들여 주라는 거죠.

ㅅ 외국 엄마에게는 없지만 우리 엄마들에게 있는 병이 하나 있다고 합니다. 그 병의 이름은 '까지만'입니다. 우리 애가 대학 갈 때까지만, 그다음에 애가 취직할 때까지만, 애가 결혼할 때까지만, 우리 손주가 클 때까지만, 그래서 마지막엔 내가 죽을 때까지만, 그렇게 계속 이어진다고 해서 붙여진 이름입니다.

선생님의 이야기를 듣기 전에는 중2병을 아이들의 저항이라고만 생각했는데, 알고 보니 엄마와 아이의 함수관계였네요. 엄마의 불안과 아이의 저항이 만나 중2병이 된다는 이야기가 마음에 와닿습니다. 그리고 중2병을 부정적으로만 볼 것이 아니라 독립을 위한 날갯짓이란 말처럼 긍정적으로 볼 수 있게 되었습니다. 부모는 아이의 한 걸음 앞에서 이끌려고 하지 말고 반걸음 뒤에서 따라가라는 말이 소중하게 떠오르는 배움이었습니다.

(이유 없이 반항하는 자식을 어떻게 해야 할까요?)

사춘기 자녀 대하는 법

얼마 전 나의 어릴 적 이야기를 손자 손녀들과 나눈 책을 냈어요. 서문에 손자가 이런 이야기를 했어요. 옛날에는 노인을 꼰대라고 생각했는데 할아버지 글을 하나하나 읽고 생각을 정리하다 보니 할아버지의 마음을 이해할 수 있었고, 노인에 대한 생각도 바뀌게 되었다고요. 예전에는 지하철에서 자리를 비켜주지 않았다는 이유로 필요 이상으로 젊은 사람에게 호통치는 어느 할아버지를 보고 노인을 싫어했는데, 나와 버스를 타고 갈 때 아무도 안 일어나는 게 속상했다고도 썼어요. 이걸 보면서 서로 모르면 오해하게 되고 불필요한 원망을 한다는 걸 확인했습니다. 노인들의 행동처럼 자라는 아이들의 반항도 알고 보면 오해일 경우가 많을 것 같아요.

ㅅ 중고등학교 다니는 아이에게 무얼 물어보면 자주 듣는 대답이 "몰라!"입니다. 더 물어봐도 돌아오는 답은 "모르니까 모른다고 하지! 짜증나!"입니다. 어느 때부터 이유 없이 까칠해지고 반항하는 자식을 보면 부모는 당황스럽고 어떻게 대해야 할지 막막해집니다. 부모도 부모 노릇이 처음인지라 이유를 알 수 없는 아이의 행동에 적잖이 놀라고 혼란스러워집니다. 아이들이 이러는 건 무슨 이유가 있어서일까요? 부모는 또 이런 아이를 어떻게 대해야 할까요? 선생님에게 물어보았습니다.

ㄱ **이유는 자기를 알아달라는 거다**

연쇄살인범이 프로파일러와 친밀 관계가 형성되고 나서 심경의 변화를 일으켜 털어놓기 시작했다는 이야기가 뉴스에 나왔어요. 친밀 관계를 심리학에서 라포rapport라고 해요. 라포를 형성한 후 취조하면 설령 감옥에 가더라도 반성합니다. 자기한테 잘해줬던 생각을 하면서. 그런데 강압적으로 꿇어앉아 맞으면서 취조당한 사람은 감옥에서 어떻게 복수할까를 생각해요. 그러니까 라포, 즉 친밀 관계가 그만큼 중요해요.

영화배우 제임스 딘이 주연한 〈이유 없는 반항〉이란 영화가 있어요. 영화 속에서 경찰서 청소년과 소속의 레이 형사는 정신과 의사처럼 생각을 해요. 짐(제임스 딘 분)이 부모와 함께 취조를 받는데, 레이 형사가 보니까 이런 부부 밑에서는 짐이 그렇게 될 수밖에 없을 것 같아요. 그래서 짐을 품어줘요. 이유 없는 반항을 해도, 어려운 일이 있으면 언제든지 찾아오라고 말하죠. 짐이 다른 아이들과 갈등이 생겨 괴로운 마음에 레이 형사를 찾아갔어요. 그런데 하필 그 형사가 부재중이었던 거예요. 다른 형사는 레이 형사와 다르게 품어주지 않아요. 범죄자 취급을 하는 거죠. 그래서 크게 일탈하고 방황을 하며 일을 저질러요. 결국 짐이 위기에 처하는데 레이 형사가 와서 수습을 해줘요. 짐이 다른 사람 말은 안 들어도 레이 형사의 말은 듣는 거예요. 〈이유 없는 반항〉은 사람의 마음을 잘 그린 영화예요. 사람은 자신의 마음을 의지할 곳이 있으면 극단적으로 나가지 않는 존재예요. 그래서 라포라는 것이 중요해요.

아이가 이유 없이 반항할 수 있죠. 뭘 물어도 모른다고 퉁명스럽게 대답할 수 있어요. 그런데 그 말에 속으면 안 됩니다. 아이는 지금 자기 마음을 알아주고 품어줄 수 있는지 부모를 시험하고 있는 겁니다. 표현은 퉁명스럽지만 마음속은 아주 겁이 많고 여린 거죠. 그럴 때 부모는 아이가 그렇게 행동하는 이유를 알아내려고 하지 말고 영화 속 형사처럼 품어줘야 해요. '이 녀석이 커서 이렇구나', '힘들어서 이렇구나', '마음을 알아달라고 이렇구나' 하고 알아차려야 하는 거죠. 또 사춘기는 자기도 자기 마음을 모르는 시기에요. 그러니 뭘 물어도 모른다고 할 수밖에 없어요.

두 꼰대가 한 집에 산다

꼰대는 자기 틀에 갇혀 자기 말만 하는 사람이에요. 요즘은 한 집에 두 꼰대가 산다고 보면 됩니다. 우리 아이들을 과도기적 꼰대라고 할 수 있어요. 그게 무슨 말이냐면, 옛날 꼰대는 여전히 농경 사회의 사고를 가지고 있어서 꼰대가 된 거예요. 유교적 가치관을 가지고 내세우는 게 체면입니다. '다른 사람이 우리 집안을 어떻게 볼까?', '네가 그렇게 행동하면 사람들이…' 이렇게 먼저 생각하는 거죠. 그러니까 개인이 책임질 일이 아니라 우리 가족이 멸시당하는 것으로 봅니다. 거기에 비해 자본주의 사회, 정보화 시대의 꼰대는 다른 사람을 생각하지 않는 사고로 만들어졌어요. 자기 생각만 주장하는 젊은 꼰대인 거죠. 옛날 꼰대 키워드가 '체면'이라면, 지금 키워드는 '이기적인 자유'인 셈입니다.

우리 집안에서도 손주가 중학교에 들어가더니 하지 말라는 짓은 다 하고 돌아다녀서 걱정이 됐어요. 그래서 아들을 불러다가 저렇게 놔둬도 되겠냐고 물었더니, "옛날에 내가 하고 싶은 짓을 지가 다 하는 건데요, 뭐" 이러더라고요. 그래서 가만히 생각해보니, 나도 규범적인 사람이었기 때문에 누가 하지 말라고 한 것도 아닌데 내 스스로 규범을 정해놓고 재미없는 삶을 오래 살았단 말이에요. 일탈하고 싶은 생각도 있었지만 그럴 용기가 없었고요. 일탈해서 내가 받아야 될 고통이라든지 불이익을 감당할 수가 없었던 거죠. 한 집안에 두 꼰대가 있으면 싸움밖에 날 게 없다는 것을 아들에게 배웠습니다. 다행히 아들이 손주를 품어서 더 이상 아이가 빗나가지 않을 수 있었어요.

人 이유 없다는 말은 이유를 알고 싶지 않다는 말이기도 합니다. 이유 없는 반항이란 없습니다. 이유가 있는데 깊이 들여다보지 않아 모르거나, 작은 이유들이 쌓여 정작 반항하는 자녀 본인도 모르게 되었을 수 있습니다. 이유를 굳이 알려고 하지 않아도 좋네요. '라포'라는 방법이 있으니까요. 라포란 오래 산다고 자동으로 만들어지는 것이 아닙니다. 함께 산 세월로

보면 짐의 부모가 형사보다 훨씬 오래되었을 텐데, 정작 라포가 형성된 건 형사였습니다. 부모의 기준으로 평가해서 자식을 마음에서 내치지 않고, 부모의 기준을 내리고 품어준다면 라포는 언제든 형성될 수 있습니다. 부모가 자녀를 품어줄 때 이유 없는 반항은 굳이 이유를 알아내지 않아도 약해지고 사라질 수 있습니다.

덕이란 사람 품음의 다른 말입니다. 자녀가 사회적 물의를 일으킬 때 정치인들이 늘 하는 소리는 '제 부덕의 소치로 자식 교육을 잘못해 죄송하다'는 말입니다. 충분히 품지 못한 것이 부덕입니다. 충분히 품어주는 덕 있는 부모가 이유 없는 반항을 잠재우는 명약입니다.

(아이가 가족을 대표해서 앓는다고요?)

부모의 문제와 아이의 증상

더러운 물에 사는 물고기는 허리를 꼿꼿하게 펴고 싶어도 못 해요. 더러운 물이 허리를 휘게 하기 때문이에요. 그래서 물고기 허리가 휜 걸 보면, 물고기가 잘못해서가 아니라 허리가 휠 수밖에 없는 물에 살아서일지도 모른다고 생각하는 게 올바른 생각이지요. 사람도 물고기와 비슷합니다. 좋은 환경에서 자란 아이가 좋은 행동을 할 가능성이 더 높아요. 좋은 환경이란 부모를 말하겠죠. 그래서 아이를 보면 그 부모가 보이고, 그 가족이 보이는 경우가 많습니다.

ㅅ 학교 밖 청소년의 수가 수십만 명을 넘는다고 합니다. 가출하고 거리를 헤매는 아이들의 수가 이렇게 많은 이유가 무엇일까요? 영국에서 만든 세계적인 사립 대안학교 서머힐의 이야기를 담은 책에는 "문제 아이는 없다, 문제 부모만 있을 뿐이다"라는 유명한 문구가 있습니다. 서아프리카 속담에는 이런 말도 있죠. "코끼리 싸움에 풀들만 죽어난다." 선생님에게 아이의 문제는 정말 부모의 문제인지 물어보았습니다.

ㄱ **아이는 가족의 희생양이다**

아이의 정신적인 증상은 가족을 대표해서 앓는 것입니다. 무슨 말이냐면 애들은 방어 능력이 없잖아요. 어른이 되면 방어체계가 생기니까 힘든 게 있더라도 방패로 막아버리든지 정신적으로 승화시키든지 방법이 있는데, 애들은 그게 발달이 안 되어 있기 때문에 부모의 우산 아래 있는 거예요. 죽든 살든 부모의 영향입니다. 잘 케어를 받으면 평온할 거고, 부모가 불안정하다면 애는 방어력이 없으니까 그대로 받게 됩니다.

한 가족에서 갈등이 생기면, 당연히 가장 힘이 없는 사람이 타깃이 되지요. 이게 반드시 아이라고 할 수는 없어요. 남편일 수도 있고 부인일 수도 있어요. 일반적으로 이야기했을 때, 어른들은 그래도 적합하든 적합지 않든 방어력이 있지만 애는 그게 없으니까 다 받는 거죠. 애가 발병했다는 것은 가족이 협력해서 그 애를 희생양으로 만든 겁니다. 그 애한테 문제를 뒤집어씌우면 부모는 편안해지잖아요.

좀 더 생각해보아야 할 것은 이 문제는 상대적으로 봐야 한다는 겁니다. 부모가 일방적으로 자녀를 희생양으로 만들지만, 아이도 자기가 살려는 노력을 합니다. 방어력이 없더라도 기질적으로 남보다 조금 더 강한 아이는 부모가 희생양으로 만들어도 그걸 헤치고 나가는 거죠. 또한 평온한 정신 건강을 가진 부모 밑에서 자라는 아이는 그렇지 않은 부모 밑에 자라는 아이보다 상대적으로 발병률이 낮다고 할 수 있습니다.

불안이 따라 붙는다

부모가 불화할 때 아이에게 제일 먼저 따라붙는 감정이 불안이에요. 사실 사람은 태어날 때부터 이미 불안을 안고 나옵니다. 오토 랭크라는 정신분석가는 '출생 트라우마birth trauma'라는 말을 썼어요. 어머니의 자궁 속에 있는 태아는 가장 안락한 자세로 있어요. 그리고 양수가 있어서 밖에서 충격이 오더라도 보호됩니다. 자기가 숨 쉴 필요도 없잖아요. 탯줄로 모든 것이 공급되니까. 그렇게 안정된 상태에 있다가 열 달 되었다고 어느 날 갑자기 탁 튀어나오는 겁니다.

가설이지만, 애가 엄청 놀란다는 거예요. 오토 랭크의 표현에 의하면 그 안락한 상태에서 이 복잡한 환경으로 내팽개쳐진다는 거죠. 깜깜한 산도를 통해서 나오니까 갑자기 숨도 쉬어야 하고. 그런 걸 엄마 배 속에서 배워서 나온 것도 아니잖아요. 그래서 '출생 트라우마'라고 했어요. 충격을 받은 아이는 막막할 거 아니에요. 내가 마음대로 할 수도 없고, 이런 충격이 또 생길지 알 수도 없고, 그러니까 불안해지는 거죠.

불안은 대부분 미래를 알 수 없고, 일이 생겨도 내 마음대로 처리할 수 없어서 생기거든요. 그런 일이 태어난 후에 한두 가지겠어요? 많죠. 그 가운데 가장 예상도 안 되고 마음대로 할 수 없는 게 부모의 불화와 갈등이지요. 그래서 가족이 불화하면 아이 마음에 불안이 따라붙는 겁니다. 옛 어른들 말씀에 시아버지가 며느리를 나무라면 아이가 피똥을 싼다고 했어요. 시아버지에게 혼난 엄마의 불안이 그대로 아이에게 전해지는 거죠.

끊임없이 불안에서 벗어나려 한다

아이는 출생한 후로도 여러 불안한 상황에 계속 노출됩니다. 아이가 우는 이유는 지금 균형이 깨져 생명에 위협을 느끼기 때문이죠. 다르게 말하면 아이 때부터 우리는 평형 상태에서 벗어나면 불안해요. 그런데 평형 상태라고 하는 것이 항상 일정하게 오는 것은 아니잖아요. 올라도 불안하고 내려도 불안하니, 그걸 진정시켜서 평형 상태로 가려고 노력을 하는 겁니다. 그게 아이들에게 증상이 나타나는 이유입니다.

가정과 학교에서 평형 상태가 깨지니까 평형 상태를 찾아 가출을 하고 학교 밖으로 나가는 겁니다. 그런데 친구들이 잠시 동안은 평형 상태를 만들어주는 것 같지만, 이런저런 어려움으로 친구들 사이에 다시 갈등이 생기게 됩니다. 그럴 때 아이들은 마음 둘 곳을 잃어버리고 방황하고 세상에 반항하게 되는 거예요.

ㅅ 미국에서 어린 시절의 불행과 어른이 된 후의 질병에 대한 관계를 경험적으로 검증해본 결과, 불행은 여러 가지 질병을 불러일으키고 있었습니다. 불행 가운데 큰 정서적 어려움이 불안

이라고 합니다. 불안이 마음속에 있으면 유독성 스트레스가 평생 마음속을 돌아다니면서 많은 질병을 불러온다고 합니다. 생존이 안정적으로 보장되는 환경을 만들기 위한 노력이 바로 불안을 벗어나 평형을 이루려는 노력입니다.

아이들의 반항과 방황을 불안과 평형의 관점으로 바라볼 수 있게 되니, 어떻게 해결책을 찾아야 할지도 명확해졌습니다. 부모가 자녀에게 불안한 환경을 만들지 않는 것이 우선입니다. 다르게 말하자면 자녀가 부모 일에 신경 쓸 필요가 없게 만들어주는 부모가 되어야 한다는 것입니다. 자녀는 자기 일만 해결하려고 해도 벅찹니다. 거기다 부모 일까지 마음을 써야 한다면 얼마나 더 불안하고 평형이 깨질까요.

또한 부모가 그런 역할을 제대로 못 해준다면, 아이들이 집을 떠났을 때 품어주고 안정되게 해줄 사회 부모가 한 사람쯤 있어야겠다는 생각을 하게 됩니다. 개인적으로 존경하는 선생님들이 있습니다. 학교에 적응하지 못한 아이들과 함께 생활하고 교육하는 학생교육원과 WEE센터 선생님들입니다. 1년에 몇 번씩 선생님들과 마음을 나누는 워크숍을 열곤 하는데, 할 때마다 아이들을 품고 아끼는 마음에 감동받곤 합니다. 아이들의 불안과 함께 울고 평형이 회복될 때마다 함께 웃는 선생님들의 삶을 보며, 그나마 우리 아이들의 숨통이 트이는 것은 이런 숨은 선생님들이 있기 때문이라는 것을 실감하게 됩니다. 불안은 마음을 갉아먹는 해충이라고도 합니다. 우리 아이들이 덜 불안한 세상에서 살면 좋겠습니다.

(아이에게 아빠가 왜 필요해요?)

아빠의 자녀양육

한국전쟁 중에 종군기자가 평양에서 새까맣게 타 죽은 암탉을 보았는데, 그 아래서 노란 병아리들이 조르르 나오더래요. 새끼들을 살리려고 어미가 포탄을 막고 죽은 거죠. 그런데 그 옆에는 도망가려다 타 죽은 수탉이 있어서 쓴 웃음이 났다고 해요. 어미는 새끼를 살리려고 자기 몸을 태웠는데 애비는 자기 살려다 타 죽었다는 거죠. 동물이나 사람이나 자식을 생각하는 마음은 모정이 부정보다 강한 것 같아요. 우리도 부모 하면 엄마가 먼저 떠오르잖아요. 더구나 요즘은 아버지의 존재가 별로 느껴지지 않는 세상이 되다 보니 아버지 하면 유약한 이미지가 먼저 떠올라요.

ㅅ 중학생이 된 아들과 어쩌다 통화할 때가 있습니다. 그때 가장 많이 듣는 이야기는 엄마 좀 바꿔달라는 말입니다. 어떤 경우에는 단도직입적으로 묻습니다. "그런데 왜 아빠가 받아요?" 그럴 때면 왠지 씁쓸한 마음이 되면서, 아이 키우는 데 나는 도대체 왜 필요할까 밑도 끝도 없이 의구심이 듭니다. 저만 그런 게 아닌가 봅니다. 아이의 교육에는 엄마의 정보력, 아빠의 무관심이 필요하다는 이야기가 회자되는 세상이 된 지 오래되었습니다. 자꾸만 연약해져 가는 아빠로 나를 느끼며 아빠는 생각합니다. 집에서 나는 뭘 하는 사람인가? 자녀에게 아빠인 나는 누구인가? 선생님에게 물어보고 싶었습니다. 아빠는 자녀에게 무엇이냐고 말이죠.

ㄱ **아빠는 2번 타자다**

자녀에게 아빠도 영향을 줘요. 그렇지만 영향을 주는 순서에서 엄마가 먼저일 뿐이에요. 일단 엄마는 낳자마자 수유를 하잖아요. 아빠가 수유하지는 않거든요. 아이에게 부모로서 같은 영향을 주지만 아이 연령을 기준으로 아빠는 조금 뒤에 준다는 소리에요. 야구를 보세요. 1번 타자가 안 나가면 2번 타자가 나갈 수 없잖아요. 엄마가 아이에게는 1번 타자이고 아빠는 2번 타자인 거예요.

시차를 두고 엄마와 아빠가 아이를 키울 뿐이다

정신과 전문의로서 나는 적어도 아이가 5살이 될 때까지는 엄마가 돌봐야 한다는 이야기를 했어요. 이건 정신분석학에서 이야기하는 가설에 근거를 둔 겁니다. 정신분석학에서는 우리가 쾌감을 느끼는 부위가 어디냐에 따라 발달 단계를 나누어요. 전문용어로 말하자면 성기기Genital Stage 이전의 전성기기Pregenital Stage가 5세까지 발달하는 과정인데, 이 시기는 구강기Oral stage, 항문기Anal stage, 남근기Phallic stage로 나뉩니다. 조금 더 자세하게 설명해보도록 하죠.

가장 먼저 구강기를 쉽게 설명하자면, 애들의 성적 쾌감대가 이 시기에는 입에 있다는 겁니다. 아이도 성적 쾌감을 갖는다는 건데, 물론 어른이 갖는 성관계라든지 그런 것은 아니에요. 갓난아이에게 물어볼 수는 없기 때문에, 프로이트가 생각해낸 가설로 말씀드리는 겁니다. 구강기에는 어머니의 젖을 빠는데 쾌감이 있다는 거예요. 아이들은 오로지 배고프면 빨아요. 구강기도 두 단계로 나뉘는데, 앞 단계에는 빠는 것으로, 생명 유지를 위해 본능적으로 하는 행위입니다. 그다음 단계에는 젖을 깨물어요. 아이 키우는 엄마들의 이야기를 들으면 젖을 문다고 하잖아요. 이게 애들이 태어나서 최초로 나타내는 공격성이에요.

그 단계가 지나면 항문기가 와요. 쉽게 말해 대소변을 가리는 겁니다. 구강기 때는 대소변을 보면 엄마가 기저귀를 갈아주지만, 3살쯤 되면 대소변을 가리게 되잖아요. 가리게 하는 데에는 두 가지 방법이 있어요. 하나는 싸면 때리는 거죠. 맞는 게 싫어서 오줌을 참고 부모가 원하는 대로 화장실에 가서 싸는 습관을 들이는 거예요. 다른 하나는 칭찬해주는 거예요. 착한 아기는 화장실에 가서 오줌을 눈다고 말하면, 아기는 착한 게 뭔지 모르지만 엄마가 웃으니까, 화장실에 갔다 와서 "엄마, 오줌 눴어!"라고 말해요. 그러면 엄마가 "아이, 잘했어! 귀여워!" 해주는 거죠. 처벌과 칭찬, 이 두 가지 방법에 의해서 항문기 때 배변을 컨트롤하는 걸 배우게 됩니다.

그런데 흥미로운 가설이 있어요. 아이가 오줌이 마려울 때, 그냥 싸고 부모에게 혼날 것인가, 아니면 조금 참고 화장실에 가서 싸서 칭찬받을 것인가 하는 선택을 한다는 거죠. 그때 발달이 제대로 이루어지지 못해 생기는 병이 양가감정ambivalence

입니다. '화장실에 가야 할까, 안 가고 그냥 내 멋대로 쌀까? 내 멋대로 싸면 기분이 좋은데, 엄마가 처벌하는 건 고통스러워. 아니면 참는 게 고통스럽긴 하지만 엄마한테 칭찬을 받을까?' 이 둘은 동시에 충족할 수가 없잖아요. '양가감정'이라는 뜻이 동시에 상반된 욕구를 충족하려고 하는 거예요.

그다음이 남근기에요. 성을 의식하는 시기죠. 어른처럼 성을 생각하는 게 아니라 해부학적인 차이를 알아차린다는 뜻입니다. 어릴 때는 벌거벗고도 사니까 다른 성별의 아이를 보고 '저 아이는 뭐가 달렸는데' 하면서 해부학적인 차이를 인식한다는 거예요.

정신의학적으로 이 단계들을 잘 보내는 것이 훗날 어른이 됐을 때 원만한 성격으로 사는 데 기본 바탕이 됩니다. 이처럼 5세까지가 사람에게 제일 중요한 시기이기 때문에, 이때는 엄마와 밀접한 관계를 유지해야 한다는 주장을 한 겁니다. 간단하게 말하자면 엄마는 아이가 5살이 될 때까지 육아에 주도적으로 참여하다가 그 뒤로도 엄마 역할을 계속하는 것이고, 아빠는 조금 지각해서 참여한다는 말이에요.

시대에 따라 부모의 역할도 변화된다

전통적으로는 남자가 밖에 나가서 사회적 역할을 하고 여자는 안에서 아이 양육과 가사를 해왔지만, 지금은 누가 가정에서 역할을 할 것인지 둘이 의논해서 결정하는 시대가 되었습니다.

내가 환자를 치료한 경험이 있는데, 남자는 학교 선생님이고 여자는 병원 간호사였어요. 둘 사이에 아이가 태어나자 맞벌이니까 유모를 고용했어요. 그런데 유모 월급을 주려면 한 사람 번 게 다 들어가는 거예요. 둘이 의논을 했어요. '죽자고 일해서 유모 월급으로 다 나가고 이게 뭐냐, 우리 둘 중 하나는 남아서 애를 키우자.' 문제는 누가 남을 건가였죠. 월급이 많은 사람이 계속 일하기로 했어요. 그러니까 월급이 많은 간호사가 나가서 일하고, 남자가 가정 일을 하는 거예요.

그러다 어느 날 남자가 나한테 와서 그 당시에 가정주부들이 호소하는 것과 똑같은 말을 하는 겁니다. 전화 놔뒀다가 뭐 하는지 모르겠다, 조금 늦는다고 하면 찌개를 올 때 끓이면 되는데 말을 안 해서 찌개가 다 졸아들었다, 이러는 거죠. 그런 불만으로 여기서 치료받고 있다고 자기 아내한테 전화를 해달라는 거예요. 직접 하라고 했더니, 이런저런 이유를 대면서 나한테 해달라고 해요. 그래서 내가 전화를 해줬어요. 여자가 병원에 오더니 나한테 간단히 인사하고, 남편에게 "그런 얘기는 집에서 다 끝냈잖아!"라고 말하는 거예요. 아마도 부부가 이 문제에 관해 의논을 했겠죠. 그때 약속했는데 그 말을 왜 또 여기 와서 하냐는 나무람이었던 거예요. 그러니까 남편이 미안하다고 하면서 아내를 따라 나가더라고요.

오래전 일인데 이 사례를 보면서 나는 시대의 변화에 놀랐어요. 그리고 엄마와 아빠의 역할이 시대에 따라 바뀔 수도 있다는 것을 실감했죠.

5살까지는 엄마가 키우는 것이 좋다

시대가 변하고 엄마와 아빠의 역할이 바뀌기도 하지만, 정신과 전문의로 평생 자녀와 부모의 관계를 보고 치료한 나로서는 아이가 5살이 될 때까지는 아빠보다 엄마가 양육하는 것이 바람직하다고 생각합니다. 물론 아빠가 아이를 양육할 수도 있어요. 하지만 아빠가 아이를 양육하면 생물학적으로 밀착 관계가 엄마만큼 형성되지 못해요. 그 이유는 아이가 엄마 배 속에 있었고 아빠 배 속에 있던 경험이 없기 때문이에요. 태생적인 한계라고 할 수 있겠죠. 배 속에 있었느냐 안 있었느냐는 정말 어마어마한 차이에요.

아빠는 아무것도 하지 않는 사람이 아니었습니다. 시차를 두고 아이를 양육하는 사람이었습니다. 설령 두 사람의 상황에 따라 역할이 바뀐다 하더라도 아빠의 역할은 줄어들지 않습니다. 아이의 탄생은 부부를 사라지게 하고 아이를 키우는 전우들을 나타나게 한다는 말을 실감했습니다.

선생님의 말씀대로 아이가 5살이 될 때까지 엄마가 키우는 것이 바람직하다면, 아빠의 역할은 아내가 덜 힘들도록 몸과 마음을 편하게 배려해주는 것이겠네요. 직접 키우는 엄마를 측면에서 물심양면으로 지원해주고, 때가 되면 직접 필드에서 선수로 뛰는 것. 그것이 아빠의 역할이었습니다.

아이를 키우는 것은 세상에서 가장 힘든 일입니다. 얼마 전 동네 산책을 하다가 아내에게 태어나서 어떤 역할을 할 때 가장 힘들었느냐고 물었습니다. 아내는 1초도 지나지 않아 "엄마!"라고 했습니다. 그래서 "어떤 게 힘들었어?" 하고 물었더니, "봐, 상상도 못 하잖아!" 하면서 이야기를 풀어놓았습니다.

"엄마는 아이에 관한 한 어떤 것으로부터도 자유롭지 못해. 'not free from all'이야. 어릴 때는 아플까 봐 걱정하고, 좀 더 크면 아이가 또 저항하고. 공부에 있어서, 건강에 있어서, 모든 것에 있어서 다 내 책임이라는 것 때문에 한시도 자유롭지 못하고 힘들어. 당신은 나가면 그만이지만. 지금 현재도 그래. 내가 까딱 잘못하면 아이가 잘못될까 봐 두렵고, 무섭고, 가끔 도망가고 싶고, 그래도 도망가면 안 되고. 이런 걸 당신 남자가 알아?"

괜히 말 꺼냈다가 본전도 못 찾았다는 말은 이런 때 하는 거죠. 아내의 어려움을 진작 알아봤어야 했습니다. 함께 키워야겠습니다.

5살 이전의 아이를 아빠가 키우는 것은 아이를 따뜻한 방에 넣어주는 것과 같습니다. 엄마가 키우는 것은 그 방 안에서 하얀 곰이 아이를 포근히 안아주는 것과 같습니다. 아이가 어릴 때 아빠가 할 일이란 따뜻한 방에 넣어주려고 애쓰기보다 그 방 안에 있는 하얀 곰이 아무 근심 걱정 없이 아이를 안아주기만 하면 되도록 곰의 마음을 살피고 몸을 돌봐주는 것입니다. 아빠의 역할이 무겁게 다가오는 날이었습니다.

6장

가장 가깝고도
먼 관계,
부부

(부부로 산다는 게 뭘까요?)

부부 관계가 다른 관계와 다른 것들

영화배우 톰 행크스는 할리우드에서 잉꼬부부였다고 해요. 할리우드에서는 이혼이 그렇게 많은데, 누구도 그 사이를 의심하지 않았대요. 그런데 어느 날 갑자기 이혼했습니다. 톰 행크스가 이혼을 당한 거예요. 톰 행크스가 엄청난 충격을 받아서, 자기처럼 이혼당하지 않으려면 지키라고 만들어놓은 부부 생활 수칙이 있습니다. 스스로 '부부 십계명'이라고 이름 붙였어요. 그런데 수칙 중에 이해하기 어려운 것이 하나 있어요. 한 달에 한 번은 이성 친구를 만나라고 되어 있는 거죠. '여자 친구를 만나라', '남자 친구를 만나라'는 우리 문화에서 이해하기 어렵습니다. 그런데 깊이 생각해보면 명분보다 실제가 중요하다는 것을 알 수 있어요.

ㅅ 톰 행크스의 부부 십계명 이야기를 들으니 부부로 함께 살아가는 것이 쉽지 않다는 걸 느끼게 됩니다. 저도 부부 상담을 20년 넘게 하고 있지만, 부부는 참 쉽고도 어려운 관계입니다. 어떨 때는 한없이 가까우면서도 어떨 때는 너무나 먼 관계이기 때문이죠. 부부가 무촌이라는 것은 이러한 어려움을 잘 표현하고 있습니다. 촌수를 따질 수 없을 만큼 가깝기도 하고, 촌수는 아예 근처에 올 수도 없을 만큼 멀기도 하니까요. 묘하게도 부부들이 사는 모습을 보면 약속이라도 한 듯이 서로 닮아 있습니다. 선생님에게 부부란 무엇인가로 질문을 시작했습니다.

ㄱ **부부는 남남이다**

부부는 남남이에요. 피 한 방울 섞이지 않은 남남이 같이 사는 거죠. 문화적으로도 남남이에요. 남자의 성장 배경이 되는 가족문화가 있고, 여자도 자기가 성장한 가족문화가 있으니까요. 한국 사람이면 다 같을 것 같아도 다른 점이 더 많습니다. 부부가 만나 결혼해서 생활한다는 것은 남남이 만나 이질적인 것을 존중해주고 차이를 조금씩 좁히고 다듬는 거예요. 그것이 부부 관계입니다. 잘 다듬어지면 오래 같이 지내는 것이고, 다

듬어지지 않으면 이혼하는 거예요.

부부는 수평이 아니다

흔히 부부 관계를 수평 관계라고 생각하지만 그렇지 않습니다. 수평 관계라는 것은 우리의 소망이고, 각 사회가 지향하는 가치에 따라서 어느 한쪽이 파워를 더 갖고 덜 갖는 겁니다. 저울에 달면 수평이 되듯이 무게가 같은 게 아니에요. 과거에는 남편의 파워가 훨씬 컸어요. 현재는 수평을 지향하고 있죠. 수평에 가까운 정도는 개인별로 차이가 있을 뿐이고요. 미래 사회를 내다보고 조금 진취적으로 생각하는 사람은 수평에 가까울 테고, 전통적인 가치체계를 죽어도 지켜야 한다며 붙들고 있는 사람은 수평에서 멀리 떨어져 있는 거예요. 같은 시대에 살아도 이 두 사람의 격차는 매우 큽니다.

부부는 성적 관계다

부부 관계가 일반 관계와 다른 게 하나 있다면 성적 관계뿐이에요. 그 외에는 다 같습니다. 부부보다 더 친밀하게 지내는 친구도 있을 수 있잖아요. 그런데 다른 사람과는 용납이 안 되는 것을 서로 양해하고 사는 것이 성적 관계입니다.

성적 관계가 부부의 가장 중요한 특징이다 보니 부부간에 암묵적으로 서로 합의하는 원칙이 있어요. 그것은 지금 부부가 살고 있는 사회 가치에 영향을 받습니다. 사회 가치에 따라 부부는 성적인 관계에 있어서 자유로운 원칙을 가질 수도 있고, 굉장히 보수적으로 배우자 외에는 절대 안 된다고 하는 원칙을 가질 수도 있어요. 조선 시대를 예로 들면 배우자 이외에 또 다른 이성과의 성적 관계를 묵인했습니다. 조선 시대 풍습에 관한 글을 읽어보니, 현재 경복궁 앞에 있는 세종문화회관의 양옆으로는 관직에 있는 양반들이 일하는 집무실이 많았다고 해요. 이들은 점심시간에 집으로 가지 않고 근방에 묵시적으로 둘째 부인을 정해놓고 거기서 먹었다는 거죠.

화해를 전제로 싸워야 한다

부부도 성적인 관계라는 것을 빼면 다른 관계와 다를 게 없어요. 그러다 보니 내가 옳으니 네가 옳으니 싸우게 됩니다. 그런데 부부 사이에는 싸움의 목적이 이기는 것이 되면 안 돼요. 부부 싸움은 화해를 전제로 해야 합니다. 서로 원수 갚으려고 싸우는 게 아니라 지금 상태보다 조금이라도 나은 상태로 가기 위해 다투어보는 거예요. 싸움 끝에 합의가 있어야 하는데,

'그래 알았다. 너는 너고 나는 나다'라고 하면 안 된다는 거죠.

내가 이화여대에 있을 때 학생들에게 강조한 것은, 부부라고 하는 것은 전혀 이질적인 문화에서 살아온 사람들이 만난 것이니까 사귀는 동안 많이 다툰 사람이 결혼해서 행복하다는 것이었어요. 싸워본 후에 이 사람은 답이 없다고 생각되면 헤어지고, 타협점이 있다고 생각되면 결혼해도 된다는 거죠. 답이 없다는 것은 화해를 전제로 싸우지 않는다는 말과 같아요. 자존심을 세우려고, 혹은 속상한 걸 풀기 위해 싸운다면 답이 없는 겁니다.

부부는 모른다

소통이라는 의미에서 보면, 말 안 해도 서로 알아주는 게 최고의 대화법이죠. 그럼에도 불구하고 우리가 그걸 못 하는 이유는 지금 이 사회가 옛날 사회가 아니기 때문이에요. 부부가 서로 마음을 알아주기를 바라는 것은 옛날 문화예요. 옛날에는 농경 사회였고 또 대가족이 함께 살았기 때문에 늘 볼 수가 있었잖아요. 대화를 하지 않아도 얼굴을 보면 '무슨 근심이 있어?', '뭐 좋은 일 생겼어?' 하고 알아챌 수 있었어요. 그런데 요즘 같은 사회에서는 부부와 미혼 자녀만 함께 사는 핵가족인

데다 서로 쳐다볼 시간도 없어요. 그런데 어떻게 알아서 해달라고 해요?

상대방을 완전히 이해한다는 것은 불가능합니다. 부부 사이라고 할지라도 서로 이해할 수 있는 일정 부분이 있을 뿐이에요. 그 일정 부분이 끈이 되어 평생을 함께 사는 거죠. '나는 내 아내에 대해서 백 퍼센트 알고 있다', '남편에 대해서 나만큼 아는 사람이 없다'는 것은 자기 생각일 뿐입니다. 모르는 게 더 많아요. 그런데도 무슨 부부라고 함께 사느냐고요? 일정 부분 서로에게 꽂힌 것 가지고 사는 겁니다.

가려운 데를 긁어준다

내가 아는 한 분은 형제 중 막내인데, 자기는 고등학교만 졸업하고 언니들 학비도 자기가 대면서 가정을 위해 희생했어요. 그런데 그걸 또 즐겨 했습니다. 그분이 결혼한 후에 아프다고 나에게 왕진을 청했어요. 집에 가서 남편을 처음 봤는데, 이야기를 들어보니까 아내가 앓아눕게 되어 있더라고요. 남편은 일찍부터 자기 일은 자기가 하는 사람이라 아내에게 할애해서 주는 역할이 없었어요. 빨래도 자기가 하고, 밥도 자기가 해 먹고. 아내는 그냥 아내라고 와 있는 것뿐이었죠. 남편은 바꿀 수가 없었어요. 어릴 때부터 자취생활을 해서 자기가 직접 모든 걸 하는 게 몸에 밴 사람이었기 때문이죠. 아내는 결혼을 했는데 자기 역할이 없어서 우울증에 걸린 거였어요. 그래서 치료해도 낫지 않았습니다. 결국 도저히 같이 못 살고 이혼했습니다.

그러고선 한참 못 봤는데 그분에게 편지가 왔어요. 아이 돌잔치에 초대한다고. 이혼했는데 아이를 낳았다고 하니 재혼한 걸 알게 되었죠. 가서 보니까 얼굴이 활짝 피어 있더라고요. 행복해 보였습니다. 남편도 아내가 치료받았다는 얘기를 들었다며 고맙다고 하더군요. 이상했죠. 어떻게 궁합이 맞았을까? 재혼한 남편은 누나가 일곱이 있고 막내였어요. 모든 식구가 자기한테 관심을 집중해 성장할 때부터 돌봄을 받은 거죠. 그런데 그렇게 돌봐주는 아내가 들어왔으니 궁합이 맞았던 거죠. 하나는 못 줘서 안달이고, 하나는 못 받아서 안달이니. 개별적으로 둘 다 병리적이지만, 그렇게 만나서 좋았던 겁니다.

결국 가려운 데를 긁어주지 않고 엉뚱한 데를 긁어주니까 그렇게 잘하면서도 이혼할 수밖에 없었던 거예요. 부부 사이는 내가 잘한다 못한다가 중요한 게 아닙니다. 저 사람이 무엇을 가려워하는지를 내가 아느냐 모르느냐가 중요해요. 그리고 더 중요한 건 내가 가려워하는 데를 정확히 긁어주느냐 않느냐죠.

그게 바로 부부 궁합인 겁니다.

부부는 알다가도 모를 사이로군요. 남이 봐도 그렇고 부부 당사자도 마찬가지입니다. 선생님의 이야기를 통해 깨닫게 된 건 '부부는 남남'이라는 사실입니다. 그러므로 가까워지기 위해서는 마음을 얻어야 합니다. 마음을 얻는 것은 부부라는 형식적이고 법적인 틀로는 되지 않는 것 같습니다. 마음을 얻기 위한 노력이 따라야 하죠.

마음을 얻기 위한 노력은 상대의 가려운 곳을 긁어주는 것이네요. 부부가 서로 가려운 곳을 긁어주는 일을 지속하다 보면 신뢰가 생깁니다. 신뢰에서 사랑하는 마음이 생기고요. 그래서 몸만 안는 것이 아니라 마음도 안게 됩니다. 그러면 남남이라 마이너스 무촌이던 부부 사이는 이때 더 이상 친밀해질 수 없는 플러스 무촌으로 변화합니다. 남남끼리 만나 가려운 곳을 긁어주며 함께 늙어가는 사이, 그것이 부부인 걸 선생님에게 배웠습니다.

(우리 부부는 말이 통하지 않아요)

퇴적물이 쌓여 소통이 된다

외래 진료를 하다가 점심시간이 되면 병원 앞에 있는 광장시장에 가끔 갔어요. 좌판에 앉아서 먹는 장터국수가 맛있어서요. 광장 가운데 하늘이 뻥 뚫려 있는 열십자길에는 손수레 커피를 파는 분이 있었어요. 그분은 우리가 누구인지 모르니까 사장님이라고 호칭했어요. "사장님, 커피 몇 스푼? 프림 몇 스푼? 연하게, 진하게? 설탕은?" 갈 때마다 이렇게 계속 물어요. 하루 이틀 간 게 아니고 몇 년 동안 갔던 거라, 한번은 내가 그분에게 "우리가 맨날 보는 사이인데, 커피 몇 스푼이냐고 계속 물으니 좀 그러네요"라고 말했어요. 그랬더니 그분이 "사장님, 그건 모르는 말씀이에요. 아침 다르고 저녁 다르고, 그날 몸 따라 다르고, 기분 따라 다른 겁니다"라는 거예요.

ㅅ 통하는 게 어려운 이유는, 커피 파는 아저씨 말처럼 시시각각 사람의 마음이 변하기 때문입니다. 함께 사는 부부는 익숙해질 만도 한데 말이 통하지 않는다고 하소연하는 부부가 많은 걸 보면, 역시 부부 사이에 가장 어려운 것은 의사소통이 아닐까 싶습니다. 오래 환자를 봐오고 그만큼 오래 결혼 생활을 한 선생님은 부부의 의사소통에 대한 답을 알고 있지 않을까요? 선생님에게 말이 통하지 않는 부부의 소통법에 대해 물어보았습니다.

ㄱ **부부는 오해하는 사이다**

커피 타는 문제로 이혼한 부부 예를 들어볼까요. 아침에 아내가 남편에게 묻습니다. "커피 한잔할래요?" 남편이 좋다고 하면 또 물어요. "진하게? 연하게? 설탕은 넣어요?" 넣는다고 하면 "몇 스푼 넣어요? 프림은?" 이렇게 질문이 계속되었어요. 그걸로 이 부부는 다툼이 일어났습니다. 남편 이야기는 결혼 생활을 어느 정도 했으면 알아서 타주지 왜 계속 물어보느냐는 겁니다. 아내 이야기는 또 달라요. 사람 기분이 아침 다르고 저녁 다르며 오늘 다르고 내일 다르니, 오늘 지금은 어떤 커피를 마시고 싶은지 물어보고 거기에 맞춰 커피를 타주려는 건데 뭐가 잘못이냐는 거죠. 커피 타는 게 이혼의 직접적인 원인은 아니었지만 촉발요인이 됐고, 결국 이 부부는 치료받는 도중 이혼했습니다.

부부는 같이 살아서 잘 이해할 것 같지만 늘 서로 딴 마음을 가지고 사는 사이에요. 오해하는 사이가 부부 사이입니다. 결혼 생활은 그 간격을 어떻게 좁히느냐에 달려 있어요. 이 부부처럼 평행선을 그으면 이혼하는 거고 좁혀서 접점을 만나면 계속 사는 거예요.

몸이 하는 말을 알아들어야 한다

커피 타주는 쪽에서도 척하면 알아들을 수 있어야 하고, 커피를 얻어 마시는 쪽에서도 척하면 알아들을 수 있어야 하지 않겠어요? 그게 이심전심以心傳心이에요. 대화에는 말로 하는 대화도 있지만, 몸으로 하는 대화도 있어요. 소리를 내지 않아도, 자세라든지 표정이라든지 몸으로 말을 계속 던지는 거죠. 바디랭귀지body language라고 하잖아요. 쉬운 예를 들어보면, 관심 있는 상대에게 윙크한다고 눈을 찡긋하잖아요. 좋은 감정을 표현할 때는 미소를 짓고, 싫은 감정이 있다면 무뚝뚝하게 성난 표정을 하고요. 이심전심이라고 하는 것은, 말로 직접 묻지 않아도 바디랭귀지를 보고 상대가 뭘 생각하고 있는지를 안다는 겁니다. 몸으로 하는 말이 입으로 하는 말보다 중요해요.

내가 그걸 실감한 게 두 가지 있어요. 나이 들어서 아내와 함께 그림을 감상할 때, 나는 템포가 조금 느리니까 내가 말하려고 하면 아내가 먼저 말을 해요. 그러면 이상하게 내가 하려던 말을 아내가 그대로 하는 거죠. 또 같이 차를 타고 가다가 장국밥 간판이 보여서 '장국밥 어디에서 먹었는데…'라고 말하려고 하면 아내가 장국밥 얘기를 하는 거예요. 이것은 서로 말을 주고받지 않더라도 오랜 부부 생활을 하는 동안 알게 모르게 서로에게 이심전심으로 전달된 것 같아요.

라즈반다리 씨라고 알고 지낸 지 40년 가까이 되는 네팔 친구가 있어요. 1년에 한 번씩은 만나는데, 네팔 말로 하면 내가 못 알아듣고, 영어로 하면 내 영어 실력이 부족해서 소통하는 범위가 작아요. 나이가 들수록 영어로 소통하는 것도 점점 더 하기 힘들어지더라고요. 하지만 둘이 앉아 있으면 말을 안 해도 대화가 왔다 갔다 합니다. 예를 들어, 내가 커피 한잔 마시고 싶어서 두리번거리면, 그 친구가 "커피?" 이렇게 묻는 거예요. 나도 그 친구의 표정을 보면 '나가고 싶구나' 하는 걸 알아차릴 수 있어요. 그게 잘 설명할 수가 없는데, 오랜 기간 동안 관심을 가지고 깊이 관찰하고 관계를 가진 사람에게는 가능할 것 같아요. 그런데 아무리 오래 만나도 관심 없이 스쳐 지나가는 데 그치면 불가능할 겁니다.

퇴적물이 쌓여야 한다

이심전심이 되려면 말이나 몸의 언어에 관심을 가지고 오랫동안 관찰해서 알아주고 챙겨줘야 합니다. 부부는 세월이 가야 지층이 생깁니다. 결혼 초기에는 지층이 생길 게 없어요. 10년 살아야 10년치 지층이 생긴다는 말입니다. 비유하자면, 강이 바다로 들어가는 어귀에 생기는 삼각주는 강물이 운반해 온 퇴적물이 쌓여 만들어진 거죠. 퇴적물이 쌓이자면 세월이 필요합니다.

예전에 TV에서 봤는데, 20대, 30대, 40대, 50대, 60대 각각 한 커플씩 다섯 커플을 서로 연결이 안 되도록 칸막이로 막고 커플끼리도 연결이 안 되도록 막아놓은 후 진행자가 이렇게 질문했습니다. “지금 남편의 지갑 속에 돈이 얼마나 들어 있을까요?” “오늘 이곳에 올 때 아내가 무슨 신발을 신고 왔을까요?” 관찰력을 묻는 질문인 거죠. 20대는 모두발언을 하라고 하니깐

"우리 둘이는 잉꼬부부라서 서로가 다 알고 있어요"라고 말하는 겁니다. 그런데 남편의 지갑에 돈이 얼마나 들어 있는지 묻는 질문에 아내는 3만 원이라고 대답했지만 실제로는 1만 원 들어 있었어요. 아내가 신고 온 신발을 묻는 질문에도 남편은 하이힐이라고 대답했지만 아내는 납작한 구두를 신고 왔어요. 20대는 본인들이 다 안다고 장담했지만, 질문에는 모두 틀린 겁니다. 50대, 60대로 올라가니까 그들의 모두발언은 "결혼 생활이 30년, 40년째인데 잘 모르겠어요"였어요. 그러면 진행자의 질문에 못 맞혀야 하잖아요. 다 맞히는 겁니다. 지갑에 얼마나 들어 있을지 묻는 질문에 "글쎄요, 모르긴 해도 만 원 정도 들어 있지 않을까요?"라고 대답해서 확인해보면 실제로 만 원이 들어 있는 겁니다.

이 프로그램을 보면서 부부 관계에 퇴적층이 생겨야 한다는 생각을 다시 한번 확인했어요. 지금 금방 결혼한 커플이 사랑의 농도는 더 진할지 몰라도, 서로 이해하는 것은 안 되는 것 같아요. 만난 지도 얼마 안 되었는데 상대에 대해 어떻게 속속들이 다 알겠어요. 그런데 젊은 사람들은 이해의 깊이와 사랑의 깊이를 잘 연결시키지 않으려고 합니다. 사랑은 어떤 감정적인 열정이라고 생각하는 거죠. 50대, 60대가 "잘 모르겠는데요"라고 하면서 질문을 다 맞힌 것처럼, 요즘 우리 부부도 어떤 것에 대해 똑같은 생각을 해요. 그게 참 신기하지만, 사실 따지고 보면 신기해할 것도 아닙니다. 같은 공간에서 같은 세월을 그만큼 지냈으니까 그 정도는 알아야 하지 않을까요?

부부가 서로 닮아간다는 것이 그런 얘기죠. 사고체계가 닮아가고 감정표현이 비슷해지는 겁니다. 사실 말 안 해도 척하고 알아듣는 게 가장 고급 소통입니다. 말 안 해도 척 안다는 것은 상대방을 엄청 관찰하고 속속들이 알고 있어야 가능한 일이지, 겉으로만 부부 관계라고 해서 가능한 게 아니죠. 그만큼 알아야 된다는 말입니다.

人 선생님의 이야기를 들으면서 결혼은 사랑해서 하는 것이 아니라 이제 진짜 사랑하기 위해서 하는 것이라는 생각이 들었습니다. 서로 통해서 결혼하는 것이 아니라 서로 통하는 사이가 되기 위해 결혼하는 것이라고 할 수 있지요. 처음에는 서로 경험한 것이 다르고, 거기에서 나온 생각이 다르다 보니 통하기가 어렵습니다. 그러다 서서히 오해가 풀어지고 이해가 영글어가면서 붉은 대추 익듯이 부부의 소통도 무르익어갑니다.

실타래가 엉키면 꼬투리를 잡고 마구 잡아당기는 사람이 있는가 하면, 실마리를 찾아 차근차근 풀어나가는 사람도 있습니다. 의사소통을 못하는 부부는 서로 말꼬투리를 잡고 마구 잡아당기는 부부이고, 잘하는 부부는 차근차근 풀어가는 부부가 아닐까요? 퇴적물이란 선생님의 표현이 마음에 와닿습니다. 부부라면, 소통이 안 되는 보기 흉한 부유물이 아니라 아름다운 소통이 되는 퇴적물이 되도록 노력해야겠습니다.

(자기만 아는 사람과 어떻게 같이 살죠?)

자기중심적인 배우자와 사는 법

오늘 좋은 한 사람과 또 좋은 한 사람이 평생 인연을 맺습니다. 두 사람이 평생 인연을 맺는 첫 단추인 결혼은 사랑해서 하는 것이 아니라 사랑하기 위해 하는 것입니다. 가슴 뛰던 사랑의 설렘이 사라지고 나면 그때 두 사람의 진짜 사랑이 시작됩니다. 저는 주례 이전에 그런 사랑을 만들어가고 있는 한 선배로서, 또 24년째 만 쌍 이상의 부부들을 상담한 상담자로서 두 분께 화목하게 사는 부부들이 진짜 사랑하는 방법을 말씀드릴까 합니다.

그것은 상대를 바꾸려 하지 말라는 것입니다. 사람은 변하기 어렵습니다. 타고난 천성도, 자라면서 형성된 성격도, 성격에서 나온 몸 습관, 마음 습관도 바꾸기 어렵습니다. 불화하는 부부들의 공통점은 서로 자신의 습관에 맞게 상대 습관을 바꾸려 하는 것입니다. 반대로 화목한 부부들은 상대를 바꾸려 하지 않고 상대의 있는 모습에 그대로 적응하려 합니다. 두 분은 대한민국 수많은 부부들이 자기가 원하는 대로 상대를 바꾸려다가 좌절하는 전철을 밟지 마시고, 상대의 특성을 이해하고 잘 활용하시기 바랍니다. 남편이 사교적인 사람이라면 친구 부부들과 어울리는 기회를 자주 가져 남편의 사교성이 우리 부부에 도움이 되도록 활용하고, 아내가 신기하고 새로운 것을 좋아한다면 두 사람 모두 처음 가보는 곳으로 여행을 떠나 새로움이 주는 설렘을 느끼는 데 아내의 호기심을 활용하십시오. 그러기 위해 두 분은 결혼 후 1년을 서로에 대한 '특별 관찰의 해'로 정해 상대의 생활 습관, 좋아하는 일, 싫어하는 일의 패턴과 특성을 잘 관찰하시기 바랍니다. 1년 관찰을 얼마나 잘 했는가가 남은 결혼 생활을 좌우하니, 마음의 수첩에 잘 기록하여 어떻게 활용할지 우리 부부만의 노하우를 만드십시오. 화목한 부부들은 이 과정을 반드시 거쳤습니다. 여러분도 관찰을 통해 화목한 부부의 길에 들어서시길 빕니다. 진짜 사랑은 상대에게 적응하는 것이지 상대를 내 취향에 맞게 바꾸는 것이 아니라는 선배 부부들의 오래된 지혜를 기억하십시오.

ㅅ 얼마 전 주례사로 신랑, 신부에게 들려준 이야기입니다. 부부 상담을 하는 저로서는 부부들이 무엇에 걸려 넘어지는지를 궁금해하게 되고, 어떻게 해결할 것인지에 대해 고민하게 됩니다. 지금까지 불화하는 부부들에게서 발견할 수 있었던 한 가지는 자기중심성이었습니다. 남편이나 아내가 자기중심적인 사람이라면, 거의 예외 없이 부부 불화가 따라왔습니다. 어떻게 해결할 것인가에 대해서는 부부마다 다르긴 했습니다만, 제가 주례사에서 말한 것처럼 상대를 바꿀 수 없다는 것을 전제로 출발해야 한다는 걸 알게 되었습니다. 사람은 쉽게 바뀌지 않기 때문이지요.

가장 좋은 것은 자기중심적인 사람을 배우자로 선택하지 않는 것입니다. 그러나 사랑할 때는 눈에 콩깍지가 씌어서 알아볼 수가 없습니다. 또 알아볼 수 없게 상대가 자기중심적인 모습을 보여주지 않기도 하고요. 그래서 어쩔 수 없이 자기중심적인 배우자와 살게 되었다면 어떻게 사는 게 좋을까, 그 해법을 저보다 훨씬 상담을 오래 해온 선생님에게 물어보았습니다.

ㄱ 남을 보지 못한다

자기중심적인 사람과 어떻게 살아야 하는지 알려면, 우선 자기중심적인 게 무엇인지부터 알아야 해요. 자기중심이란 말은 남을 보지 못한다는 말이에요.

내 머릿속에 떠오르는 사람이 있어요. 중학교 때 수학 선생님인데, 수업 시간에 삼각형 그리는 데 30분이 걸려요. 자를 대고 그리다가 자기 마음에 안 들면 지우고 다시 그려요. 우리는 노트에 삼각형을 그리고 꼭짓점에 abc까지 다 써놓고 기다리는데 30분이 걸리는 거예요. 애들이 그걸 알고 놀려요. "선생님, 노래 하나 해주세요." 그러면 이 선생님은 또 노래를 해요. 한 학기 내내 삼각형 하나 그렸어요.

폭력적인 체육 선생님도 자기중심적이었어요. 선생님이 중앙청에서 달성공원 앞으로 구보를 갔다가 오라고 했어요. 내가 "하나, 둘" 구령을 붙이면서 시내를 한 바퀴 돌고 왔는데, 선생님이 나한테 오라고 하더니 이유도 없이 따귀를 때리는 거예요. 종례 시간에 담임선생님이 내 부은 얼굴을 보고 왜 그러냐고 물었어요. 체육 선생님이 때렸다고 했죠. 뭘 잘못했냐고 해서 잘 모르겠다고 했어요. 화가 난 담임선생님이 나를 데리고 교무실에 가서 체육 선생님에게 따졌어요. 체육 선생님이 하는 말이 기분 나빠서 때렸다는 거예요. 나를 때린 것은 내가 제일 앞에 서 있었기 때문이라고.

수학 선생님 눈에는 삼각형만 보인 거고, 체육 선생님 눈에는 자기 기분만 보인 거예요. 이런 게 자기중심이란 말이에요. 사람이 좋다 나쁘다를 떠나서 다른 걸 못 봐요. 자기가 좋아하는 것, 자기가 싫어하는 것, 자기 상처, 자기 스트레스만 보는 거죠.

그럴 수밖에 없는 역사가 있다

자기중심적인 사람은 그럴 수밖에 없는 역사가 있어요. 너무 많이 받거나 반대로 너무 적게 받으면 자기만 보게 돼요. 응석받이로 귀하게 자라면 자기가 왕자고 공주인 줄 알아서 늘 그런 과한 사랑과 대접을 받으려고 하죠. 과하게 받을 때의 기분을 다시 그대로 맛보고 싶어서 늘 자기 기분만 봅니다. 반대로 학대를 받거나 방치되어 자라면 사랑에 한이 맺혀요. 만성 공복 상태가 되는 거죠. 밑 빠진 독에 물 붓기 같아서 아무리 사랑을 넣어주고 대접을 해줘도 허기진 자기 배만 바라봅니다.

그러니 자기중심적인 사람은 잘 변하기 어려워요. 오랜 역사가 아래 깔려 있는데 그게 하루아침에 바뀌겠어요. 스스로도 자기가 자기중심인 걸 알아요. 워낙 주위에서 그런 소리들을 많이 하니까. 그런데 머리로만 아는 것이지 몸은 자동으로 옛날 습관으로 돌아가요. 자기도 모르게 그러는 겁니다.

좋아하는 것을 해주고 싫어하는 것을 하지 마라

자기중심적인 사람과 사는 비결 같은 건 없어요. 사람은 다 어느 정도 자기중심적이기 때문이죠. 구태여 방법을 찾는다면, 자기중심적인 사람이 가장 원하는 것을 알아내어 무조건 따라야 해요. 죽어도 싫다고 하는 것 또한 알아내어 절대 하지 말아야 합니다. 정말 좋아하는 걸 안 해주거나 죽어도 싫다는 걸 건드리면 그건 평생 갑니다. 그 가운데 있는 것은 티격태격하더라도 괜찮아요. 두 가지만 눈여겨서 헤아리면, 중간에 있는 것은 그냥 해결될 겁니다.

그게 물꼬가 되는 거예요. 사랑이란 게 대단한 것 같아도 간단하거든요. 좋아하는 걸 해주고 싫어하는 걸 하지 않는 게 사랑입니다. 자기중심이란 사랑이 과하거나 부족해서 생긴 거니까 사랑으로 해결할 수밖에 없어요. 그 사람이 좋아하는 걸 해주면 그 사람에게도 아주 조금 마음의 여백이 생깁니다. 그리고 그만큼 자신에게 잘해주는 사람도 바라보게 되는 거고요. 그게 자기중심을 벗어나는 첫 단추가 됩니다.

그런데 대부분 그렇게 하기가 쉽지 않으니까, 그 사람에게 당신만 고치면 된다고 탓을 해요. 탓은 미움이지 사랑이 아니잖아요. 탓을 하면 자기중심인 사람은 반성은커녕 더 자기중심으로 들어가 버려요.

ㅅ 탓하지 말고 좋아하는 것을 해주라는 선생님의 이야기를 들으니 가슴이 답답해집니다. 피해를 보는 사람이 가해하는 사람에게 맞춰야 한다는 이야기로 들려서입니다. 그런데 제가 상담하면서도 선생님과 같은 말을 하게 되니 신기합니다. 자기중심인 사람은 상담을 오지 않습니다. 자기는 문제가 없다고 생각하거든요. 꼭 피해를 당하는 배우자가 상담소 문을 두드립니다. 상담할 때나 선생님의 이야기를 들으면서 느끼게 된 것은 미워하면서 사람을 바꿀 수는 없다는 겁니다. 사랑으로 생긴 자기중심을 사랑으로 변화시킨다는 것이 힘겨운 답이라는 걸 배웠습니다. 에휴, 자기중심이 정말 사람을 잡습니다.

(바람을 왜 피우는 걸까요?)

외도의 심리와 해결책

세계보건기구WHO에서 건강수칙 10개를 제시했습니다. 마지막으로 성문제를 거론하면서 '성관계는 가장 믿을 만한 사람과 하라'고 되어 있습니다. '부부간'이라고 하면 될 텐데 왜 '믿을 만한 사람'이라고 했는지 생각해보니까, 그 표현이 더 맞아요. 법률적으로 부부가 아니더라도 사실혼도 있고 애인도 있잖아요. WHO는 그런 걸 모두 포괄하여 얘기한 겁니다. 서양이 우리보다 현실적인 부부 가이드라인을 주는 거죠. 우리는 일부일처제, 검은 머리가 파뿌리 될 때까지, 이런 이야기만 하잖아요. 우리는 이상적인 명분을 중시하는 거고, 서양 사회는 명분보다 실질적인 것을 중시하는 겁니다. 부부 관계라는 것은 명분보다는 실질로 살아가는 거예요.

ㅅ WHO 규정을 들으니 부부란 무엇인가 하는 근본적인 의문이 생기는군요. 명분보다 실질로 살아가는 게 부부라는 선생님의 이야기를 들으니 더 궁금해지고 말이죠. 인간관계 중에서도 부부는 특별한 관계입니다. 평소 선생님은 성적 관계를 맺는 유일한 관계가 부부라는 말을 하시곤 했습니다. 성적 관계는 다른 사람의 접근을 허용하지 않으려는 배타성을 특성으로 합니다. 그러다 보니 배우자가 아닌 다른 이성과의 성적 관계가 부부 사이에서 늘 문제가 되곤 합니다. 외도는 동서고금 부부 문제에서 빠지지 않는 필수 항목이기도 하지요. 외도 문제를 어떻게 바라봐야 하는지 선생님에게 물어보았습니다.

ㄱ **외도는 본능이다**

나는 바람피우는 것을 본능이라고 생각합니다. 의학적으로 생각하면 본능이에요. 스터디 모임이나 강연을 할 때 내가 이런 예를 듭니다. 가정주부는 남편이 퇴근할 때를 기다렸다가 남편이 현관에 들어서거든 90도로 절을 하라고요. 고맙다고. 왜냐하면 남편은 직장에서 집으로 오는 사이에 숱한 미인을 만나게 되거든요. 그런 유혹을 다 뿌리치고 집으로 온 것을 감사해야 한다고 한 거죠. 내가 그런 얘기를 하면, 왜 여자한테만 그러냐고 여성들이 벌떼같이 달려들어요. 내가 동시에 말할 수 없어서 그런 거지, 남자도 똑같아요. 아내가 외출하고 들어오면 남편도 현관에서 90도로 절을 해야 해요. 마음이 끌리는 멋진 남자들도 있을 텐데 그걸 다 뿌리치고 들어왔으니까 얼마나 고마운가를 생각해야 한다는 거지요. 이 말을 하는 이유는 남녀 할 것 없이 그런 욕구는 본능적이라는 거예요.

내가 심장수술을 하고 세브란스에서 퇴원하는데 수술 후에 조심해야 할 것을 프린트해서 주더라고요. 그중에 '잔디를 깎지 말라'는 게 있어요. 이상하다고 생각했죠. 미국에 있는 친구 집에 가서 보니, 잔디 깎는 게 보통 일이 아니긴 하더라고요. 그리고 또 하나 '성관계를 자주 하라'고 되어 있어요. 그것도 이상한 거예요. 성관계를 하려면 잔디 깎는 것 못지않게 에너지가 필요한데, 그건 왜 하라고 하는지 궁금한 거죠. 아마도 잔디 깎는 것은 기계가 흉부를 압박해서 안 되는 것 같아요. 그런데 성관계라는 것은 근본적으로 즐거운 것이니까, 엔도르핀이 많이 나올 것 같아요. 그런 것이 수술 후 회복하는 데 도움이 된다는 뜻 같더라고요.

성관계는 인간이 하는 행위 중 가장 큰 쾌락을 주는 행위에요. 그러다 보니 쾌락을 얻으려는 본능이 늘 자리 잡고 있는 거죠. 법적으로 결혼했다는 사실만으로 그러한 본능이 저절로 사라지는 건 아니에요.

외도하고픈 마음을 달랠 뿐이다

그런데 우리가 본능만 가지고는 살아갈 수 없잖아요. 본능을 달래야 해요. 본능적으로 우리에게 외도의 욕구가 있지만, 그런 욕구는 그 시대, 그 사회문화 가치에 따라 제어되는 겁니다. 바람피우는 것을 배우자 이외의 다른 사람과 하는 성행위로 생각하는데, 예를 들어 어떤 사람이 아내를 침실에서 안고 자면서 딴 여자를 생각한다면 이것도 바람이에요. 부부가 서로 몸만 안고 있다고 마음까지 내 곁에 있다고 생각하는 건 오해일 수 있습니다.

외도는 마음까지 안아야 자제된다

아내를 안고 있어도 머릿속으론 다른 여자를 생각할 수 있고, 남편을 안고 있어도 머릿속으론 다른 남자를 생각할 수 있어요. 부부는 몸만 안고 있는 것보다 마음까지 안고 있어야 합니다. 마음까지 안는다는 것은 상대에 대한 신뢰가 생겼다는 말이에요. 순서상 상대에 대한 믿음이 생겨야 상대에게 마음이 갑니다.

정신의학 가설에 의하면, 사람이 발달하는 단계에서 최초로 생기는 것이 신뢰에요. 엄마와의 사이에서 최초로 생기는 거죠. 아이는 배고플 때 울면 엄마가 젖을 주니까 안심하고 있어도 됩니다. 그런데 아이가 배고파서 울어도 엄마가 자기 일이 바쁘다든지 화가 나 있든지 해서 젖을 안 준다면, 또는 엄마가 기분이 너무 좋다고 배가 불러 자는 아이를 깨워서 젖을 준다면, 그런 엄마를 어떻게 신뢰할 수 있겠어요? 이런 것들로 인해 아이들에게 신뢰할 수 없는 관계가 생기는 겁니다.

부부도 마찬가지에요. 내가 필요한 게 있을 때 상대가 충족시켜주어야 신뢰가 생깁니다. 이런 신뢰가 쌓이면 상대에 대한 마음, 다시 말해 사랑이 생기게 됩니다. 이것이 마음으로 상대를 안게 되는 과정이에요. 이렇게 마음으로 상대를 안게 되면 몸을 안았을 때 마음도 안게 되어 외도할 가능성이 낮아집니다. 예쁜 여성이나 잘생긴 남성을 보아도 외도할 마음을 자제하게 되는 거죠.

人 외도는 본능이라는 말을 들으니 마음이 복잡해집니다. 바람피운 사람은 모두 파렴치한 인간이라고 생각하는데, 누구나 바람피울 수 있는 잠재적 욕망을 지닌 존재가 사람이라는 말씀은 외도에 대한 새로운 시선을 갖게 합니다. 외출하고 돌아온 아내와 남편에게 깍듯이 인사하라는 이야기는 충격마저 줍니다. 결국 부부라고 하더라도 외도의 유혹에서 자유로울 수 없다는 이야기이죠.

선생님은 어린 시절 아이가 엄마를 사랑하게 되는 과정을 신뢰로 설명해주었습니다. 부부도 몸만 안는다고 부부가 아니라 마음까지 안아야 부부라는 건 명언입니다. 마음을 안기 위해서는 아내가 지금 무엇을 원하고, 무엇을 원하지 않는지 알아야 하고, 그것을 배려해주어야 하네요. 아내 역시 남편의 욕구를 알아 충족시켜주어야 하고요. 외도를 근본적으로 막기 위해서는 본능을 뛰어넘는 신뢰와 사랑이 부부 사이를 단단히 묶고 있어야 함을 알게 되었습니다.

(부부는 서로에게 얼마나 자유로울 수 있을까요?)

자유로우면서 더불어 산다는 것

환자 중에는 치료가 극히 어려운 중증 환자들이 있어요. 그 중 하나가 의처증, 의부증 환자에요. 배우자의 불륜을 의심하는 증상인 의처증, 의부증은 망상이 체계화된 겁니다. 지리멸렬한 망상이 아니라 논리적으로 체계화된 망상을 하는 거죠. 남이 들으면 아주 그럴싸해요. 그런 망상 환자들은 '지금 몸은 내 가까이 있지만 생각은 딴 데에 가 있을 것이다'고 생각해요. 보이지도 않는 마음까지 컨트롤하려고 하는 거죠.

내가 레지던트 때니까 아주 오래전 이야기인데 의처증이 심한 환자가 있었어요. 이 남편은 방 안에 요강을 비롯해 아내가 일상생활에 필요한 걸 다 넣어놓고 출근할 때 밖에서 문을 잠갔어요. 아내가 다른 남자와 바람피우지 못하도록 한 거죠. 그런데 어느 날 아내를 죽였어요. 살인한 이유가 아내가 외간 남자와 잠자리를 했다는 거예요. 문을 항상 잠가놓았는데 아내가 어떻게 그럴 수 있었겠어요? 알고 보니 아내가 아이 젖 먹이는 걸 다른 남자와 잠자리하는 것으로 착각한 거죠.

선생님의 이야기를 듣고 가슴이 서늘해졌습니다. 의심이 무섭다는 건 알았지만, 자기 자식에게 모유 수유를 하는 아내를 다른 남자와 잠자리하는 것으로 착각하고 죽일 정도로 무서운 줄은 몰랐기 때문입니다. 평소 선생님은 의심하는 배우자와는 살기 어렵다는 말을 하곤 했는데, 이 이야기야말로 정신을 번쩍 차리게 하는 경험담이었습니다. 어쩌면 이 남편은 아내를 철저히 자신의 소유물로 생각한 건 아닐까 싶어 더욱 무서웠습니다.

부부란 무엇일까, 부부 사이는 얼마나 가까워야 할까를 생각하다 보니 안개 속을 헤매는 느낌입니다. 부부 상담을 하면서도 점점 부부에 대해 모르겠다는 마음이 들기도 합니다. 똑같은 부부가 한 쌍도 없기도 하고요. 그래서 선생님에게 부부는 얼마나 가까울 수 있는 관계인지, 얼마나 자유로운 관계여야 하는지 물어보았습니다.

자유로운 삶과 더불어 사는 삶은 다른 게 아니다

우리는 흔히 자유롭게 사는 것과 더불어 사는 것은 서로 부딪친다고 생각하는데, 사실은 그렇지 않습니다. 서로 사이좋게 공존할 수 있는 것이지, 자유로우면 더불어 살지 못하고, 더

불어 살면 자유롭지 못하는 게 아니에요. 건강한 관계를 맺는 방법을 배우지 못해서 그렇게 생각하는 겁니다.

건강한 관계를 맺는 방법을 배우지 못하는 이유는 핵가족으로 살고 있기 때문이에요. 예전에는 대가족으로 살았기 때문에 다양한 상황에서 여러 가지 관계를 맺는 모습을 보다 보니 어떻게 관계를 맺어야 하는지 쉽게 배웠어요. 그런데 산업화되면서 도시로 올라와 달랑 부모와 자녀만 남게 되었습니다. 부모는 늘 바빠요. 돈을 벌어야 하니 직장에 나가야죠. 돌아와서도 피곤해서 잠자기 바쁩니다. 이런 삶은 단순하고 무미건조한 삶이에요. 아이들이 관계를 배울 기회가 거의 없어요. 그러다 보니 억압하고 통제하는 가정, 또는 반대로 방임하는 가정이 많아졌어요. 아이들이 자유가 구속되는 삶, 너무 자유로워 방임에 가까운 삶을 살게 된 거죠. 그래서 요즘 이분법적으로, 자유롭게 사는 것과 더불어 사는 것으로 나눠 생각하게 된 겁니다.

옛날에는 아이들이 해가 지도록 친구들과 자유롭게 놀았어요. 그러고서 집에 들어오면 따뜻하게 차려놓은 엄마의 저녁밥을 먹으며 더불어 사는 일상의 기쁨을 누렸단 말이에요. 이건 자유로우면서 더불어 사는 아주 소박한 모습이지요.

지금 아이들은 학교가 끝나자마자 태권도 학원이나 피아

노 학원, 영어 수학 학원에 가요. 집에 오면 학교 숙제와 학원 숙제를 하고요. 자유로운 시간은커녕 쉴 시간도 없어요. 빈 시간에 게임이나 메신저를 하면 엄마가 혼내잖아요. 쓸데없는 짓 하지 말고 공부하라고. 아이의 자유가 끼어들 틈이 없어요. 엄마도 자유롭지 않기는 마찬가지죠. 엄마는 아이를 위해 희생하며 사는 것 같고, 아이는 엄마에게 구속당한 채 사는 것 같거든요. 이런 상황에서는 아이가 자유롭게 더불어 사는 법을 배울 수 없어요. 그래서 아이들은 더불어 사는 걸 생각하기도 전에 마음대로 한번 살고 싶다는 생각으로 자유로운 삶을 꿈꾸는 겁니다.

부부도 마찬가지에요. 일단 늦게 만나요. 아침 일찍 일터에 갔다가 집에 돌아오면 이미 지쳐 있는 상태에요. 느긋하게 두런두런 이야기를 나누는 건 상상할 수 없죠. 뉴스나 드라마를 조금 보다 보면 아이 재울 시간이고 잘 시간이에요. 부부 평균 대화 시간이 10분을 채 넘기질 못합니다. 또 이야기를 하다 보면 자주 다투게 돼요. 아이에게 그리고 집안일에 얼마나 신경 썼느냐가 다툼의 주 소재죠. 다투다 보면 부부 대화도 점점 줄어듭니다. 최소한의 이야기만 하게 되죠. 이런 상황에서는 자유로움을 느끼기 쉽지 않을뿐더러, 더불어 산다기보다 그냥 산다는 느낌만 남게 됩니다. 그래서 아이들이 자유로운 삶을 원하듯, 부부도 자유로운 삶을 원하는 거예요. 부모나 아이나 다 관계에서 힘들고 지치는 거죠.

거절에 대한 참을성이 없다

요즘 사람들의 특징 가운데 하나는 참을성이 부족하다는 거예요. 옛날에 비해 욕구 충족이 지연되는 걸 잘 견디지 못해요. 스마트 시대라 원하는 게 있으면 바로바로 해결할 수 있잖아요. 그런 것에 익숙해지다 보니 무엇을 요청했는데 바로 나오지 않으면 분노가 치솟는 거죠. 옛날에 비해 누가 거절하는 것에 대해서도 참지 못해요. 그렇게 된 이유를 개인의 탓으로 돌리면 안 됩니다. 지금 사람이 옛날로 가서 산다면 좀 더 느긋하게 기다리고 거절에 대해서도 화를 덜 냈을 거라는 이야기죠. 핵가족으로 살면서 이미 거절을 많이 경험한 거예요. 그래서 누적된 화가 마음속에 많습니다. 누가 거절하면 '충분히 거절당해왔는데 너마저 또…' 하는 심정이 되는 겁니다. 그래서 어느 때보다 사람들의 거절에 대해 참지 못하고 분노 표출도 더 격렬해집니다.

거절에 대한 참을성이 극단적으로 없어지면 정신이상이

됩니다. 정신이 더 이상 견디지 못하고 무너지는 거죠. 정신이상이 되면 거절할 필요가 없는 사람과 관계를 맺습니다. 그게 누구겠어요? 바로 자기 자신입니다. 남들은 듣지 못하지만, 자기가 자기에게 하는 말을 듣습니다. 남들은 보지 못하지만, 자기가 자기를 봅니다. 그래서 웃기도 하고 떠들기도 하죠. 그걸 사람들이 정신병이라고 부르는 거예요. 정신이상까지는 가지 않더라도, 사람보다 상대적으로 거절을 덜할 대상을 찾기도 해요. 식물이나 동물이 거기에 적절한 거죠. 그래서 많은 사람이 집 안에 식물이나 동물을 기릅니다. 적어도 사람보다는 거절한 가능성이 낮기 때문이죠.

부부는 10%만 함께하면 된다

부부는 서로 자라온 환경이 다릅니다. 그래서 생각하는 방식도 다르고 선호도 다르며 행동하는 습관도 다르죠. 아주 다른 남남이 서로 맞추고 사는 겁니다. 어떻게 보면 부부가 잘 사는 게 비정상이고, 삐걱대고 싸우며 못 사는 게 오히려 정상이에요. 잘 살려면 반드시 뼈를 깎는 고통이 있어야 해요. 이건 동서고금의 부부가 똑같습니다. 아무런 양보나 타협 없이 잘 사는 부부가 있다면 거짓말입니다.

부부는 10%만 함께하면 됩니다. 10%는 너무 적다는 생각이 들지요? 그런데 생면부지의 사람과 10%를 공유한다는 것은 대단한 겁니다. 90%는 자유롭게 살고 10%는 더불어 살면 되는 거죠. 이게 잘 사는 부부의 비결입니다. 부부 사이에 자유의 공기가 흐르고 각자의 생각과 선호가 존중되면, 서로 기뻐서 10%를 기꺼이 내놓으려 합니다. 그런데 어느 한쪽이 다른 쪽을 차지하고 통제하려고 하면, 10%마저 가지고 멀리 도망가려 합니다. 그게 사람의 본성이거든요. 10%만 서로 공유하고 90%는 상대를 믿고 맡기면 된다는 이야기입니다.

통제하려는 사람은 처음부터 만나지 마라

내가 이화여대에 있을 때 특강을 부탁받은 적이 있어요. 그때 '남자친구 잘 고르는 법'이란 제목으로 강의한다고 했더니 강당 안에 학생들이 가득 모였어요. 그때 내가 두 유형의 남자는 반드시 피하라고 강조했어요. 첫 번째 유형은 연애할 때 어떤 형태든지 폭력을 쓰는 사람이에요. 요즘 데이트 폭력이라고 하는 게 여기에 속해요. 남자가 폭언이나 폭력을 쓰면 순진한 여자아이들은 그게 또 매력으로 생각되어 혹할 수 있는데 조심해야 해요. 두 번째 유형은 의심이 많은 사람이에요. 의심이 망상으로 갈 가능성이 있거든요.

폭력적인 것은 바로 알 수 있는데 의심이 많은 것은 어떻게 구별하느냐고 한 학생이 물었어요. 그래서 내가 두 가지 기준을 말해줬어요. 하나는 '어제 뭐 했니?', '한 시간 전에 뭐 했니?' 하며 자꾸 꼬치꼬치 물으면 그런 경향성이 있는 것으로 알라고 했어요. 다른 하나는 길을 같이 걷는데 자주 뒤를 돌아보는 사람이라고 했죠.

의심이 많은 남자는 결국 나를 통제하려고 해요. 나의 90%를 자기가 통제하고 부리려고 하죠. 그런 남자랑 어떻게 살겠어요? 내가 만난 환자는 그게 100%라 결국 아내를 죽였잖아요. 그런 사람과는 처음부터 만나지 말아야 합니다.

ㅅ 선생님의 이야기 속에는 과거와 오늘을 오가는 가족들의 일상이 고스란히 들어 있었습니다. 저녁이 있는 삶을 공약으로 내세운 정치인도 있었습니다. 그만큼 우리는 저녁이 없는 삶을 살고 있습니다. 각자도생이란 말이 가정에서도 낯설지 않은 사회에 우리가 살고 있는 거죠. 바다 위를 표류하는 배처럼, 이건 아닌데 하면서도 어디를 향해 가야 할지 기준을 찾지 못하고 있

습니다. 그래서 가출이나 비행처럼 구속을 피해 일탈하기도 하고, 일에 중독되거나 취미 생활에 빠져 부부간의 구속을 피하려고도 합니다. 이런 우리에게 10%만 서로 공유하고 90%는 서로 믿어주고 자유롭게 해주라는 선생님의 말씀은 큰 힘이 됩니다. 자유롭되 더불어 사는 삶의 원리가 여기에 있었네요.

(졸혼도 괜찮은 걸까요?)

결혼을 졸업하고 산다는 것

"저는 이혼에 실패한 사람입니다!" 환자를 치료하다가 들은 말인데 오래도록 잊히지 않았어요. 결혼에 실패한 사람이라는 소리는 들어봤어도 이혼에 실패했다는 소리는 처음 들었으니까요. 이 말을 가만 생각해보면 여러 상황이 그려집니다. 일단 이 사람은 이혼을 하고 싶었어요. 그런데 이혼을 하는 데 여러 가지로 걸리는 것이 많았다는 거죠. 그리고 걸리는 여러 가지가 결국 더 힘이 세서 이혼하고 싶은 마음을 이겼다는 말입니다.

人 이혼에 실패하는 사람이 점점 줄어드는 세상입니다. 이혼에 성공하는 사람들이 날이 갈수록 늘어갑니다. 결혼은 결국 혼자라는 것을 깨닫는 것이고, 이혼은 이젠 혼자라는 것을 깨닫는 것이며, 재혼은 제대로 혼자라는 것을 깨닫는 것이 아닐까요? 부부 관계를 주제로 강의를 하면 이렇게 이야기하곤 합니다. "외롭게 살고 싶으면 혼자 사세요. 정말 외롭게 살고 싶으면 결혼하세요." 결혼이 혼의 결합이라 믿고 살았는데 결국 혼자라는 것을 깨닫게 될 때, 마음속으로 이혼을 한 번쯤 그려보게 됩니다.

세월이 흐르다 보니 이혼의 다양한 형태가 생기는 것 같습니다. 그 가운데 대표적인 것이 몇 해 전부터 인기 검색어로 회자되는 '졸혼'입니다. 학업을 마친다고 졸업이라 하는 것처럼, 결혼 관계를 마친다고 졸혼이라 이름 붙였습니다. 이혼과 졸혼의 차이는 법적으로 이별했는가입니다. 법적으로 헤어지면 이혼이지만, 법적으로는 여전히 부부면서 실제로는 따로 각자의 삶을 사는 것이 졸혼입니다. 오랫동안 부부를 상담하기도 했던 선생님에게 졸혼에 대해 물어보았습니다. 졸혼을 어떻게 생각하시는지 궁금했거든요.

ㄱ 새로운 일이 아니다

'졸혼'이라고 새로 이름을 붙인 것뿐이지 전혀 새로운 현상이 아니에요. 오래전부터 졸혼은 있었어요. 우리 선조들도 남편은 사랑방에, 아내는 안방에 있었잖아요. 그것도 졸혼이나 마찬가지에요. 남한테 대놓고 선언하지 않은 것뿐, 옛날부터 졸혼은 있었던 거죠. 새삼스러운 일이 아니에요.

생물학적으로는 자연스러운 일이다

부부가 다른 관계와 다른 점 하나는 성적인 관계를 가진다는 거예요. 그런데 성이라는 것은 사춘기에 발달하기 시작해서 폐경기가 오면 성적인 욕구도 줄어들고 생산력도 없어지잖아요. 그건 생물학적인 과정이에요. 그러니까 생물학적인 과정에서 성을 생략하고 살 수 있는 시기가 폐경기 이후란 말이에요. 성적인 면에서 보면 졸혼이죠. 그러나 문화적인 관계를 비롯해 다른 관계들이 있잖아요. 졸혼은 그것만 가지고 부부 관계를 유지하겠다는 뜻이에요.

졸혼으로 이혼의 번거로움을 피하다

차라리 이혼을 하고 따로 살지, 왜 이혼하지 않은 채 그렇게 남남으로 사느냐고들 하죠. 그런데 생각해보세요. 사실 이혼하는 절차가 그렇게 쉽지는 않잖아요. 여러 가지로 번거롭고 귀찮아요. 이혼으로 인해 감당해야 할 문제도 많이 생기고요. 나이 들어 이혼하면 주위에서 이런저런 말도 많고 일일이 설명하는 것도 여간 성가신 일이 아니에요. 친인척 관계도 새롭게 재구성해야 하고요. 그래서 이혼하지 않고 이혼한 것처럼 사는 게 더 간단한 거죠.

자유는 배로, 책임은 반으로

어느 철학자가 결혼이란 자유를 반으로, 책임을 배로 하는 일이라고 했습니다. 졸혼은 반대에요. 자유를 배로, 책임을 반으로 줄이려는 거죠. 사람이 제일 싫어하는 게, 자유는 없고 책임만 있는 거예요. 자유가 제로에 가깝고 책임이 무한에 가깝다면, 우리가 살고 싶겠어요? 어떻게든 거기서 벗어나려고 하지. 벗어나려는 방법 가운데 하나가 이혼이고 또 졸혼이에요.

졸혼에서 우리가 배워야 하는 건 아무리 부부 사이라도 서로 구속하고 통제하려고 하면 못 산다는 거예요. 동물도 구속과 통제를 싫어하는데 사람은 오죽하겠어요? 누군가 한쪽에서 졸혼하자고 한다면, 배우자는 그 사람이 그동안 구속과 통제로 인

해 견디기 힘들었다는 걸 알아차려야 해요.

人 선생님의 졸혼에 대한 의견은 간단했습니다. '새삼스러운 것이 아니다.' 그러고 보니 새삼스러운 것이 아니었습니다. 오래전부터 있었던 그것. '우리는 무늬만 부부야.' 그게 바로 졸혼이었습니다. 졸혼을 어떻게 생각해야 하느냐보나 더 중요한 것은 어쩌다 결혼이 졸혼으로 가게 되었는가인 듯합니다.

학교를 졸업할 때의 심정을 돌아보면 시원섭섭함입니다. 마쳐서 시원하기도 하고 역시 마쳐서 섭섭하기도 합니다. 졸혼도 그런 심정이 아닐까요? 시원섭섭함. 시원과 섭섭함 가운데 더 우세한 하나를 고르라면 시원일 것 같습니다. 왜 시원할까요? 이제는 무엇인가로부터 벗어난다는 해방감 때문일 것입니다. 벗어나고픈 무엇은 어떤 것일까요? 부부 상담을 해온 제 경험에 의하면, 그건 아마 구속과 통제일 가능성이 높습니다.

검찰이 법원에 청구하는 것이 구속영장입니다. 구속영장이 판사로부터 발부되는 순간 피의자는 재판을 받을 때까지 구치소에 수감됩니다. 그런데 신기하게 법적인 결혼도 상대 배우자에 대한 구속영장으로 생각하는 사람이 많습니다. 결혼했다는 이유만으로, 한 사람에게 이래라 저래라 명령하고 그것을 지키지 않으면 처벌하고 구속과 통제를 가할 권리는 없습니다. 그런데도 많은 부부는 마치 결혼이 배우자에 대한 구속영장을 발부받은 듯 구속하고 통제하려고 듭니다. 그것도 오랜 세월 구속과 통제를 이어갑니다. 그것을 기뻐하고 즐길 사람은 없습니다. 과하면 넘치게 되는 법입니다.

부부 사이에 구속과 통제가 견디기 힘든 것이라면, 자녀들에게는 부모의 참견과 간섭이 견디기 힘든 올가미입니다. 내가 낳았다고 내 소유물이 아닌데도 자꾸만 소유물로 생각하고 내 마음대로 하려고 합니다. 아이가 가출하고 독립하려고 애쓰는 이유 중에는 견디기 힘든 부모의 참견과 간섭이 자리하는 경우가 많습니다.

사람은 자유를 추구하는 존재입니다. 그러다 보니 자유를 제한하는 사람과 살기 힘들어 합니다. 졸혼이 주는 교훈은 아무리 가까운 사람이라도 자유를 해치지 말고 서로 사이좋게 살라는 것입니다. 졸혼이 아름다운 것은 아니지만 구속과 통제로 점철된 삶보다 못하지는 않습니다. 졸혼 이야기로 배운 선생님의 가르침은 쓰지만 달았습니다.

7장

사람을 대하는 태도에 대하여

(왜 다들 내 말을 안 듣는 거죠?)

소통의 비결

내가 의과대학 다닐 때 교수님이 교과서는 인쇄된 잉크가 마르기 전에 이미 쓸모없는 거라고 했어요. 맞는 말이잖아요. 학자들이 연구하려면 경험한 걸 수집해서 분석합니다. 통계도 내고 경향도 살피면서. 그 연구 결과를 집필해서 인쇄를 해요. 그런데 인쇄하는 동안 이미 경험자들은 새로운 환경, 새로운 경험과 맞닥뜨립니다. 진화한다는 말이에요. 교과서가 진화하는 속도를 못 따라가요. 그러니까 내가 지금 옳다고 생각하는 것은 죄다 이론인 거예요. 지금 사회의 변화를 못 따라가는 이론인 거죠. 이론에 매이는 순간 우리는 남의 말을 듣지 않습니다.

ㅅ 세상에는 내 말을 안 듣는 사람으로 가득합니다. 집에서는 아내가 내 말을 듣지 않고 자기 말만 하고, 자식도 뭐라고 하면 "됐어, 내가 알아서 할게"라고 합니다. 직장에 나가서도 "무슨 말 하려는지 알겠으니 그만하시죠"란 말을 자주 듣습니다. 왜 다들 내 말만 안 듣는 걸까요? 나만 그러는 것이 아니라 다른 사람도 혹시 나처럼 느끼며 사는 건 아닐까요? 불통의 시대, 왜 이렇게 사람들은 내 말을 듣지 않는 것인지, 불통으로 환자가 된 사람들을 오랜 세월 치료해온 선생님에게 물어보았습니다.

ㄱ **남 말 안 듣는 게 편하다**

남 말을 안 듣는 이유는 간단해요. 듣는 것보다 안 듣는 게 편하기 때문이에요. 내 말만 하면 아무것도 신경 쓸 일이 없잖아요. 그런데 남 말을 들으려면 무슨 말을 하는지 신경을 써야 해요. 게다가 내 생각과 다른 말을 하면 더 신경 써서 생각해야 한단 말이죠. 더 생각하는 것은 불편하고 힘든 일이에요. 그러니까 사람은 누구나 자기 말만 하고 싶어 하지, 남 말은 듣고 싶어 하지 않습니다.

사람이 어떤 행동을 할지 궁금하다면, 신경 덜 쓰이고 덜 힘든 일을 할 거라고 생각하면 됩니다. 그게 본능이에요. 남의 말을 듣는다는 건 본능에 역행하는 것이기에 힘이 많이 드는 일이죠. 그래서 사람들은 내 말만 하려고 하고 남 말은 안 들으려고 하는 겁니다. 우리가 사회적으로 높이 올라가려고 하는 욕망의 이면에는, 내 말만 하면 되는 자리로 올라가고 싶다는 욕망이 숨어 있다고 보면 됩니다. 위로 올라갈수록 지시나 명령만 하면 되잖아요. 그래서 내가 나쁜 사람이 아니더라도 위로 올라갈수록 소통이 잘 안 된다는 소리를 듣게 됩니다.

ㅅ 선생님의 이야기를 들으니 마음이 답답해졌습니다. 혹 떼려다 혹 하나 더 붙인 격이 되었습니다. 남의 말을 듣지 않는 것이 본능이라니 말이죠. 난감한 마음을 애써 누르며 그럼 어떻게 해야 좋을지 궁금해졌습니다. 선생님에게 남이 내 말을 듣게 하는 법이 없을지 물어보았습니다.

ㄱ **금방 안 바뀐다는 걸 받아들여라**

서울 사람은 서울에 인구가 너무 많다고 합니다. 자기도 그 많은 인구 중의 하나인 걸 잊어버리는 게 사람인 거죠. 내 말을 안 들어준다고 호소하는 사람도 따지고 보면 남의 말을 잘 안 들어줘요. 서로 남이 내 말을 안 들어준다고 하는 셈이죠. 서로 남 탓만 하고 있으니 금방 안 바뀌어요. 우선 금방 안 바뀐다는 걸 인정하는 것부터 시작해야 합니다.

내가 입원시켜 치료한 환자가 있었는데, 그 애 아버지가 몹시 극성이에요. 아침에 회진할 때마다 아버지가 와서 앉아 있어요. 왜 그러는지 물었더니, 의사가 어떻게 치료하는지 보고 자기도 집에서 똑같이 해보겠다는 거예요. 내가 아침에 하는 회진 방법은 그룹으로 둘러앉아서 커피 한잔 마시면서 대화를 하는 방법이에요. 그렇게 하는 걸 이 아버지가 한 달쯤 보더니 이제 알겠다면서 아이를 퇴원시켰어요.

퇴원하고 한 달쯤 지나니까 애가 자기 발로 응급실에 와서 나를 찾는 거예요. 입원시켜 달래요. 이런 환자는 별로 없거든요. 왜 그러냐고 물으니까, 아버지가 자기를 치료한답시고 일방적으로 맨날 했던 소리 또 하고 또 했다는 거예요. 내가 했던 양방향 대화 방식은 안 받아들이고 내가 하는 좋은 소리만 메모해 놓았다가 대화한다고 아들을 앉혀놓고 훈시한 거죠. 애가 그게 질려서 응급실로 찾아온 거예요. 그것보다는 입원하는 게 좋겠다면서.

양방향적인 대화가 좋다는 것은 아버지도 알았어요. 하지만 아들과 대화를 시도할 때는 자기 습관대로 일방적인 대화로 한 거죠. 그만큼 말하는 습관은 뿌리가 깊습니다. 양방향적이고 수평적인 대화로 바꾸려면 학습을 통해서 익히는 수밖에 없어요.

그때는 맞지만 지금은 틀리다

금방 바꿀 수 없는 이유는 머릿속에 든 생각을 필터 바꾸듯 바꾸지 않으면 행동으로 바뀌지 않기 때문이에요. 자동차 바퀴가 닳는 이유가 바퀴를 잡고 균형을 맞추는 휠이 휘어서라면, 아무리 조심해서 운전한다고 바퀴가 안 닳겠어요? 문제는 휠이잖아요. 그걸 올바르게 조정해야 바퀴가 덜 닳죠. 마찬가지에요. 우리 생각을 바꾸면 행동도 자연스럽게 바꿀 수 있어요.

그럼 생각을 어떻게 바꿔야 할까요? 이렇게 생각하면 돼요. '그때는 맞지만 지금은 틀리다.' 이 말은 평생 품어도 좋은 생각이에요. 우리가 지금 이래야 한다, 저래야 한다고 생각하는 것은 다 지난 과거에 내가 경험한 걸 바탕으로 굳어진 생각입니다. 그런데 지금은 경험하는 게 여러모로 다르잖아요. 그걸 무시하고 무조건 내 생각이 맞는다고 생각하면, 남의 말은 듣고 싶지 않고 그냥 내 생각만 전하고 싶어지죠. 왜냐하면 내가 맞으니까요.

지금은 틀릴 수 있다고 마음을 딱 고쳐먹으면 그 뒤에는 말 바퀴가 닳지도 않고 술술 굴러갑니다. 말 휠을 고쳤으니까요. 내가 항상 틀릴 수 있다고 생각하면 남의 말을 들으려고 하지 않겠어요? 요즘 아이들이 하는 말을 그 아이들이 처한 상황에서 들으려고 하지 않겠어요? 그게 어려운 일이 아니게 되는 겁니다.

야금야금 하다 보면 된다

지금부터라도 수평적인 대화를 가정에서부터 시작해서 학교에서도 자꾸 연습해야 해요. 그게 혁명하듯이 금방 되지는 않으니까, 야금야금 해야 오랜 세월 후에 우리가 수평적인 대화를 무난하게 할 수 있을 겁니다.

내가 옳다고 생각하는 것이 언제든 틀릴 수 있다고 깨닫는 게 구슬이에요. 구슬도 꿰어야 보배라는 말이 있잖아요. 자꾸 꿰어야죠. 다른 사람 말을 내가 자꾸 들어야 합니다. 그러면 다른 사람도 나를 따라 해요. 아내도 나를 따라 하고, 자녀도 나를 따라 하고, 회사 부하도 나를 따라 합니다. 그게 세상을 제일 빠르고 확실하게 바꾸는 방법이에요. 내 말을 안 들어준다고 남 탓을 아무리 해도 세상은 눈 하나 꿈쩍 안 합니다. 내가 남 말을 들어주라는 겁니다.

처음에는 잘 안 돼요. 환자 아버지처럼 습관이 무심코 툭 툭 튀어나오거든요. 그래도 해야 해요. '아, 내가 또 습관이 나왔구나' 하고 깨닫고 들으려고 의식적으로 노력해야죠. 그게 하루 이틀 쌓이면 잘 듣는 사람이 됩니다. 상담하는 사람들은 그렇게 야금야금 듣는 연습을 해서 들어주고 돈 버는 전문가가 된 거예요. 누구나 연습하면 상담하는 사람의 수준으로 갈 수 있어요.

ㅅ 참 사는 게 어렵습니다. 세상을 바꾸는 것도 쉽지 않습니다. 그래도 바꿀 수 있는 방법이 있다는 게 숨통 트이는 일이긴 한데, 또 내가 바뀌어야 한다니 숨이 막힙니다. '또 나야' 싶은 거지요. 선생님 말씀을 듣고 보니 상담하는 사람은 남 이야기를 들어주고 돈 버는 사람이었습니다. 상담하는 사람들이 늘어난다는 것은, 반대로 남 말을 안 들어주는 사람이 더 많아진다는 소리지요. 남 말을 들어주라는 말을 너무 하면 안 되겠군요.

제 밥벌이가 위태로워질 수 있으니까요. 한마디가 가슴에 와서 콕 박힙니다. '그때는 맞았고 지금은 틀리다!' 이 한마디를 비결로 삼아야겠습니다. 그게 내 귀를 열게 하는 '열려라 참깨!' 같은 주문이니까요.

(내가 그렇게 만만해 보여?)

울분을 푼다는 것

부모가 아플 때, 결혼하지 않고 혼자 사는 자식에게 간병의 책임이 넘어가는 경우가 있어요. 달린 자식도 없으니 좀 모시라는 거죠. 그것 때문에 우울증 환자가 되어 병원 신세를 진 사람이 있었어요. 사회적으로 유명한 사람이었고 경제적으로도 괜찮았으며 형제도 많았죠. 그런데 독신이었어요. 그러니까 형제들이 네가 돌보라며 돈을 거둬서 매달 생활비로 줬단 말이죠. 그걸 받으니까 '형제들이 나를 가정부 취급 하는구나!' 하는 생각이 들었다고 해요. 아버지를 간병하며 불쑥불쑥 이런 생각이 드니까 우울증에 걸리고 말았어요.

ㅅ 살면서 괴로울 때 중 하나가 남들에게 만만해 보일 때입니다. 내가 우습게 여겨지고 하찮은 존재로 전락할 때 사람은 견디기 어렵습니다. 선생님이 치료한 이 환자 역시 형제들에게 받은 이런 느낌 때문에 우울증까지 진행된 사례지요. 사람과 사람 사이에서는 의도하지 않았지만 상대에게 이런 비참한 마음이 들게 할 수 있습니다. 이 환자의 형제가 여기에 해당한다고 할 수 있지요. 이럴 때 환자를 만들지 않기 위해 형제들은 매달 돈을 거둬서 주는 것 이외에 무엇에 더 신경을 썼어야 했을까요? 또 환자의 입장에서 형제들이 그럴 때 어떤 마음으로 울적한 마음을 다독이며 아버지를 간병해야 했을까요? 둘 다 쉽지 않은 문제입니다. 선생님에게 두 입장에서 어떤 마음으로 어떻게 처신해야 하는지 물어보았습니다.

ㄱ **마음의 돈도 줘어야 한다**

눈에 보이는 돈도 있지만, 보이지 않는 돈도 있어요. 그게 바로 마음의 돈이에요. 눈에 보이는 돈은 몸을 배부르게 하지만, 마음의 돈은 마음을 배부르게 합니다. 마음의 돈에는 뭐가 있겠어요? 칭찬과 격려, 그게 다에요.

한 번씩 전화해서 간병하려니 얼마나 힘드냐고 마음을 알아주는 겁니다. 그리고 형제들이 돌아가면서 주말에 와서 이야기도 나누고 잠시 외출할 시간도 만들어주면 나가서 영화도 보고 바람도 쐬고 올 수 있잖아요. 재충전되는 거죠. 미안하고 고맙다는 표현만 잘했어도 우울증에 걸리지 않았을 겁니다. 형제들이 그걸 못하고 형식적으로 돈만 주니 얼마나 서러웠겠어요. 사람은 몸으로 받는 돈보다 마음으로 받는 돈에 훨씬 더 영향을 크게 받는 존재에요.

울분을 어디서건 풀어야 한다

사람 마음속에 울분이 쌓이면 저절로 없어지지 않아요. 시간이 지날수록 쌓이면 쌓였지 자동으로 없어지지 않는다는 말이에요. 마음의 똥이나 같아요. 둘수록 냄새가 고약해지죠. 몸에 똥이 차면 비워야 하듯이 마음도 비워야 합니다.

이럴 때 촛불을 들든지 태극기를 들든지 집회에 나가면 많이 풀어질 수 있어요. 마음속에 쌓인 울분은 개인적인 것이지만, 집회에 나가는 행위는 사회적인 것이라 정의롭다는 포장이 되어 있잖아요. 인증된 울분 표출 기회를 제공받는다는 뜻이에요. 그러니까 거기 가서 실컷 고함지르고 오면 좀 누그러뜨려진다는 거죠.

내가 환자를 치료하다 보면, 치료되는 데 오랜 시간이 걸리는 경우가 있어요. 얼음덩어리가 오면 그래요. 환자 마음속의 얼음덩어리가 녹아 물이 되었을 때 치료적인 방법으로 들어갈 수 있는데, 둘이 앉아서 얼음을 녹이려고 하면 시간이 너무 많이 걸려요. 그럴 때 내가 쓰는 방법은 통성기도를 하는 큰 교회에 갔다 오라고 하는 겁니다. 통성기도를 하면 교인들이 막 울기도 하고 고함지르기도 하거든요. 거기서 얼음을 녹여 오라는 뜻이에요. 그렇게 통성기도로 얼음덩어리를 녹이고 나면 나하고 말상대가 되는 거죠.

또 환자 중에는 너무 '내 탓이로다' 하는 사람이 있어요. 뭐든지 내 탓이로다. 그런 환자는 절에 갔다 오라고 해요. 절에 가면 '너는 뭐냐' 이런 화두를 줘서 계속 성찰시키잖아요. 거기 갔다 오면 평정을 조금 찾게 됩니다. 그럼 내가 치료해주기가 쉬워져요.

울분은 어디서건 풀어야 해요. 산꼭대기 올라가 형제들을 향해 삿대질을 하며 한바탕 욕을 해도 좋고, 아는 사람에게 전화해서 형제 흉을 보며 신세한탄을 해도 좋아요. 방법은 본인이 현실에서 가능한 방법을 찾으면 됩니다.

그대로 받아들인다

우울증뿐 아니라 어떤 마음의 병도 나한테 일어난 상황을 인정하면 증세가 절반 이하로 줄어들어요. '이 일은 일어날 수도 없고, 일어나서도 안 된다'라는 말을 많이 하는데, 그런 모순되는 게 어디 있어요? 일은 이미 일어나서 내 앞에 와 있는데, 그런 말을 하면 뭘 해요? 아무 소용이 없잖아요. 그러니까 우선 인정해야 하는 거예요. 그래야 다음 방법이 생기죠.

'일어날 수 없다'며 인정하지 않으면, 거기에 매달리게 됩니다. 그리고 이건 곧바로 '일어나서도 안 된다'로 이어지죠. 그것은 현실을 거부하고 부정하는 거잖아요. 일어났는데 안 일어났다고 우기는 거예요. 정신과 환자 중에 자기 부모가 돌아가셨는데 안 죽었다고 해요. 받아들이면 슬프니까 안 돌아가셨다는 겁니다. 그래서 마음속 울분이 있는 사람은 자신에게 닥친 현실을 그대로 받아들였는지 뒤돌아보는 게 필요합니다. 아버지 간병을 맡게 된 건 엄연한 현실이에요. 받아들이고 싶지 않지만 자신 앞에 나타난 거예요. 받아들여야죠. 그러면 우울증으로까지 가진 않았을 겁니다.

ㅅ 선생님의 이야기를 들으면서 그대로 받아들인다는 말의 무게가 크게 와닿았습니다. 우리는 원하지 않는 일이 나에게 생길 때 제일 먼저 부정을 하죠. 말도 안 된다고, 있을 수 없는 일이라고. 사실 그건 굉장히 인간적인 감정이고 반응입니다. 너무 싫다는 표현인 거지요. 그런데 문제는 그것을 오래 품으면 병이 된다는 데 있군요.

아버지 간병을 맡은 분이 우울증으로 정신과를 찾게 된 첫 번째 이유는, 아버지 간병이라는 현실을 사실은 마음속으로 받아들이지 못하고 부당하다고 생각하여 현실을 거부해왔던 거네요. 일체유심조一切唯心造라는 말은 이럴 때 고개를 끄덕이게 하는 말입니다. 안으로 내 마음을 들여다보아 현실을 받아들이고 밖으로 내 마음속 울분을 표출하는 건 안팎으로 응어리를 푸는 좋은 방법입니다. 살다가 저도 억울하고 부당한 일이 생길 때면 안팎으로 푸는 이 원리를 떠올려야겠습니다.

(높은 자리에 가면 사람이 달라지는 걸까요?)

지위와 인격의 관계

부부 평등을 많이들 이야기하잖아요. 그런데 평등한 부부는 이 세상에 없습니다. 모든 관계에는 높낮이가 있어요. 자연스럽게 생기는 거죠. 텔레비전 채널권이 누구에게 있는가를 보면, 부부 관계에서 누가 더 힘이 있는가를 알 수 있어요. 사소한 것이지만 조금이라도 더 우위에 있는 사람이 채널권을 가지고 있습니다. 사람 마음이 묘해서 우위에 있으면 아래 있는 사람을 돌보고 잘해줄 것 같은데 현실은 그렇지가 않아요. 통제하고 부려먹으려고 하죠. 그래서 사람 관계를 잘하기가 어렵습니다. 특히 내 모자가 상대 모자보다 커지는 자리에 가면 쉽지가 않아요. 그걸 잘하는 사람은 대단한 도를 닦은 사람이지요.

ㅅ 멀쩡하던 사람이 어떤 지위로 올라가게 되면 전혀 다른 사람처럼 말하고 행동하는 것을 볼 때가 있습니다. 씁쓸한 마음이 들면서 나도 저 자리로 가면 저렇게 변할까 의구심이 생깁니다. 자리가 사람을 만든다는 말도 있지요. 자리가 무엇이기에 사람의 인격마저 바꾸는 걸까 슬픈 마음이 듭니다. 그런데 다시 그 자리에서 내려오면 이번에는 어린아이처럼 무례해지는 경우를 보게 됩니다. 이제 혼돈스럽습니다. 도대체 이 사람의 정체는 무엇인가 싶은 거지요. 내가 처음 알던 그는 친절하고 사람 좋은 이였는데, 올라간 후에는 마구 칼자루를 흔드는 사람이 되고, 내려온 후에는 아이처럼 버럭 화를 잘 내는 사람이 되니 말입니다. 사람은 원래 이런 존재인지 궁금합니다. 선생님에게 자리와 사람의 인격에 대해 물어보았습니다.

ㄱ 칼을 손에 쥐어주면 휘두르고 싶어진다

자리가 사람을 만드는 게 맞습니다. 자리에 앉았는데도 힘을 쓰지 않는다면, 그는 좀 모자란 사람이거나 대단한 인격자예요. 의자에 앉으면 역할이 부여됩니다. 그래서 자기 생각이 아니라 의자가 부여하는 역할에 맞게 힘을 쓰게 됩니다. 평소 없던 폭력성도 그래서 나타나는 거죠. 나도 군대 들어가서 군복을 입으니까 내 안의 공격성이 드러나더라고요. 그 전까지는 의자에 대해서 머리로만 알았는데, 장교 계급장을 달고 보니 가슴으로 이해하게 된 거죠. 국회의원만 되면 왜 저러나 싶지만, 국회의원이라는 의자에 앉으면 자기도 모르게 그렇게 되는 겁니다. 그러다 보니 그 사람의 인상도 점점 무서워져요. 역할이 인격을 대신하는 거예요.

누구나 권력의지가 있다

권력의지will to power는 누구에게나 있어요. 내 마음대로 세상을 주무르고 싶은 힘에 대한 욕구가 있다는 겁니다. 의자에 앉았는데도 하는 말이나 행동의 변화가 없는 사람은 사람이 좋다거나 점잖아서가 아닙니다. 권력의지가 부족해서 그러는 것입니다. 비유하자면 가난해서 불이 날 집이 없는 격이죠.

의자를 준다고 해도 마다하는 사람도 있어요. 권력의지가 낮은 사람이 권력의 의자로 가는 경우가 얼마나 되겠어요? 그런 사람은 평생 의자를 별로 바꾸지 않고 일상에 만족하면서 평화롭게 살아요.

높이 올라가는 사람은 기본적으로 권력의지가 강한 경우

가 대부분이에요. 회사를 보면 권력의지가 강한 사람이 온갖 모함과 모멸에도 불구하고 견디며 사다리 위로 올라가 CEO가 되잖아요. 공직도, 정치도 마찬가지죠. 가려고 용쓰는 사람이 가는 거예요. 왜 그렇게 기를 쓰느냐? 권력으로 할 수 있는 권한과 힘을 가지고 싶은 겁니다. 한번 맛보면 벗어나기가 어려워요. 사람들이 자기가 하는 말을 허리를 굽히고 들으니 얼마나 좋아요. 세상의 주인이 된 것 같잖아요. 그걸 마다할 사람이 어디 있어요?

그래서 권력의지가 강한 사람이 높은 지위를 얻는 것이고, 그런 의자에 앉게 되면 그토록 원하던 일을 하는 것뿐이에요. 그걸 보는 사람은 사람이 변했다고 하는데, 사실 사람이 변한 게 아니라 원래 그렇게 되고 싶어 하던 사람이었다고 보는 게 더 정확해요. 그 전에 내가 본 사람이 사실은 실제 이 사람이 아니었던 거죠. 지금 의자에 앉아 말하고 행동하는 게 이 사람의 본색에 더 가깝다고 봐야죠. 사람이 변한 것이 아니라 그런 씨앗이 있는 사람이 의자에 앉아 꽃을 피운 것입니다. 결국 그런 사람이 그런 자리에 간 거예요.

ㅅ 선생님의 이야기를 들으며 머릿속이 어지러워졌습니다. 의자에 앉으면 좋던 사람도 안 좋은 사람으로 변한다고 하는 게 간단하고 이해도 빠른데, 그것이 아니라니 말입니다. 권력의지가 강한 사람이 언제 저 의자에 가나 노심초사하며 자리에 앉으려고 몸부림치는 모습이 눈에 그려졌습니다. 지난 세월 주변 친구들 가운데 무슨 협회장을 하고 기관장을 하는 친구들의 권력의지를 하나씩 상상해보게 되었습니다. 그러면서 고개를 끄덕이게 되었습니다. 권력의지가 없는 사람은 없지만 그 친구들은 좀 더 강한 사람들이었을지도 모르겠습니다.

권력의지가 강하다는 것이 문제가 되지는 않습니다. 권력의지만 강할 때 문제가 됩니다. 권력의지가 강하고 인격도 그것을 뒷받침해주고 사람에 대한 건강한 시선도 갖추고 있다면, 얼마나 많은 사람에게 도움을 주는 사람이 되겠습니까? 인격도 사람에 대한 예의도 없으면서 권력의지만 강한 사람들 때문에, 아래 사람들이 힘겹고 고통스러운 날들을 보내는 것이 아니겠습니까? 그러므로 자신을 권력의지가 강한 사람이라고 생각한다면, 높은 자리에 갔을 때 갖추어야 할 덕성을 지금부터 미리 준비해야겠습니다. 나 하나 때문에 수많은 사람들이 고통을 받는다면 권력의지가 다 무엇이란 말입니까?

(남녀 차별 어떻게 해결하면 좋을까요?)

남녀 차별에서 남녀 차이로

유럽이나 미국, 캐나다에 성 중립 화장실gender neutral restroom이 늘어나고 있다죠. 트랜스젠더 등 성 소수자에 대한 차별을 없애자며 성별 구분이 없는 화장실을 도입하고 있는 거라고 해요. 여기서 우리는 다양성을 인정하고 존중하는 것이 미래의 추세라는 걸 읽을 수 있어야 해요. 다르게 말하자면 개인의 특성을 존중해야지, 차별로 배제하거나 무시해서는 안 된다는 말이죠. 남녀에 대한 전통적인 생각도 이제 더 이상 변화를 거부할 수 없는 세상이 되었어요.

ㅅ 고속도로 휴게소 화장실에 갈 때마다 불편한 진실을 보게 됩니다. 여자 화장실은 대개 줄을 길게 서 있는데, 남자 화장실은 줄을 서는 경우가 드물다는 것입니다. 그 광경을 바라보며 제가 어린 아들에게 반복해서 해준 이야기는 이게 바로 남녀 불평등이라는 것이었습니다. 남자 화장실보다 여자 화장실을 두세 배 크게 하는 것이 남녀평등이라고 생각하기 때문입니다. 생리 구조가 다른 남자와 여자의 경우 당연히 여자 화장실의 수가 많아야 합니다. 그러려면 면적이 더 넓어져야 하는 것이지요. 지금처럼 화장실이 남녀 똑같은 평수로 설계된 것은 예상컨대 그 설계를 맡은 사람이 여자가 아니라 남자였기 때문일 것입니다. 앞으로 고속도로 휴게소나 공공 화장실의 여자 화장실이 두 배 이상 넓은 남녀평등의 세상이 올 것입니다. 선생님에게 우리 사회에서 일어나고 있는 다양한 남녀차별을 어떻게 바라보고 해결해야 할지에 대해 물어보았습니다.

ㄱ **차이를 배려하라**

남자는 아무리 애를 써도 아이를 임신하지 못합니다. 당연히 출산을 할 수도 없습니다. 그래서 남자는 여자와 차이가 납니다. 이런 차이를 없애는 것이 차별을 없애는 것이라 할 수 있을까요? 오히려 차이를 인정하는 것이 차별을 없애는 것이라 해야겠지요.

과거에는 남자가 여자보다 우월하다는 가치가 지배했어요. 그런데 남자가 여자보다 우월한 게 뭐가 있어요? 그냥 남자와 여자는 생리적으로 다를 뿐, 각각 나름의 강점과 약점을 지닌 인간일 뿐이잖아요. 남자나 여자나 생명은 똑같이 소중하다고 생각해야 합니다. 여성학이 초기에는 남성과 동등한 지위를 여성에게 보장하기 위한 학문으로 출발했지만, 머지않아 인간학으로 통합될 필요가 있습니다. 인간학으로서 여성학과 남성학이 존재하는 것이 미래의 남녀평등학이 될 거예요.

흑백 차별도 이런 차원에서 이해하면 될 거 같아요. 흑인과 백인은 서로 피부색이 다릅니다. 그것이 전부예요. 우월한 인종은 없어요. 황인종, 히스패닉을 차별할 아무런 이유가 없는 거죠. 근거 없는 우월감이 차별을 먹여 살리는 식량인 셈입니다. 인류가 진화하고 성숙한다는 것은 다른 게 아니라 차별과 배제가 차이와 배려로 변화하는 것을 말해요. 이걸 우리 사회에서 확장하면 배운 사람과 못 배운 사람, 잘사는 사람과 못사는 사람, 지위가 높은 사람과 낮은 사람, 잘생긴 사람과 못생긴 사람 사이에도 차이와 배려만 필요한 것이지요.

요즘 가족처럼 생각하는 반려동물도 마찬가지에요. 《고기가 되고 싶어 태어난 동물은 없습니다》라는 책도 있더라고요. 맞는 말이에요. 살아 있는 것은 다 자기 명대로 살다가 세상을 떠나려고 하죠. 그건 생명을 가진 것이면 똑같이 가지고 있는 욕구에요. 그것을 전제로 반려동물에게 나와의 차이를 배려해주는 것이 사랑이에요. 결국 서로 차이를 받아주고 사랑을 주는 게 답입니다.

人 선생님이 삼청동에 사실 때 집 앞에 걸어둔 문패에는 사모님과 선생님의 이름이 나란히 새겨져 있었습니다. '우리 부부가 이 집의 주인입니다'라며 다정하게 세상에 인사하는 느낌이었습니다. 문패 하나가 상징하는 서로에 대한 배려가 인상적이었습니다. 선생님의 주례로 결혼한 후 저도 선생님 흉내를 내고 싶어 재산을 공동명의로 하고, 여대를 졸업한 아내에게 이렇게 제안했습니다. "우리 서로를 기숙사 룸메이트라 생각하고 살면 어떨까요? 룸메이트는 역할이 따로 없으니 힘이 있는 사람이 빨래를 하고 여력이 있는 사람이 밥을 하면서 그렇게 살까 하는

데요." 지금 100% 그대로 살고 있지는 못하지만 마음만은 그때와 다름이 없습니다.

남녀차별은 가정에서부터 시작됩니다. 차이를 배려하는 마음이 가정에서 먼저 행동으로 옮겨진다면, 가정이 모인 사회도 언젠가 남녀가, 빈부가, 장애와 비장애가, 학력 차이가 배려되는 아름다운 터가 되지 않을까 상상해봅니다.

(강아지를 키우면 뭐가 좋은가요?)

반려동물 시대의 이유

알동이를 키우다 사위가 손을 물린 적이 있어요. 아버지가 개에게 손을 물리자 손주가 난리가 났어요. 알동이를 버리자는 거예요. 가족회의가 열렸습니다. 알아보니 반려견 훈련사에게 배우면 된다고 해요. 가족이 모두 다 가서 배우는 것보다 훈련사를 집으로 모셔서 배우는 게 좋겠다고 결론이 났어요. 훈련사가 오더니 알동이가 밥을 먹을 때 사위가 그릇을 만지니까 자기 밥을 뺏는 걸로 알고 본능적으로 손을 문 거라고 해요. 그리고 알동이를 다루는 법을 몇 가지 알려줬어요. 그 사람 말대로 했더니 신기하게 알동이가 훨씬 순해지고 말도 잘 들어요. 그때 알았죠. 개에게도 다 마음이 있다는 걸 말이죠.

ㅅ 요즘은 어딜 가도 강아지를 데리고 산책 나온 사람들을 만나게 됩니다. 제가 사는 동네만 하더라도 한강변 산책을 하다 보면 귀여운 강아지를 한두 마리 데리고 나온 사람들이 많습니다. 젊은 사람뿐만 아니라 나이가 지긋한 분들도 강아지를 산책시키며 즐거워하는 표정이 보는 이로 하여금 따라 웃게 만듭니다. 강아지를 키우지 않는 저로서는 강아지를 키우면 뭐가 좋을까, 한 마리 키우는 데 드는 비용도 아이 하나 키우는 것 못지않다는데 싶었습니다. 선생님에게 강아지를 키우려는 마음속에는 무엇이 있을까 물어보고 싶었습니다.

ㄱ **내 뜻대로 되는 게 없다**

우울해하는 사람들에게 권하는 치료 방법 가운데 하나가 화초를 기르게 하는 겁니다. 화초는 내가 준 만큼 잎이 싱싱해지고 꽃을 피우잖아요. 그걸 보면 아무것도 마음대로 되지 않아 우울해하던 사람의 기분이 좀 나아져요. 내 뜻대로 되는 일도 있구나 싶은 거죠.

세상에서 가장 마음대로 안 되는 게 뭘까요? 사람이에요. 사람마다 원하는 게 다르기 때문이죠. 그리고 원하는 걸 알아내기도 여간 어려운 게 아니에요. 그러다 보니 엉뚱하게 해주고 자기가 원하는 반응이 안 나왔다고 탓을 하게 됩니다. 그래서 사람은 서로 탓을 많이 해요. 설령 원하는 걸 안다고 해도 사람마다 다가가는 방법이 달라요. 급한 사람에게는 바로 다가가야 하고, 꼼꼼한 사람에게는 아주 천천히 섬세하게 다가가야죠. 그걸 못 하는 거예요. 이중 삼중으로 뚫고 가야 할 방패가 있어서 사람이 가장 마음대로 안 되는 겁니다.

식물이나 강아지는 주는 대로 반응하기 때문에 어느 정도 마음대로 된다고 할 수 있어요. 식물보다는 강아지를 기르는 게 힘들긴 하지만, 그래도 사람 기르는 것보다는 덜 힘들잖아요. 텔레비전을 보면 강아지를 내 자식처럼 사랑한다고 하는데 착각이에요. 마음대로 안 되는 자식과 다르니까 사랑한다는 게 정확한 말이죠. 강아지는 먹이를 주고 산책을 시켜주면 말을 잘 듣잖아요. 꼬리를 흔들면서 주인을 좋아한단 말이죠. 항상 주인만 쳐다보고요. 세상에 이런 존재가 어디 있어요? 언제나 내 편인 데다가 내가 해주는 대로 척척 말을 듣는 존재가 말이에요. 그래서 너도 나도 외로움을 달래주는 동반자로 강아지를 찾아 기르는 겁니다.

그래서 강아지를 기르는 사람의 마음속 깊은 곳에는 세상이 내 뜻대로 되지 않아 속상한 마음이 있을 수 있어요. 세상에 상처를 많이 받았을 수도 있고요. 나이가 들면 동물의 생태를 보여주는 다큐멘터리를 좋아하게 되는 것도 같은 이치에요. 동물들은 비교적 사람보다 단순하거든요. 본능에 충실하니까.

요즘은 애니멀 커뮤니케이터animal communicator라는 새로운 직업이 생겨나고 있다고 합니다. 강아지와 텔레파시로 대화해서 강아지가 주인에게 원하는 게 무엇인지, 지금 뭐가 힘든지 알아봐준다고 하더라고요. 이제 강아지 속까지 아는 세상이 되었으니 강아지를 더 잘 키울 수 있게 되었고, 더 키우고 싶어지는 거죠. 우리 집에도 개랑 고양이 여러 마리를 기르고 있어요.

ㅅ 선생님의 이야기를 듣고 나자 강아지를 키우는 사람들의 마음이 이해되었습니다. '사랑을 온전히 주고 싶어 하는구나. 뜻대로 되지 않는 세상에서 뜻대로 되는 존재 하나쯤은 곁에 두고 싶어 하는구나.' 사람이 사람을 가장 힘들어하지만 어차피 사람과 살아가야 한다면, 강아지에게 사랑을 주는 방법을 응용하여 사람과 사랑할 방법을 찾을 수는 없는 것인지 선생님에게 물어보았습니다.

ㄱ 원하지 않는 건 하지 않는다

사람도 실은 강아지를 사랑하는 것과 크게 다를 게 없어요. 원하지 않는 걸 하지 않으면 돼요. 내가 아무리 하고 싶어도 참아야 해요. 아내가 하버드에 교환교수로 가 있는 동안에 겪었던 이야기 가운데 나한테 깨달음을 준 게 있어요. 거기서 누가 “부탁이 있어서 딸 집에 가는데 같이 가볼래요?” 하고 묻더래요. 아내는 미국에서 어떻게 생활하는지 궁금해서 따라갔다고 해요. 딸이 화가라서 아파트 원룸에 그림 그리는 작업실이 있는데, 직장에 출근하면서 엄마한테 청소를 부탁을 했대요. 따라가서 보니까 엄마가 쪽지를 들고 확인하면서 물건들을 여기서 저기로 옮기더래요. 딸이 냉장고에 쪽지를 붙여놓은 거죠.

같이 따라갔던 아내 생각은 기왕 온 김에 양말도 여기저기 널려 있고 다른 물건들도 흩어져 있으니 가지런히 해놓고 싶었대요. 그게 한국에서 살아온 습관이잖아요. 그래서 온 김에 치워 주고 가면 안 되냐고 했더니, 쪽지를 보여주면서 안 적혀 있다는 거예요. 나는 그걸 굉장히 감명 깊게 들었어요. ‘여기 안 적혀 있다.’ 적힌 것만 해준다는 말이죠. 어떻게 보면 냉정해 보이지만 이게 사랑의 본질이에요. 원하지 않는 건 해주지 않는 거죠. 거꾸로 말하면 해달라는 것만 해주는 거예요. 우린 아직

이게 익숙하지 않지만, 점점 이걸 바라는 게 시대적 흐름이 되고 있다고 느껴요.

기준을 정한다

원하지 않는 걸 하지 않고 원하는 걸 해주는 게 사랑이긴 하지만, 매번 물어보는 게 쉽지는 않습니다. 일상적인 것들, 그러니까 매번 반복되는 것들은 똑같은 일이 생기는 것이니 기준을 정하면 돼요. 이때 중요한 건 누가 일방적으로 기준을 정하고 나머지 사람이 따르는 식으로 하면 안 된다는 거예요. 그건 언제든 깨집니다. 두 측이 다 자발적으로 의견을 내서 타협하고 절충해서 기준을 정해야 합니다.

우리 집의 경우 3대가 같이 사는 집을 지을 때 설계 과정에서 가족들이 다 모여서 정했어요. 그러면 설계사가 우리 의견을 반영해서 설계한 후 도면을 가지고 왔죠. 그렇게 자꾸 의견을 주고받아서 집을 지었어요. 지금 생각해봐도 집이 잘 지어졌다는 것을 떠나 가족이 합의해서 만든 것은 잘한 거예요.

그 당시에 나는 '서로 흩어져 있다가 모여 살려면 아무래도 관계가 부딪힐 것이다. 좋아지든지, 나빠지든지. 더 정이 들든지, 더 갈등이 생기든지. 이걸 해결하기 위해선 기준이 있어야 할 것 같다'고 생각했어요. 그래서 기준을 만들자고 한 거죠. 그때만 해도 수직적일 때니까, 아버지가 만들자고 하니 '만듭시다!' 이렇게 된 거예요. 좋은 의견이 나오기도 했어요.

다 다른 사람이 모인 거잖아요. 지금 나와 이서원 선생도 평화롭게 얘기하고 있지만, 각각 다른 문화를 갖고 성장했기 때문에 일주일만 합숙하면 갈등 관계가 생겨요. 그걸 미연에 방지하려면 어떻게 하는 게 좋을지 구상한 거예요.

그중 하나가 다름을 인정하고 같음을 즐기자는 것이었어요. 먼저 우리는 서로 다르잖아요. 그러니 다르다는 것을 인정하고 존중해야 해요. 예를 들어 '이서원 선생은 그런 사람이야' 라고 말하는 건 다름을 인정하는 거죠. 그것을 존중해줘야 한다는 거예요. 이서원 선생 말고는 그렇게 할 사람이 없으니까요. 그런데 우리가 또 공통점이 있어요. 같음이죠. 지금 우리가 벌거벗고 있는 게 아니라 옷을 입고 있잖아요. 이런 티셔츠도 입고, 다음에는 새파란 티셔츠도 입고. 그런 게 즐기는 거예요. 옷을 입는다는 공통점이 있고, 그걸 함께 즐기자는 거예요. 그래서 '이질적인 것은 인정하고 존중해주고, 동질적인 것은 공감하고 함께 즐기자'는 것을 기준으로 삼았어요.

ㅅ 사람은 다 다르고 또 다 비슷합니다. 비슷한 것 중에 하나가 내 마음대로 말하고 행동하며 살고 싶어 하는 겁니다. 그걸 못 하면 괴로워지지요. 그런데 나와 같은 욕구를 지닌 사람과 어울려 살아가자니 힘이 듭니다. 그럴 때 중요한 원칙이 있다는 걸 확인했습니다. 모르는 상황에서는 물어보아 원하는 것을 해주고 원하지 않는 것을 하지 않는 것. 일상에서는 미리 기준을 정해 서로 지키는 것. 이것이 사랑의 원칙이었네요. 세상을 사는 게 힘들고 어렵게 느껴지는 건 어쩌면 이런 명료한 기준을 누구에게도 배운 적이 없기 때문이 아닐까요?

강아지를 대하는 마음은 사랑의 마음입니다. 그런 마음이 더 아름답게 확장되고 실현되면 사람을 대하는 마음이 된다는 건, 강아지에게도 사람인 우리에게도 참 좋은 일인 것 같습니다.

8장

관계가 풀리면 일도 풀린다

(갑질 때문에 죽겠어요)

갑질의 심리

멀쩡한 사람도 완장을 차면 달라집니다. 제자가 오랜만에 졸업한 대학교에 갔다가 주차하지 말아야 할 도서관 앞에 차를 잠깐 세웠대요. 그랬더니 주차 관리하는 아저씨가 와서 대뜸 누구냐고 묻더래요. 의사라고 했더니 아래위로 훑어보면서 한마디하더라는 거죠. "나는 많이 배운 의사가 아니라도 여기 세우면 안 되는 줄은 아는데." 제자는 얼굴이 화끈거리면서 기분이 나쁘더래요. 잘못한 것이긴 하지만 잘 모르고 한 행동에 대해 비꼬아서 얘기할 것까진 없잖아요. 그러면서 '갑질을 당한다는 게 이런 거구나' 싶었다고 해요. 갑질이 꼭 지위가 높은 사람만 하는 게 아니에요. 완장 찬 사람이 하는 게 갑질입니다.

ㅅ 우리 사회의 대표적 문제로 '갑질'이란 두 글자가 대두되기 시작했습니다. 우월적인 지위와 권력으로 아랫사람에게 모멸감을 주는 말과 행동을 하는 갑질은 회사뿐만 아니라 정치, 교육, 서비스업은 물론이고 우리 일상 곳곳에 스며들어 있는 고질적 문제입니다. 원래 갑질할 사람이 따로 있는 것인지, 누구나 그 자리에 올라가면 갑질을 하게 되는 것인지 궁금해졌습니다. 또한 갑질하는 사람도 사람인데 어떻게 같은 사람에게 그렇게 무례하게 행동할 수 있는지 그 심리가 궁금해져 선생님에게 물어보았습니다.

ㄱ **갑질은 완장이다**

갑질은 특별히 요즘 생긴 현상이 아니에요. 그런 일은 옛날에도 있었어요. 다만 지금 이름을 갑질이라 할 뿐이에요. 옛날에는 완장을 찼다고 했죠. 일제 강점기 때 유행하던 말이 있어요. 면장이 그때 완장 차고 다녔는데, 기차가 지나갈 때 일본말로 "야, 기차 서! 내가 면장이야"라고 하면 기차가 선다고요. 사람은 누구나 완장을 차면 자기한테 주어진 역할도 있지만 지나치게 으스대려고 합니다. 사람은 누구나 그런 속성이 있어요.

갑질은 그런 완장, 그런 의자를 주었기 때문에 생기는 일이에요. 거기 앉아서 그렇게 행동해도 된다고 묵시적인 허락을 해주는 거죠. 나쁜 짓을 하라는 뜻은 아니겠지만, 이런 것들은 통제해도 된다는 권한을 주잖아요. 해도 별 탈이 없으니까 하는 거예요. 적응의 문제인 셈이죠. 해도 자기에게 큰 손해가 안 나니까 자꾸 반복해서 하는 겁니다. 자기에게 주어진 의자를 역할로 보면 되는데 인격적으로 보는 거예요. 당하는 사람도 인격적으로 모독을 받는 것처럼 느끼는 거죠. 이게 갑질입니다.

갑질을 하면 짜릿하다

내가 크면서 해보고 싶은데 못 해본 것이, 싸움을 해서 한번 이겨봤으면 하는 거였어요. 욕도 한번 실컷 해보고 싶은데 의식 수준에서 욕해본 적이 없어요. 그러면 내가 욕을 안 하는 사람인가? 나는 사람들이 안 들릴 정도로 욕을 엄청 많이 해요. 밖으로 크게 내뱉지는 않으니까 사람들이 나한테 욕을 들어본 적이 없는 거죠. 안 해서 그렇지, 내 속은 욕 덩어리에요. 그렇게 내 속에는 욕하는 것, 싸움하는 것이 잠재되어 있어요.

내가 의무장교로 복무 중에 대위 계급장을 달고 논산으로 전근을 갔어요. 하루는 출근해서 보니까 병사들이 전부 왼쪽 볼

이 부어 있더라고요. 물어보니 화장실 가다 넘어져서 다쳤다고 해요. 또 다른 병사에게 물어봐도 화장실 가다 넘어졌대요. 들쥐도 아니고 떼를 지어 화장실에 가다 넘어져서 똑같은 곳을 다쳤다는 건 말도 안 되잖아요. 위생병을 불러서 이실직고하라고 했더니, 일직 하사관이 때렸다는 겁니다.

하사관을 불러서 왜 때렸냐고 물었죠. "기분 나빠서 때렸어요!" 이러더라고요. 내 심장에 확 불을 지른 거예요. 그래서 "내가 지금 네 얘기 듣고 기분이 나쁘다. 네 논리대로 하면 내가 때려도 좋으냐?"라고 했더니, "때리세요!" 하는 겁니다. 생전 사람을 때려본 적도 없어서 때리는 것도 힘들어요. '죄송합니다'라고 했으면 앞으로 그러지 말라고 하면서 끝냈을 텐데, "때리세요!" 하니까 참을 수 없더라고요. 엎드리라고 해서 몽둥이로 한참 때렸어요. 살짝 때리니까 꿈쩍도 안 해요. 꿈쩍이라도 하면 그만했을 텐데, 사람을 계속 불 지르는 거죠. 그래서 내가 정말로 힘껏 때렸어요. 그렇게 열 대 때렸더니 자빠지더라고요. 아프죠. 나도 화가 나서 때린 건데. 그래서 억울하면 법대로 하라고 하고 돌려보냈어요. 나는 계급이 대위고 자기는 하사니까, 나한테 달려들면 상관에 대한 항명으로 군법회의 감이잖아요. 그래도 자기가 맞아서 억울하다니까 법대로 하라고 한 거예요.

그 일이 있은 후 온 병원이 떠들썩해요. 나한테 와서 큰일 났다는 거예요. 왜 그러냐고 물었더니 그 하사관이 총을 들고 다니는 놈이라는 겁니다. 문제 하사관이라는 거죠. 나는 전근을 간지 얼마 안 되어 그 소문을 못 들어서 그랬지, 그런 사람인 줄 알았으면 내가 겁이 나서 손을 댔겠어요? 큰일 났다 싶더라고요. 위생병에게 소주 한 병이랑 오징어 한 마리 가지고 가서 달래라고 했지요. 우리 과장이 원래 그런 사람 아니라고. 위생병이 가니까 그 하사관이 더 놀랜 거예요. 논산에서 자기를 팰 놈은 아무도 없는데, 이 대위는 도대체 어떤 놈이기에 나를 패느냐 이거죠. 거기서 나한테 꺾인 거더라고요. 나는 나대로 때려놓고 불안해했는데.

그 일로 내가 처음으로 깨달은 게 있어요. 그게 뭐냐면, 때리니까 짜릿한 쾌감이 있더라는 거예요. 나도 깜짝 놀랄 정도로 말이죠. 나는 그게 정말 무서웠어요. 싫지 않고 재미있고, 그러니까 계속 때리는구나 하는 깨달음을 얻었어요. 이게 습관이 되면 갑질이 되는 거죠.

짜릿할 때 끊어야 한다

내가 생각하는 정신의학적 처방은 단칼에 끝내야 한다는

겁니다. 그런 쾌감이 올 때 '아, 이것은 그만하라는 신호구나' 하고 딱 끊어야 해요. 만약에 내가 그때 쾌감을 잊지 못하고 자꾸 몽둥이를 들었으면, 갑질로 유명한 폭력 대위로 전락하고 말았을 겁니다. 그때 정신을 차렸기에 망정이지 큰일 날 뻔했죠.

그래서 무언가를 알아차린다는 것은 지위가 높은 사람이 가져야 할 중요한 정신적 덕목이에요. 내가 지금 무엇을 하고 있는지 자기에게 물어보는 습관을 들여야 해요. 다른 사람에게 어떤 말이나 행동을 했는데 짜릿하다면, 혹시 이게 갑질이 아닐까 하고 의심하는 버릇을 들이는 게 필요하죠.

종이라는 의식을 심어야 한다

의사들은 콧대가 되게 세거든요. 공부도 그만큼 했으니 콧대가 셀 만하다 싶지만, 콧대가 너무 세면 고압적이 되어 환자한테 안 좋잖아요. 그래서 학생 때부터 환자를 높이는 마음을 심어줘야 해요. 내가 의과대학에서 강의하면서 빠트리지 않고 하는 첫마디가 "의사는 환자의 종이다"였어요. 종이라고 하면 학생들이 엄청 기분 나빠해요. 그러면 내가 역사적으로 풀이해줬어요.

"의사를 뜻하는 한자 '의'는 밑에 유酉 자를 쓰는 의醫도 있지만, 무巫 자를 쓰는 의毉도 있어. 무당이라는 뜻이야. 의술을 행하는 무당을 의무라고도 했잖아. 무당은 아무나 하나? 그래도 머리는 좀 똑똑한데 신분이 낮은 애를 붙잡아다가 교육시켜서 만든 거지. 드라마 〈대장금〉에 나오는 의녀가 그런 거야. 동양뿐만 아니라 서양도 마찬가지야. 머리 좋은 노예를 시킨 거지. 그런데 환자를 살려주면 사례를 받으니까 이들이 중산층으로 형성되었어. 자꾸 부가 쌓였고, 또 기술을 가졌으니 다 죽어가는 사람은 의사한테 와서 살려달라고 빌 수밖에 없잖아. 그러니까 점점 세력이, 완장이 엄청 커진 거야."

그러면 학생들이 이렇게 질문해요. "왜 종입니까? 우리가 도와주는 건데." 이 질문에 대한 대답으로는, 인격적으로 그 사람의 종이라는 게 아니라 병과 싸우기 위해서 종노릇을 한다는 뜻이라고 했어요. 인격적으로는 환자와 같고, 병에 있어서는 그 병을 고치기 위해 종사하는 하나의 충직한 종이라는 거죠. 제자들이 명절에 인사 오면 내가 또 그런 비슷한 덕담을 하는데, 그 말에 저항을 안 하는 걸 보면 어딘가 스며들어 가서 그런 의식을 갖게 된 듯해요.

ㅅ 선생님의 갑질에 대한 솔직한 경험담을 듣고 나자, 갑질의 본질이 짜릿함에 있다는 것을 알게 되었습니다. 또한 누구나 그 자리에 가면 그럴 수 있다는 말은 위로 올라갈수록 마음 수양을 반드시 해야겠다는 생각을 하게 됩니다. 본능을 넘어서는 이성의 훈련이 필요한 것이지요.

그래서일까요? 미국 학술대회에 가서 본 미국 교수들의 소탈한 모습이 떠올랐습니다. 발표할 때는 아주 권위적이고 근엄한 교수들이었지만, 학술대회를 마치고 함께 커피를 마시고 슈퍼마켓에 갈 때는 그저 수수한 이웃 아저씨, 아주머니로 변화하는 모습이 신선했습니다. 어디서나 교수 티를 내려 하지 않는 모습이 도리어 그 교수들을 더 권위 있게 느끼도록 했습니다. 인격은 동등하고 다만 역할이 다를 뿐이라는 선생님의 말씀은 그때 만난 교수들에게 받은 감동의 본질을 이야기해주신 것 같습니다. 갑질은 내가 역할뿐만 아니라 인격적으로도 우위에 있다는 착각에서 출발하는 왜곡된 행동이니까요. 모든 사람의 인격은 동등하다는 말씀을 마음에 담고 살아야겠습니다.

(걸핏하면 지각하는 직원 어떻게 고치나요?)

지각 습관 고치는 법

학교 다닐 때 지각을 밥 먹듯 하던 친구가 있었어요. 미국에 가서 의사가 되었는데, 미국에서 그 친구를 만났다가 깜짝 놀랐어요. 시간을 칼같이 지키는 사람이 되어 있는 겁니다. 사람은 보통 잘 안 바뀌는데 어떻게 된 일인지 궁금했어요. 옛날엔 지각대장이었는데 어떻게 바뀌었냐니까 웃으며 이렇게 말하는 거예요. "야, 여기선 늦으면 굶어 죽어." 시간을 엄수하고 조금만 늦으면 밥도 못 얻어먹는 미국에 살다 보니 자연스럽게 고쳐졌다는 거죠. 그러고 보면 태어나면서부터 지각대장은 없어요.

ㅅ 한 번 지각은 영원한 지각인 경우가 많습니다. 그만큼 지각하는 것은 습관이라 고치기 어렵다는 말입니다. 친구 사이에 지각하는 건 그래도 참을 만합니다. 그러나 장소가 직장이라면 이야기가 달라집니다. 중요한 미팅이 있을 수도 있고, 다른 사람의 사기와도 관련되어 있습니다. 매번 이런저런 핑계만 대며 늦는 회사 동료, 부하를 어떻게 고칠 수 있을지 고민하는 관리자들이 많습니다. 선생님에게 지각하는 직원을 고칠 수 있는 방법은 무엇인지 물어보았습니다.

ㄱ **지각은 적응의 문제다**

지각은 습관의 문제라고들 하는데, 게으른 습관 이전에 적응의 문제에요. 늦게 가는 걸로 적응하는 게 자기한테는 유리하잖아요. 그런데 만약 늦게 갔다가 호되게 걸려 손해를 보면 바꾸려고 할 겁니다. 그렇게 밀고 나가면 계속 손해를 보니까요. 적응이라는 말이 거기에서 나와요. 강박적인 사회에 들어가면 강박적으로 적응해야지 느슨하게 적응하면 살아갈 수 없어요. 반대로 느슨한 동네에 강박적인 사람이 들어가면 자기가 답답해서 적응이 안 되고요. 그러니까 지각은 게으름의 문제가 아니라 적응의 문제입니다.

사람은 적응의 동물이다

다들 나를 느슨한 사람이라고 하지만, 실은 굉장히 강박적인 사람이었어요. 초등학교 때, 고모가 고종사촌들을 내 방에 데리고 와서는 해놓은 걸 보라고 했어요. 잘 정돈해놓은 걸 보라는 거죠.

그런데 나이가 들어 대학교에 올라가니까 그렇게 사는 게 엄청 불편해요. 바꾸려고 일부러 시간도 늦고 느슨한 생활을 해봤어요. 친구와 약속을 하면서도 몇 시에 만날지는 정하지 않았어요. 대구는 그때만 해도 좁았으니까 향촌동에 다방이나 술집이 집결돼 있었어요. 그래서 동네 어귀에서부터 다방과 술집을 쭉 훑으면 그 친구를 만나요. 어쨌든 만나니까 시간 약속을 할 필요가 없었던 거죠. 그렇게 내가 스스로 새로운 훈련을 해봤는데, 그게 통하더라고요. 이렇게 약속하는 게 소문이 나서 나는 시간 안 지키는 놈이라는 낙인이 찍혔어요. 시간은 안 지키지만 약속하면 꼭 나온다, 죽치고 앉아 있으면 만난다, 이렇게 소문이 난 거죠.

그러다 군대를 갔어요. 군대는 '온 타임on time'이라야 하잖아요. 예를 들어 출근하려면 군용차를 타야 하는데 정각에 출발하니까 늦게 나오면 못 타는 거죠. 그러다 보니 시간을 지키는 것에 다시 적응되었어요. 지나고 보니 그렇게 적응해나간 거더라고요. 내가 느슨해도 괜찮을 환경이면 지각하는 거고, 안 될 환경이면 칼같이 지키게 되는 거라는 말이에요. 우리 속담에 '누울 자리 보고 발 뻗는다'고 하잖아요. 양해될 만하니까 지각하는 거예요. 군대는 그게 안 되니까 지각하지 않은 거죠.

군대를 제대하고 연세대에서 교수로 일하게 되었어요. 주임교수가 '온 타임'이에요. 학교에서 소문난 분이었죠. 1분도 아니고 1초만 늦어도 안 되는 분이었으니. 나는 그때 학교에서 멀리 떨어진 등촌동에 살았는데, 등촌동에서 세브란스까지 아스팔트 포장이 안 되어 있어서 비가 오면 신발이 온통 흙덩어리가 되었어요. 그래서 비올 때는 더 일찍 나와서 신발부터 화장실에서 씻고 정시에 근무를 시작했죠. 그 선생한테 내가 훈련이 된 거예요. 훈련이 아니라 적응이 된 거죠. 거기서 교수직을 하려면 그 선생 말을 들어야 했으니까요.

새로운 환경을 제공하면 지각은 사라진다

봐주니까 늦는 거예요. 늦으면 얼마나 편해요. 자기 시간에 맞춰서 세상을 살면 편하잖아요. 느긋하게 할 것 다 하고 늦게 가도 사람들이 양해해주니까 아무 문제가 없잖아요. 그래서 지각은 아랫사람보다는 윗사람이 하는 경우가 많아요. 러시아의 푸틴 대통령도 국제회의에 지각하는 걸로 유명한데, 국제사회가 받아주니까 그런 거예요. 약한 나라 대통령이 지각했다가 국익에 엄청나게 손실을 보았다면 늦겠어요? 아무리 거북이라도 정신없이 시간 맞춰서 갈 거란 말이죠.

회사에서 지각했을 때 큰일 나는 환경을 만들면, 지각 문제는 간단하게 해결될 수 있습니다. 모든 걸 좋게 해주는 게 좋은 건 아닙니다. 지각이 문제라면 지각으로 얻을 수 있는 즐거움보다 훨씬 큰 불이익과 괴로움을 주면 됩니다. 사람은 적응의 동물이잖아요.

ㅅ 지금까지는 시간에 늦는 게 게으름의 문제일 거라 생각했는데 적응의 문제라고 완전히 새롭게 보이네요. 누울 자리가 되니까 다리를 뻗는 것이라는 생각이 듭니다.

시간강사 시절이 기억납니다. 학생 한 명이 습관적으로 늦었어요. 그래서 이 학생의 버릇을 고쳐야겠다 싶어서 학생이 오면 수업을 시작했습니다. 일찍 온 학생들의 불평이 이어져서, 그때 나는 이런 말을 했습니다. "우리가 몇 번만 참으면, 이 학생의 지각 습관이 고쳐질 수 있어요. 그러면 훗날 사회복지사가 됐을 때 사회복지 현장에서 이 학생의 지각으로 손해를 볼 많은 대상자들을 도울 수 있습니다." 5주 정도 이 학생이 오면 수업을 시작했더니 지각이 사라졌습니다. 게으른 것은 아니었다고 봐도 되는 거죠.

살면서 지각만 적응의 문제일까요? 내가 남에게 손해를 끼치는 말 습관, 태도 모두 적응의 문제가 아닐까요? 그렇다면 보다 건강한 적응 환경을 만들어줘야 하는 것은 부모, 선배, 회사 관리자의 책임일 수 있겠습니다. 지각은 적응의 문제라는 것을 마음에 새기게 되었습니다.

(하는 일이 적성에 안 맞는데 그만둬야 할까요?)

적성과 삶의 관계

불안하면 급해져요. 얼른 벗어나고 싶은 겁니다. 얼른 벗어나는 길은 옆 사람들을 따라가는 거예요. 저렇게 많이 가니까 괜찮겠다 싶은 거죠. 사람들이 많이 몰리는 곳으로 이리 쏠리고 저리 쏠리는 게 그런 이유에요.

그런데 말을 타면 종을 두고 싶은 게 사람 마음이잖아요. 불안을 벗어나면 본전 생각이 나요. 이게 내가 가고 싶은 길인가 하는 마음이 들지요. 그리고 아니다 싶어도 내가 또 뭘 할 수 있을까 걱정이 생깁니다. 불안을 섣불리 벗어나면 다른 불안이 생기는 게 인생이에요.

ㅅ 취업하지 못하는 것도 절망스럽지만, 겨우 들어간 직장이 적성에 맞지 않을 때 사람은 더 절망하게 됩니다. 이럴 때 과감하게 직장을 그만두어야 할지, 아니면 생업이라 생각하고 견디며 살아야 할지 여간 고민이 아닙니다. 취업준비생이 들으면 배부른 소리라 할지 몰라도, 하고 싶지 않은 일을 계속하는 사람에게는 절박한 문제입니다. 선생님에게 이런 경우에 어떤 마음을 가져야 할지 물어보았습니다.

ㄱ **나는 누구인가**

이런 고민이 생기면 제일 먼저 '이 뭣고?'를 스스로에게 물어봐야 해요. 자기 자신을 알아야 합니다. 여기서 자기 자신을 안다고 하는 것은 여러 가지로 알아야 한다는 걸 말해요. 성격이 어떠한가, 돈은 얼마나 있는가 등 여러 가지로 따져봐야 해요.

100만 원밖에 없는 사람이 빌딩을 짓겠다고 하면 현실감이 없잖아요. 먼저 빌딩을 지을 돈을 벌어야죠. 지금 돈을 갖고 있든지, 그만큼 벌 재주가 있든지, 이 두 가지가 없으면 100만 원짜리 집을 지을 수밖에 없잖아요. 그걸 사람들은 잘 인식하지 못합니다. 자기가 갖고 있는 돈이나 능력을 평가해보지도 않고 그냥 빌딩만 쳐다보는 거예요.

우리 속담에도 있잖아요. '오르지 못할 나무는 쳐다보지도 말라.' 이 말을 뒤집어서, 도전 정신 없이 어떻게 살아가란 말이냐고 반론할 수도 있어요. 그런데 도전을 해도 못 얻을 게 있어요. 그 판단을 잘하라는 얘기지요.

떠날 준비는 되어 있는가

내 생각으로는 일이 적성에 맞지 않으면 떠나는 게 제일 좋은데, 문제는 떠날 준비가 되어 있느냐는 거예요. 우선 자기 점검을 해야 합니다. 자동차가 고장이 나도 정비소에 가서 여러 가지 검사를 하잖아요. 자동차보다 훨씬 복잡하고 정교한 사람이니 훨씬 더 많은 점검을 해야 하는 거죠. 이서원 선생도 학교 떠날 준비를 10년 가까이 했다면서요. 교수가 적성에 맞지 않다면 무엇이 맞을까, 새로운 일에서 실력을 인정받을 수 있을까, 돈은 얼마나 벌 수 있을까, 계속해서 일할 수 있을까 등을 알아보고 점검하다가 이제 나가도 되겠다는 생각이 들어서 그만둔 거잖아요.

내 말은 단지 적성에 안 맞는 것 같다고 바로 움직이려는 건 너무 위험한 생각이라는 거예요. 대안도 있어야 하고, 적성에 맞는 일이 무엇인지 철저히 점검하는 과정이 반드시 수반되어야 합니다. 다른 사람 주머니에 든 걸 내 주머니로 옮기는 일이 절대 호락호락하지 않습니다. 남 밑에 있어도 힘들고, 내가 남을 부리는 것도 어려운 거예요. 그런데 보통 사람들은 이런 생각을 언제 하느냐면, 도저히 못 살겠다 싶을 때 해요. 그때는 늦은 경우가 많아요. 목마를 때 우물을 파기 시작하면 되겠어요? '앞으로 점점 더 목이 마르겠구나!' 이렇게 미리 예상하고 조금씩 우물을 파두어야 한다는 거죠.

싫어하는 일에서도 배울 게 있다

지금 적성에 맞지 않는다고 생각하는 일도 사람이 하는 일이에요. 적성에 안 맞아서 싫다는 생각만 내려놓으면, 이 일에서도 배울 게 많아요. 훗날 적성에 맞는 일을 찾아서 할 때, 지금 하는 일이 거의 반드시 어떤 식으로든 도움이 됩니다. 그때를 생각해서라도 지금 하는 일에서 배울 점을 찾아보는 거죠. 사람들과의 관계가 문제가 된다면, 반면교사로 삼아 어떻게 상사와 부하가 관계를 맺어야 할지 배울 수 있어요. 그것만큼 잊히지 않는 좋은 교과서가 어디 있겠어요? 또 일의 원리를 잘 배워두면, 다른 종류의 일을 해도 응용할 수 있습니다.

당장 떠날 여건이 안 된다면, 이 일에서 무언가를 배운다는 마음가짐을 갖는 게 필요합니다. 싫다는 마음만 낸다고 될 일이 아니잖아요? 똑같이 가기 싫은 군대를 가도 뭔가 배워서 나오는 사람도 있고, 싫은 마음만 가지고 나오는 사람도 있어요. 어차피 피할 수 없는 생활이라면 하나라도 배워서 나가는 게 이득이 아니겠어요?

人 선생님의 이야기는 현실적이었습니다. 저 또한 사이버대학교 교수 생활이 적성에 잘 맞지 않았습니다. 그런데 돌아보니 그때 익힌 기술이 지금 저에게 큰 도움을 주고 있습니다. 텔레비전에 출연할 때 떨지 않고 녹화를 바로 마칠 수 있었던 것도 사이버대학교에서 계속 카메라 앞에 섰던 경험이 있어서였고, 라디오 진행을 할 때 편하게 말할 수 있는 것도 사람들을 보지 않고 온라인으로 방송 강의를 한 경험 덕분이었습니다. 지금 하기 싫은 일도 배워두면, 훗날 하고 싶은 일을 할 때 반드시 도움이 된다는 선생님의 말씀은 제게 그대로 들어맞는 예언 같은 말이었습니다.

살아보니 인생은 감정으로 덜컥 결정하기에는 너무 위험한 동네였습니다. 감정이 앞서는 결정치고 후회하지 않는 일이 적은 듯합니다. 감정은 조금 뒤로 하고 점검과 준비를 먼저 해야 훗날 내 삶이 나를 보고 웃습니다. 무비유환입니다. 준비하지 않으면 우환이 있습니다.

(회사가 마음에 안 들면 어떻게 해야 하나요?)

회사와 나의 생각이 다를 때

인생은 선택의 연속이에요. 그런데 선택할 수 없는 관계가 있습니다. 그게 가족이지요. 가족은 내가 싫다고 사표를 낼 수 없잖아요. 그래서 가족이 시원찮으면, 벗어날 수 없는 내가 괴로워집니다. 하지만 직장은 가족과 다르게 언제든 떠날 수 있는 곳이에요. 그래서 회사가 마음에 안 들면 떠나면 됩니다. 그래도 사람들이 떠나지 못하는 건 일단 들어가기가 어렵고, 나온다고 해서 당장 먹고살 것이 해결되지 않기 때문이죠. 그래서 회사는 들어갈 때도 신중해야 하지만, 나올 때는 더 신중해야 하는 곳입니다.

ㅅ 회사에 들어가고 보니, 회사의 방침이나 일하는 방식이 마음에 들지 않을 수 있습니다. 아무리 생각해봐도 상식이나 내 철학과 맞지 않는 회사, 그리고 거기서 일하는 상사들을 보면, 회사에 다닐 의욕이 떨어지고 나에 대한 회의마저 생깁니다. 그렇다고 이직은 아직 마땅치가 않고. 게다가 회사 상사나 동료들과 갈등이라도 생기면 왕따 아닌 왕따가 되어 괴롭습니다. 이럴 땐 어떤 마음으로 회사에 다녀야 할까요? 선생님에게 물어보았습니다.

ㄱ **로마에 가면 로마법을 따르라**

제일 쉬운 건 사표를 내고 나가는 겁니다. 회사라고 하면 회사가 지향하는 가치가 있고, 그 가치를 실현하기 위한 기본적인 틀이 있습니다. 거기서 일하려면 그걸 동의하고 들어가야 해요. 회사가 마음에 들지 않는다는 것은, 그걸 동의하고 들어가서 막상 일하려니 불편하다는 거예요. 그래서 자기를 편하게 하려고 행동하다가 다른 사람을 불편하게 만드는 겁니다. 로마에 가면 로마법을 따라야 하는데 따르지 않는 거죠. 그렇게 해서는 직장 생활을 오래 할 수가 없어요. 우리 속담에도 있잖아요. 절이 싫으면 중이 떠나라고. 회사가 불편하면 자기가 떠나야죠.

모든 회사에는 그런 친구들이 하나씩 있어요. 그런데 그 친구 입장에서 보면 회사가 잘못된 거예요. 절을 잘못 지어놓은 거죠. 그 친구는 회사의 어떤 점이 마음에 안 든다고 하지만, 더 많은 사람이 그 말에 공감하지 않을 뿐인 겁니다.

소통이 먼저, 일은 다음이다

나는 젊었을 때 내가 속한 절을 고쳐야 한다고 생각했어요. 처갓집에 가서 내가 어떤 주장을 하면, 장인은 "자네가 하는 얘기는 다 맞아. 그런데…" 하고 뒷말을 안 하셨어요. 그때 나는 맞으면 맞는 거지 '그런데'는 또 뭐냐 하고 생각했어요. '그런데'라고 하는 것은 틀렸다든지, 아니면 이랬으면 좋겠는데 아쉽다든지, 그런 의미란 말이죠. 내가 나이가 자꾸 들면서 이런저런 인생 체험을 하고 나서 생각하니까 장인이 하신 말씀이 비로소 와닿았어요. 내가 하던 행동을 조금 다르게 했더라면 잘 받아들여졌을 텐데, 말은 맞지만 너무 과격하다든지 모나다는 지적이 아니었을까 싶더라는 거죠.

이화여대에 있을 때 네팔에 봉사하러 가려고 하는데 총장이 부르더라고요. 돈 한 푼 대주는 것도 없으면서 가지 말라는 겁니다. 총장에게 그 이유를 물었죠.

"왜 가지 말라고 합니까?"

"이 교수가 자리를 비우는 동안 병원에 문제가 생겨요."

"다른 교수한테 잘 인계해서 문제없도록 조치해놓고 가겠습니다."

"그래도 가지 마세요."

"그래도 갑니다."

"사표 내고 가세요."

"사표는 총장님이 내세요. 왜 내가 냅니까?"

총장은 선출직이라 기한이 있으니까, 나가려면 총장이 나가야 한다고 말한 거죠. 나중에 가만히 생각을 해보니까 그 총장이 나한테 관용을 크게 베푼 거예요. 내 딴에는 옳다고 이야기한 것이지만, 그런 말을 듣고 누가 가만있겠어요? 만약 그때 내가 봉사가 필요한 이유를 설명하면서 부드럽게 말했다면, 공감도 얻고 좋잖아요. 그러니까 장인 이야기가 맞아요. '봉사 간다는 말은 맞는데, 그런데….' 그걸 내가 나중에야 깨달았어요.

내 지인 중에 어학에 대단히 능통한 분이 있어요. 그분이 자기 선배가 번역한 번역서에서 결정적으로 잘못된 부분을 발견하여 편지를 보내 알려주었는데 답장을 받지 못했다고 하더라고요. 내가 왜 답장을 못 받았느냐 물었더니, 아마 기분이 나빴을지도 모르겠다고 해요. 그래서 내가 이렇게 조언했어요. "선배 번역서는 참 좋은 책이네요. 이 책이 없었으면 누가 이런 내용을 접했겠어요?" 하고 사교적인 인정과 칭찬을 먼저 한 뒤, '그런데' 하고서 잘못된 부분을 얘기했다면 뒷부분도 읽어주었을 거라고요. 인정과 칭찬 없이 "이 번역이 틀렸는데 번역 좀 바로 하세요" 하고 편지를 쓰면 누가 읽어주겠냐는 거죠. 내 경험에 비춰보았을 때, 관계가 잘되면 일은 의외로 잘 풀립니다. 먼저 소통이 돼야 하는 거죠.

ㅅ 내가 맞는다고 주장하는 사람들이 있습니다. 저도 그중 한 사람이지요. 그런데 무엇보다 중요한 것은 '어떻게'라고 선생님이 말씀하시네요. 무엇을 주장하는가보다 어떻게 주장하는가가 더 중요하다는 말이지요. 장인어른이 '자네 말이 맞긴 한데' 하고 아낀 뒷말에는 그 말이 좀 재수가 없다는 뜻이 들어 있는 건 아니었을까요? 재수가 있게, 주장을 듣는 사람이 조금은 친근하게 받아들일 수 있도록 말하라는 것이지요. 그것이 번역의 오류를 편지로 지적한 분에게 소통이 되어야 답장도 올 것이라고

조언한 내용이기도 했습니다.

문제는 사실 일보다 관계에서 오는 경우가 많습니다. 그래서 선생님은 회사가 나에게 안 맞는다면 떠나거나, 떠나지 않을 거라면 관계를 돌아보라고 이야기합니다. 저도 대학교를 떠난 사람으로서 '관계의 문제를 제대로 풀지 않고 가위로 자르듯 싹둑 사직서를 내고 나온 거로구나' 하는 반성을 하게 되었습니다. 예전에 일타 스님이 소포로 물건이 오면 절대 가위로 자르지 말고 시간이 걸리더라도 매듭을 풀라고 한 것이 다 뜻이 있었음을 알게 되는 시간이었습니다.

(좋은 리더가 갖추어야 할 조건은 무엇인가요?)

리더로 산다는 것

프로이트와 융은 정신의학을 이끈 두 천재였습니다. 그런데 두 사람은 생전이나 사후에 여러모로 달랐습니다. 프로이트는 자신에 대한 확신이 강해 반대 의견을 받아들이지 않았고, 점점 곁에 있던 사람들이 떠나가 아무도 남지 않았습니다. 그렇게 생전에 프로이트가 제자를 두지 않았던 반면, 융은 함께 연구한 공동 연구자가 많았습니다. 사후에 프로이트 기념관은 박물관으로 보존되고 있고, 융 기념관은 연구소로 운영되며 활발한 활동을 이어가고 있습니다.

ㅅ 선생님이 오스트리아 빈에 있는 프로이트 박물관에 갔을 때 문이 잠겨 있어서 벨을 누른 후에야 들어갈 수 있었습니다. 그곳에는 여느 박물관처럼 생전에 프로이트가 쓰던 여러 물건들이 전시되어 있었습니다. 그에 반해 스위스 취리히에 있는 융 연구소를 찾아갔을 때는 융의 막내 비서가 78세의 나이에도 여전히 연구에 매진하고 있었습니다. 지금도 융 연구소에서는 전 세계에서 모인 학자들이 연구를 이어가며 융 전문가로 성장하고 있습니다. 선생님은 두 곳을 보면서 프로이트는 박제되었고, 융은 살아 있다는 인상을 받았다고 합니다.

프로이트와 융의 이야기를 들으면서 엉뚱한 상상을 해보았습니다. 두 사람이 회사의 CEO였다면 어떤 회사가 살아남았을까? 내가 만약 두 사람 밑에서 일하는 직원이라면 누구를 리더로 삼고 싶을까? 선생님에게 좋은 리더란 어떤 조건을 갖추어야 하는지 물어보고 싶었습니다. 우선 프로이트냐 융이냐에 대한 선생님의 생각부터 들어봤습니다.

ㄱ **혼자 잘난 사람보다 같이 잘난 사람**

다른 기준을 다 차치하고 리더라는 기준 하나로만 본다면,

프로이트보다는 융이 리더로서 더 적합한 사람이 아닐까요? 프로이트는 함께하기 힘든 사람이에요. 너무 똑똑해서 스스로도 누가 자신을 대신할 수 없다고 생각했어요. 실제로도 그랬고요. 그래서 혼자였어요. 제자를 두지도 않았잖아요. 이건 말하자면 1인 기업이지, 일반적인 기업은 아니란 말이죠. 나보다 부족하고 모자란 사람도 아우르며 가야 하는 게 리더죠. 그런 면에서 볼 때 융은 리더로서 자격이 있어요. 여러 사람과 함께 연구하고 저술했다는 건, 자기가 부족해서라기보다는 같이 다독이며 이끌어나갔다는 말이거든요. 그게 리더에요.

그래서 너무 잘난 사람은 리더가 되기 어려워요. 혼자 연구하는 일에는 적합할지 몰라도 어떤 조직을 이끄는 건 체질에 맞지 않는 거죠. 만약 너무 잘난 사람인데도 리더가 되고 싶다면, 융을 본받아야 합니다. 같이 잘난 사람으로 만들어주는 게 융의 리더십이니까요.

입보다 귀가 큰 사람

리더의 조건 중에 제일 중요한 것 하나를 꼽자면 큰 귀입니다. 조물주는 귀가 한 개로는 모자라니까 두 개를 만들어놨는데, 사람들은 귀는 한 개처럼도 사용하지 못하면서 할 말만 하라고 하나만 만들어놓은 입을 두 개처럼 사용하고 있죠. 사람들이 흔히 하는 오해가 귀가 크면 남의 소리만 듣고 자기 생각은 없다는 거예요. 실은 반대로 생각해야 해요. 자기 생각이 있는 사람은 귀가 커야 합니다.

리더는 어떤 것을 결정할 때 그 선택에 최종 책임을 지는 사람이잖아요. 우선 많은 사람의 의견을 들어봐야 해요. 그래서 자기 의견과 같으면 확신을 가지고 추진하면 되고, 자기 의견과 다르면 그 의견을 고려하여 잘 수정한 후 새로운 모델로 추진하면 됩니다. 성공할 수 있도록 기꺼이 자신의 것을 유연하게 바꾸어나가는 사람이 제대로 된 리더인 거죠. 리더로서 제일 부적합한 사람은 독불장군이에요. 내가 옳으니 나만 따라오라는 건 소신이 아니라 고집입니다.

재능을 펼치고 싶게 해주는 사람

직원이 회사에 계속 다니고 싶어 한다면, 그건 그 회사가 자기 재능을 마음껏 펼칠 수 있게 해주기 때문이에요. 그래서 리더란 조직 구성원들이 가진 각자의 재능을 알아보고 그 재능을 마음껏 펼칠 수 있는 장을 마련해줘야 합니다. 그러면 직원은 신이 나서 리더를 따르게 됩니다. 또한 리더는 직원이 재능을 펼치면 거기에 어울리는 적정한 보상도 지급할 줄 알아야 합니다. 물론 직원은 회사를 위해서 자신이 갖고 있는 재능을 최대한 발휘해야 하고요. 이건 리더와 직원들 사이의 묵시적인 계약이잖아요.

재능에 묻은 티를 가벼이 볼 수 있는 사람

사람은 모든 것을 잘할 수 없습니다. 이것을 잘하는 사람이 저것은 좀 부족할 수 있어요. 강의는 잘하는데 글은 못씁니다. 반대로 글은 잘 쓰는데 말을 시켜보면 어눌합니다. 사람이라서 그런 거잖아요. 리더는 완전한 사람을 기대하면 안 됩니다. 완전한 사람이라면 리더 밑으로 오지도 않았을 거니까요.

지금은 작고했지만 현대엔지니어링 사장이었던 친구가 나에게 상담하러 왔어요. 직원 하나가 너무 건방져서 자르고 싶은데 어떻게 해야 할지 모르겠대요. 미국에서 스카우트한 직원인데 근무 태도가 아주 안 좋다는 겁니다. 정장은 아니더라도 반듯하게는 입고 와야지, 청바지에 남방 하나 덜렁 입고 오고. 와서는 웃통 훌렁 벗고 신발 벗고 맨발에. 또 심심하면 책상 위에 다리를 얹어놓고. 그 꼴을 못 보겠다는 거죠. 그럼 자르지 왜 안 자르냐고 했더니, 일을 아주 잘한다는 거예요. 그래서 내가 친구에게 물었어요. "태도가 일을 하는 거야? 아니면 능력이 일을 하는 거야?" 그랬더니 친구가 웃어요. 능력임을 인정하는 거죠. 그래서 내가 이렇게 말해줬어요. "너의 비위를 위해서는 잘라야겠지만 회사를 위해서는 능력을 사야 하는 거 아니야? 자기야 엎어져서 일하든 물구나무서서 일하든 회사에서 요구하는 능력만 발휘해주면 되잖아." 능력이 탁월하면 놓치지 말아야죠.

ㅅ 선생님이 이야기한 리더의 조건을 듣노라니 여러 사람이 머리를 스치고 지나갔습니다. 그때 그 사람은 이런 게 부족했구나 혹은 이런 걸 잘했구나 싶었습니다. 가장 마음에 와닿는 말은 리더는 귀가 커야 한다는 평범하고도 쉬운 말이었습니다.

대학교에서 학생들을 가르칠 때 정성을 기울여 진행했던 과목이 있습니다. 15주 강의 가운데 중간고사와 기말고사를 제외하면 13주가 남습니다. 청소년 복지를 가르치는 강의라서 청소년 문제와 관련한 열세 분의 전문가를 차례로 초대해 각 주제에 대해 깊이 있는 대화를 나누었습니다. 특강료는 한 학기에 한 분 정도만 지급하는 것이 대학교의 관행이었기에, 제 사비 수백만 원을 들여 한 분 한 분께 특강료를 드렸습니다. 학생들의 평가도 아주 좋았습니다.

그런데 학교 리더에게 들은 평가는 귀를 의심하게 했습니다. 얼마나 실력이 없으면 자기가 강의하지 못하고 다른 사람들의 힘을 빌려서 하느냐는 것이었습니다. 기껏 내 돈 내서 심혈을 기울여 강의했는데, 학생들 평가도 가장 좋았는데, 그런 혹평을 듣고 나니 온몸에 힘이 빠졌습니다. 그 후로 다시는 새로운 강의 방식을 시도하지 않았습니다. 만약 그때 새로운 강의 방식에 대해 리더로부터 칭찬과 격려, 보상을 받았다면, 신이 나서 여러 형식의 강의를 시도하고 학교에도 더 많은 기여를 했을 겁니다. 자기 기준만 옳다는 생각으로 교수의 생각에 귀를 열지 않은 리더 한 사람 때문에, 학교는 그만큼 발전이 지체될 수밖에 없었던 게 아닐까요?

좋은 리더의 조건이 큰 조직의 리더에게만 요구되는 것은 아닐 겁니다. 집에서는 부모가 리더입니다. 자녀들 가운데는 형이나 언니가 리더입니다. 집에서는 서열이 가장 낮은 막내일지라도 또래 집단에서는 리더일 수 있습니다. 우리는 모두 리더를 따르는 사람인 동시에 리더가 될 수 있습니다. 귀를 더 크게 입을 더 작게 하는 연습을 해야겠습니다. 진짜 리더는 그런 거니까요.

(듣기 싫은 이야기도 들어야 리더다)

멋진 리더가 된다는 것

상담하는 사람도 인간이다 보니 듣고 싶은 이야기가 있고, 듣고 싶지 않은 이야기가 있어요. 특히 초보 상담자일 때는 듣기 싫은 이야기는 싫은 내색을 하거나 화제를 돌려 더 이상 듣지 않으려고 하기 쉽습니다.

듣기 싫은 건 아니지만 거북한 이야기가 성에 대한 이야기입니다. 아주 가까운 사이에서나 오고가는 사적이고 민망한 이야기이다 보니, 상담 중에 성 이야기가 나오면 오히려 상담자가 당황하는 경우가 있어요. 나도 환자를 진료하던 초창기에는 내담자가 성적인 얘기를 하면 감당할 수 없었어요. "지금 사시는 동네가 어디에요?" 이러는 거죠. 내담자는 어렵게 말을 꺼냈는데, 상담자인 내가 듣기 거북하다고 말을 돌린 거죠.

ㅅ 저도 처음 몇 년간 상담할 때는 내담자가 성에 대한 이야기를 하면 다른 이야기로 돌리거나 더 깊이 묻지 않고 넘기는 경우가 많았습니다. 그럴 경우 상담자인 저는 편해졌지만 내담자는 무안해지고 더 이상 깊은 속 이야기를 꺼내려 하지 않았습니다. 심지어 약속한 다음 상담을 오지 않기도 했습니다. 어렵게 꺼낸 마음을 상담자가 받지 않은 데 실망하고 상처받은 것이지요.

상담을 온다는 것은 남에게 꺼내기 힘든 이야기를 하러 오는 것이라 상담자는 상담을 온 분이 어떤 이야기를 하더라도, 설령 듣고 싶지 않은 이야기일지라도, 귀를 기울여 들어주어야 합니다. 그것이 올바른 상담자의 자세입니다. 선생님도 처음에 저와 같은 경험을 했다는 것이 위로가 되었습니다. 처음부터 탁월한 상담자는 없다는 것이 큰 위안이 되었습니다. 상담만 그런 건 아닐 것 같습니다. 멋진 리더가 된다는 것은 잘 듣는 리더가 된다는 게 아닐까요? 선생님에게 잘 듣는 것과 리더의 관계에 대해 물어보았습니다.

ㄱ **마음에 여유가 없으면 안 들린다**

상담자도 내담자를 리드하는 리더에요. 상담은 듣는 게 전문인 직업인데 듣지 않는다면 상담자 자격이 없지요. 그런데 왜 상담을 하면서도 듣지 못하느냐? 그건 마음에 여유가 없기 때문이에요. 꼭 상담자가 아니라도 마음에 여유가 있으면 다른 사람이 하는 이야기가 다 들려요. 부모도 자기 할 일을 다 하고 느긋하게 소파에 앉아 있을 때는 자식이 하는 작은 이야기도 크게 들립니다. 그러나 할 일이 많고 스트레스 받는 일이 많으면 들어줄 마음의 여백이 없기 때문에 자식이 큰 소리를 해도 듣지를 못합니다. 그건 직업의 문제가 아니라 마음의 문제에요.

내가 레지던트 때는 환자와 문답한 걸 차트에 기록하도록 되어 있었어요. 레지던트인데 환자에 대해 제대로 아나요? 환자 몇 사람 만난 경험들이 조금씩 쌓여갈 때인 거죠. 한번은 환자가 자꾸 묻는 말에 대답은 하지 않고 다른 소리를 해요. 환자가 레지던트나 전공의를 가리나요? 자기 속이 답답해서 온 거니까 그 이야기만 하려고 하죠. 그 환자는 그게 더 심했어요. 그런데 나는 레지던트 지침이 있으니까 환자가 다른 소리를 하려고 하면 제지하고, 차트에 있는 질문만 차례대로 열심히 했죠. 한 시간 남짓 차트 기록을 다 쓰고 일어섰는데, 환자가 씩씩거리며 주임교수를 찾아가더니 “이 사람 뭐하는 사람입니까?” 하고 따져 물었습니다. 주임교수가 의사라고 하니까 한마디를 해요. "그래요? 그럼 이 사람 교육 좀 똑바로 시키세요!" 그 이야기를 듣고 황당하고 억울했죠. 나는 지침에 있는 대로 다 했는데 왜 이런 소리를 들어야 하나 싶었어요. 지금 생각하면 내가 환자 이야기를 한 마디도 들어주지 않은 거예요. 그러니 환자가 대단한 거죠. 내가 참은 게 아니라 환자가 레지던트의 이야기를 참고 들어준 거니까요. 그때 내가 듣지 못한 이유는 단 하나, 마음의 여유가 없었다는 겁니다.

이미 답을 가지고 있으면 안 들린다

딸이 대학생이 되더니 엠티를 간다고 하더라고요. 청소년 문제를 상담해주는 심야 라디오 방송에 나가서는 자식이 여행을 간다고 하면 잘 보내주라고 상담하던 나였지만, 막상 내 딸이 간다고 하니까 딸이 밖에서 자고 오는 것에 반감을 느끼는 거예요. 나도 모르게 "누구랑 가느냐?"라는 이야기가 나왔어요. 그리고 꼭 자고 와야겠느냐는 소리도 뒤따라 나오고 말이죠. 딸이 아빠는 순 엉터리라는 거죠. 라디오에서 하는 말과 자기한테 하는 말이 백팔십도 다르다고요. 방송할 자격도 없다고 공격해요. 딸 이야기를 들으면서 남 이야기는 쉽지만 내 이야기가 되면 이렇게 차이가 나는구나 실감을 했습니다.

그리고 한 번 더 생각을 해봤더니 내 속에 이미 답이 있었어요. '내 딸은 외박을 하면 안 된다'라는 답이 나도 모르게 내 안에 있었던 겁니다. 그러니까 딸이 엠티를 간다고 하니까 자동적으로 누구랑 가느냐, 꼭 자고 와야 하느냐 하면서 내 이야기만 하고 딸이 하는 이야기는 하나도 들리지 않은 겁니다. 이미 내가 답을 가지고 있으니까 그것을 딸에게 전달하려고만 하지, 딸 이야기를 들으려 하지 않은 거죠.

리더가 직원들의 이야기를 잘 듣지 못한다면, 이미 정해놓은 답을 가지고 있다는 거예요. 자기가 혼자 생각해서 조직이 나아갈 방향에 대한 답을 정해놓으면, 천하의 좋은 이야기도 들리지 않아요. 다른 이야기를 하는 직원들에게 화만 나고 속만 상하는 거죠. 리더가 화를 내면 직원들은 눈치를 보게 됩니다. 그리고 리더가 싫어할 것 같은 이야기는 걸러서 안 하게 되죠. 이게 조직이 경직화되는 과정입니다. 그 출발은 리더가 이미 답을 가지고 있는 데서 시작됩니다.

어떤 이야기라도 할 수 있어야 조직이 산다

사람이 하고 싶은 말을 못 하면 병이 됩니다. 화병이 대표적인 병이에요. 시부모나 남편에게 하고 싶은 이야기를 못 하는 게 하루 이틀 쌓여 생기는 마음의 병이 화병이에요. 왜 이야기를 못할까요? 눈치가 보여서죠. 이 이야기를 하면 싫어할 게 뻔하니까, 해도 소용이 없으니까 안 하는 거죠. 화병이 생기면 가짜 웃음만 남고 진짜 웃음은 사라집니다. 속에 이만한 시뻘건 응어리가 들어 앉아 있는데 무슨 웃음이 나겠어요? 마지못해 웃는 척할 뿐이죠.

아이들도 부모가 자기 말을 끊고 그런 말은 하지 말라고 야단을 치면 제일 먼저 웃음이 사라집니다. 그래서 그 집이 얼마나 자유롭고 편한가는 거실에서 흘러나오는 웃음소리를 보면 알 수 있어요. 조용하고 엄숙한 집일수록 분위기가 무겁고 힘든 거예요.

어떤 이야기라도 할 수 있어야 화병이 안 생깁니다. 어떤 이야기라도 들어주어야 거실에 웃음이 활짝 피어납니다. 가정만 그런 게 아닙니다. 학교에서도 선생님이 학생들이 무슨 이야기라도 할 수 있도록 해주면 그 반 분위기가 활기찹니다. 직장에서도 똑같습니다. 직장의 리더가 사원들이 어떤 이야기라도 편하게 할 수 있도록 멍석을 깔아주면 나가라고 해도 직원들이 나가지 않고 열심히 일합니다. 보수가 적어도 소문을 듣고 들어오려고 해요. 세계적으로 이름난 회사들은 하나같이 가장 말단 직원이라도 사장에게 하고 싶은 이야기를 다 하는 조직 문화를 만들어요.

人 선생님의 이야기를 들으며 어디나 똑같다는 생각이 들었습니다. 저도 대학원에서 상담을 가르칠 때 중간고사 리포트로 지금 자신의 고민을 쓰게 하고, 기말고사 시험으로 자기가 문제를 내고 답을 쓰도록 했습니다. 수업 시간에는 학생 한 명 한 명의 인생 고민이 주제가 되어 하고 싶은 이야기를 모두 하도록 했습니다. 그랬더니 수업이 시작되기 30여 분 전에 오는 학생들도 생겼습니다. 수업이 기다려진다고 했습니다. 남의 이야기를 듣는 게 아니라 나의 이야기를 한다는 게 신바람 나는 일이라는 거지요. 덕분에 교수인 저는 마음의 여유만 준비해가면 되니 그렇게 편할 수가 없었습니다. 제가 하는 일이라고는 선생님 말씀처럼 내 답을 지우고, 마음의 여유를 가지고 학생들의 속이야기를 들어주는 것입니다. 이런저런 방법으로 대학원 수업을 해보았지만 교수와 학생에게 가장 좋은 방법은 교수가 학생의 이야기를 충분히 들어주는 수업이었습니다. 가정이나 직장도 마찬가지일 것입니다.

가정에서, 학교에서, 직장에서 자식이, 학생이, 직원이 어떤 이야기를 하든 리더가 기꺼이 들어줄 마음의 준비를 할 때 비로소 멋진 리더가 된다는 것을 확인하였습니다. 듣기 싫은 이야기도 들을 줄 알아야 진짜 리더입니다.

9장

오늘이 행복한 이유

(우리 인생을 몇 단계로 나눌 수 있을까요?)

내 인생 4단계

대학 시절에 만났던 한 선생님은 만날 때마다 하는 질문이 있었어요. "자네 나이가 올해 몇인가?" 몇 살이라고 대답하면 항상 똑같은 말씀을 해요. "좋을 때다." 나중에는 약이 오르는 거예요. 몇 살이라고 하든 좋을 때라고 하니까요. 선생님에게 "왜 선생님은 매번 좋은 때라고 하세요?" 하고 물어보았더니, "그런 게 아직 궁금하니 좋을 때다"라는 거예요. 나이가 들어보니 선생님의 마음이 이해가 되더라고요. 사실 모든 나이가 다 좋은 나이에요. 또 모든 나이가 힘든 나이기도 해요. 그래서 나보다 한 살이라도 어리면 내가 없는 걸 많이 가지고 있으니 좋을 때라고 하는 겁니다. 아마 그 선생님도 모르긴 해도 그렇게 말해주는 다른 선생님이 있었지 않았을까 싶어요.

사람은 백 번 된다는 속담이 있습니다. 그만큼 살면서 다른 인격으로 변한다는 말이지요. 더 나은 사람이 된다는 의미이기도 하지만, 반대로 장애물을 만나서 더 일그러진 사람이 될 수도 있다는 말입니다. 힌두교에서는 사람의 일생을 100년으로 보고 4단계, 즉 25세, 50세, 75세, 100세로 나눕니다. 각 단계마다 특징이 있을 겁니다. 선생님은 80대 후반까지 살아오시면서 어떤 단계를 거치셨는지 궁금했습니다. 삶의 단계를 이해하게 되면, 남은 삶을 어떻게 살아가야 할지 예상할 수 있을 듯했습니다. 선생님의 삶의 단계에 대해 물어보았습니다.

내 삶은 4단계를 거쳤다

나는 정신의학을 공부한 사람이니 '내가 누구인가'를 발견한 것을 기준으로 삼아 내 삶을 나눠보겠습니다. 첫 번째 단계는 부모의 우산 밑에 있어서 내가 누구인지를 생각하지 못했던 무지의 단계입니다. 두 번째 단계는 나를 찾아가는 미숙한 단계이고, 세 번째는 좀 더 성숙해지는 단계에요. 마지막 네 번째 단계는 자유로운 단계라고 할 수 있어요.

1단계, 무지의 단계

사람은 누구나 무지의 단계에서 출발합니다. 부모와 분리가 되지 않고, 분리되더라도 내가 누구인지에 대해서는 모르는 거죠. 그래서 무지하다고 하는 겁니다. 나는 내가 누구인지를 생각하지 못했어요. 집안의 과한 사랑을 버거워하며, 겉으로는 모범생이면서 속으로는 저항하던 시절이었죠.

2단계, 미숙한 단계

대학에 들어가고 학생회장으로 4·19를 겪으면서 내가 누구인지, 왜 내가 이런 생각과 행동을 하는지 발견해나간 단계입니다. 그러나 통합적으로 나를 보지 못하고 억눌렸던 분노를 표출하는 나를 수용하고 이해해나간 시기에요.

3단계, 성숙한 단계

교수이자 정신과 전문의로서 환자를 통해 나를 통합적으로 발견하고 이해하게 된 시기에요. 이전 단계에 비해 성숙한 단계였던 거지요. 내가 유하게 된 시기가 이때였어요. 내가 유해진 전환점에 대해 생각해보니까, 이 세상에 제일 두려운 사람이 나더라고요. 다른 사람을 논리적으로 코너에 몰아넣고 내 말

한마디로 죽일 수 있다는 게 두려웠어요. 그래서 내가 좀체 싸움을 안 하려고 피하는 겁니다. 그런 걸 정신과 의사로 환자를 보면서 자정해나간 거죠. 그러니까 안정이 되어 사람들의 고통과 아픔에 꽤 도움이 되는 이야기를 해주곤 했어요. 나를 두고 사람들은 도사 같다고 자꾸 놀렸지만, 실은 이런 과정을 통해서 마음의 평정을 얻은 겁니다.

4단계, 자유로운 단계

정년 퇴임을 하고 나서부터 자유로운 시기가 되었어요. 이때는 'free from all', 모든 것으로부터 자유로운 상태였지요. 지금 돌아보면, 일선에서 물러나 고려사이버대학교에 다니며 80세에 이르기까지가 일생 동안 나에게 가장 자유로운 시기였어요. 근데 그때는 그걸 못 느꼈어요. '옛날과는 다르구나!' 하는 정도로 느꼈지요. 내가 그때 장난삼아 맨날 하던 얘기가 "내 마음대로 되는 게 하나도 없다"였어요. 그러면 온 식구들이 다 달려들어요. 마음대로 안 한 게 뭐가 있냐는 거죠. 지금 돌아보면 식구들이 그럴 만도 하다 싶어요.

人 선생님의 일생을 4단계로 나눈 이야기를 들으니, 한 개인사 이상의 의미가 있는 듯했습니다. 저 또한 무지에서 미숙을 거쳐 성숙으로 가는 중이고, 잘 가다 보면 모든 것에서 자유로울 수 있는 단계가 오지 않을까 하는 희망을 갖게 됩니다. 마지막 단계인 'free from all'이란 표현은 말만으로도 황홀한 단계입니다. 우리 삶은 의존에서 독립으로, 집착에서 자유로 진보하는 여정이로군요. 사람에 대한 여러 가지 정의 가운데 되어가는 becoming 존재라는 말이 진리로 느껴집니다.

자연스럽게 무지에서 자유로 나아가기 위해서는 우리가 해야 할 일이 하나 있어 보입니다. 그것은 선택을 잘하는 것입니다. 되어가는 존재로서의 나는 아무것이나 함부로 선택할 자유가 없습니다. 나에게 해를 끼치지 않고 남에게도 해를 끼치지 않는 선택을 할 자유만 있습니다. 그것이 삶의 마지막 단계에서 내 삶에 떳떳해질 선택입니다. 아무 선택이나 하는 사람은 늙어가는 삶을 살지만, 아름다운 선택을 하는 사람은 익어가는 삶을 삽니다. 더 아름답게 익어가는 삶을 살고 싶습니다.

(사랑이 뭘까요?)

사랑에 대한 진부한 정의

내 환자 중에 외도를 의심하는 남편이 휘두른 칼에 맞아 팔을 못 쓰게 된 후 정신적 문제가 생겨 병원에 입원한 여자가 있었어요. 상태가 조금 나아졌는데 어느 날 갑자기 퇴원을 하겠대요. 이유를 물었더니 "남편이 폭력을 휘두를 때는 그렇지만 나한테 잘해줄 때는 엄청 잘해줘요"라고 말하는 겁니다. 남편이 뭘 잘해주는지 모르지만, 하여튼 자기를 엄청 사랑한다고 착각하고 있는 거예요. 그래서 퇴원했어요. 그런데 그런 사람은 평생 그것을 반복하면서 살아가야 해요.

ㅅ 외도를 의심하는 남편의 집착을 사랑이라 착각하는 환자의 이야기는 남의 이야기만은 아닙니다. 우리도 그렇게 집착을 깊은 사랑이라 오해한 적이 많기 때문입니다. '사랑이 무어냐고 물으신다면 눈물의 씨앗이라고 말하겠어요'라는 유행가 가사에 나오는 정의에서부터 사랑은 소유가 아닌 존재라는 에리히 프롬의 정의에 이르기까지, 사랑에 대한 정의는 동서양을 막론하고 지금까지 끊임없이 재생산되고 있습니다. 그만큼 사랑은 모든 감정을 담은 복잡한 감정이기도 하고, 사람을 살아가게 하는 가장 강력한 감정이기도 합니다. 탈도 많고 오해도 많은 사랑. 사랑의 문제로 인해 나타나는 온갖 정신적 어려움을 호소하는 환자들을 평생 치료해온 선생님은 사랑을 무엇이라고 생각하는지 물어보았습니다.

ㄱ **사랑은 사람마다 다르다**

사람들은 사랑이라는 정의를 너무 자기중심적으로 해석합니다. 사랑의 정의가 일정하지 않아요. 어떻게 하든지 자기가 하는 게 사랑이라고들 하죠. 근데 그런 말이 모든 사람에게 들어맞지도 않고 현실에 맞지도 않습니다. 이서원 선생이 생각하는 사랑과 내가 생각하는 사랑의 이름이 달라요. 그러니까 누구나 아전인수 격으로 자신이 생각하는 사랑의 정의가 일반화된 걸로 착각하는 거죠.

사랑은 궁금증에서 시작된다

사랑이 뭔지 정확한 정의를 내릴 수는 없더라도, 그 시작은 궁금증이에요. '그 사람은 지금 자기 방에서 뭘 할까?' 이 세상의 인구가 몇십 억인데, 내가 그 모든 사람들에게 궁금증이 생기는 건 아니잖아요. 유독 어떤 사람에게 궁금증이 더 많이 생기죠. 궁금증이 생기면 탐색하려고 해요. 기웃거려보는 거예요. 기왕 기웃거리게 되었는데, 상대도 나한테 기웃거리길 바라죠. 그렇게 진행하다 보면 결혼도 하고 그러는 거죠. 온 우주가 한 사람으로 좁혀지고, 좁혀진 그 사람에게만 궁금증이 생기는 게 사랑이에요.

자기에서 출발해 자기로 돌아온다

그런데 궁금증이 처음 생기는 것은 남이 아니라 자기 자신이에요. 그걸 잘못 생각하면 자기중심적이라고 할 수 있습니다. 자기중심적이라고 하면 자꾸 부정적인 쪽으로 생각하는데 한

번 생각해보세요. 어릴 때 자기중심적이지 않으면 생명의 유지가 어렵단 말이에요. 젖을 빨고 있는 어린애가 "엄마, 나도 배고프지만 옆의 애가 더 배고플 것 같아요. 쟤 더 주세요" 하는 애가 있다면, 그건 애가 아니에요. 당연히 옆의 애가 젖을 빨려고 해도 물리치고 자기가 독점해야 해요. 내가 손자 손녀를 키우면서 보니까, 손녀 둘이 할머니 무릎을 서로 차지하려고 해요. 미리 앉은 손녀가 다른 손녀가 다가오면 못 오게 막아요. 그런 걸 통해서 차차 서열이 생기더라고요. 어린애는 어린애답게 자기중심적인 거예요.

그리고 나처럼 노인이 되면 또 자기중심적이 되어야 해요. 원을 그릴 때, 그리려고 하는 시발점이 어린애가 갖는 자기중심성이에요. 한 바퀴 돌려 원을 그리면 출발점에 다시 돌아오잖아요. 자기중심성으로 돌아오는 거죠. 하지만 한 바퀴 돌고 온 자기중심성과 이제 막 출발하려고 하는 자기중심성은 다릅니다. 쉬운 얘기로 자기 앞가림 자기가 하는 게 노인이 갖는 자기중심성이에요.

그러니까 사랑은 어린 시절 자기에 대해 궁금증을 가지는 것으로 시작해서 노인이 되어 자기에 대해 궁금증을 가지는 것으로 돌아오는 순환이기도 해요. 그 사이에 자기에 대한 궁금증이 확대되어 남에 대한 궁금증으로 가는 거예요. 그렇게 차례로 궁금증이 순환되는 겁니다.

내 육촌 동생이 하나 있어요. 동해에서 학교 선생을 오래 하고 교장으로 은퇴했는데, 내가 동해에 2년간 일을 하러 갔다가 만났어요. 지방신문을 보니까 육촌 동생이 언론에 많이 노출되어 있어요. 평교사로 있을 때부터 학교가 끝나면 애들 데리고 요양병원에 봉사를 간 거예요. 굉장히 오래 했더라고요. 은퇴하고서도 계속하고요. 그 지역에서는 내 육촌 동생 이름에 봉사자라는 아이콘이 붙어 있어요.

내가 동해에서 일을 그만두고 만나지 못하다가 오래간만에 전화를 한번 해봤어요. 요새도 자주 봉사하는지 물으니까 전에 다니던 곳에서 계속한다고 하더라고요. "너는 평생 봉사하는구나"라고 말했더니, "봉사는 하는데, 이제는 남을 위해서 봉사하는 것이 아니라 나를 위해서 봉사해요"라고 하는 거예요. 자기가 파킨슨병이 생겨서 요양병원에 입원했대요. 그런 사고체계가 대단하지 않나요? 지금까지는 남을 위해서 봉사했는데 지금은 나한테 병이 생겼으니까 남은 좀 접고 나를 위해서 내가 봉사한다는 말이에요. 육촌 동생 아내도 디스크가 생겨서 아예 집을 팔아버리고 요양병원에 함께 들어가 치료하면서, 자기가 필요한 사람은 곁에서 봐주고 하더라고요. 자기중심적이라도 한 바퀴 돌고 간 자기중심성이죠.

사람을 배워야 한다

궁금증에서 시작한 사랑이 아름다운 사랑이 되기 위해서는 자기중심적인 사랑을 이타적으로 바꿔나가는 전환 과정이 있어야 합니다. 그것은 그런 사랑을 하는 가까운 사람을 통해 배우게 됩니다. 제일 가까운 사람은 부모잖아요. 그래서 부모의 역할이 사랑에서 중요합니다.

얼마 전에 내가 관여하는 인클로버 사회복지재단이 자동차 한 대를 기증받았어요. 다문화 가정을 위해 가족사진을 찍어주는 등 지원 사업을 하려면 차가 필요했습니다. 기증식을 하고 뒤풀이로 음식점에 가서 불고기를 구워 먹는데 젊은 친구 하나가 자기는 안 먹고 계속 구워서 우리 내외를 대접하더라고요. 먹으라고 해도, 자기도 먹는다고 하면서 빈 접시만 보면 갖다놓아요. 이런 행동은 그냥 이 자리에 앉았다고 해서 금방 생길 수 있는 행동이 아니에요. 몸에 익어야 하는 거죠. 이런저런 이야기를 하다 보니까 재단 이사장 아들이에요. 내가 "고기 맛있게 잘 굽네"라고 했더니, "아빠 하는 것 보고 배웠어요" 하고 대답하더라고요. 그 한마디가 시사하는 바가 크잖아요. 불고기 굽는 것만 배웠겠어요? 사회봉사를 하는 것부터 이런 것까지 다 포함될 수 있죠. 이 아이가 하는 게 아름다운 사랑이에요. 부모에게 배워 어느새 몸에 익은 거죠. 고기도 먹어본 사람이 먹을 줄 안다고 하잖아요. 사랑도 받아보고 배운 사람이 더 잘하는 겁니다. 이 아이는 아빠가 사랑 교과서였던 거죠.

가정교육 다음으로는 학교교육으로 사랑을 배웁니다. 사랑을 가르치는 데는 학교 선생님의 역할이 아주 중요합니다. 잘못된 부부는 자기 자식 하나만 망치지만, 학교 선생님은 자기가 담임하고 있는 30~40명을 망치게 돼요. 물론 반대의 경우도 있겠지만, 병적인 게 애들한테 드러난다면 부정적이에요.

나에게는 잊을 수 없는 트라우마가 있어요. 초등학교 4학년 때 해방이 되니까 일본 사람들이 다 물러가고 한국 선생님이 왔어요. 선생님이 모자라니까 온갖 사람들이 다 왔는데, 지금 생각해보면 이 선생님은 환자예요. 내가 진단하기로는 조울증manic-depressive이죠. 그때 통행금지도 있었는데, 도시락을 두 개씩 오라고 해서 통행금지 시간이 될 때까지 가르치는 겁니다. 해방 직전에 원자탄이 처음으로 히로시마에 떨어졌잖아요. 원자탄의 물리적 원리를 초등학교 4학년한테 가르치더라고요. 우리는 무슨 말인지 못 알아듣는데, 의욕이 넘쳐서 말이죠.

우리가 같은 학년에 다섯 학급이 있었어요. 모의고사를 쳤는데 우리 학급 평균이 꼴찌예요. 그렇게 열심히 했는데. 그러니까 애들은 지치는 거죠. 이 선생님이 뭐라고 하냐면, 우리 반이 꼴찌가 된 것은 자기가 잘못 가르쳤기 때문이래요. 그건 좋아요. 자기반성을 하는 것이니까. 앞으로 방법을 바꿔보겠다고도 했어요. 그런데 반장인 나한테 매를 준비해 오라는 겁니다. '아이고, 죽었다. 이제 50명 학급 애들 다 맞겠네' 하고 생각했죠. 매를 가져왔더니 자기 다리를 책상 위에 얹어놓고 나한테 때리라고 해요. 기가 차는 거죠. 그때는 스승의 그림자도 안 밟는다는 가치 체계에서 살았는데, 매로 자기를 때리라고 하니까 나는 환장할 지경이었죠. 그래서 안 때리고 울었어요. 매를 달라고 하더니 자기 다리를 50대 때리더라고요. 굉장히 자학적인 거죠. 내가 정신과 의사가 되고 보니 선생님들의 정신건강이 굉장히 문제라는 생각이 들어요. 아이들이 이런 선생님들 밑에서 무슨 사랑을 배울 수 있겠어요?

사랑은 우주가 한 사람으로 좁혀진다는 이야기가 인상적

입니다. 그 한 사람이 나라는 건 생각해보지 못한 반전이네요. 결국 나에 대한 관심이 다른 사람에 대한 관심과 행동으로 이어졌다가 다시 나에게 돌아오는 것이 사랑의 일생이자 인간의 일생인 거네요. 사랑이 본능적으로 느끼는 짜릿함이라고만 생각한 것은 넓은 사랑을 한 부분만 본 것이었습니다. 그리고 사랑은 대상만 나타나면 자동으로 생겨서 이어진다고 생각했는데 오해였나 봅니다. 적어도 아름다운 사랑이 되려면 배움이 필수적인 것 같습니다. 사랑으로 힘들어하는 여러 사람을 상담하면서 학력과 사랑은 별 관계가 없다고 자주 느꼈는데, 사랑은 누구에게 배웠느냐가 관건이었기 때문이었네요. '사랑은 궁금증'이란 새로운 시선을 가지게 되었습니다. 문득 나와 세상이 더 궁금해지기 시작했습니다.

(돈이 있어야 행복할까요?)

돈과 행복의 상관관계

얼마 전 브루나이공화국에 다녀왔어요. 국왕이 공부하려는 사람들의 생활비며 학비를 다 지원해주는 나라에요. 그런데 정작 학생들은 공부를 하지 않으려고 해요. 미래에 대한 꿈이 없어요. 그래서 어떻게 브루나이 청년들로 하여금 꿈을 갖도록 할 건가가 국왕의 고민이에요. 하지만 그 고민은 해결될 수 없는 꿈입니다. 이미 다 주어져 있는데 무슨 꿈을 꾸겠어요? 현실에서 모자란 것이 있고 힘든 게 있어야 그 상황을 벗어날 생각을 하죠. 국가가 다 알아서 해주니까 국가만 바라보고 있으면 되는 겁니다. 그건 청년들 잘못이 아니라 모든 걸 다 해주는 국왕의 잘못인 거예요.

ㅅ 브루나이 청년들의 이야기를 들으며, 참 좋은 나라에 태어나 팔자도 좋다는 생각이 들었습니다. 그런데 한편 이 청년들이 행복할까 하는 의문도 같이 들었습니다. 아무것도 할 필요가 없는 나라, 나라가 알아서 다 해주는 나라에서 남는 거라고는 권태와 게으름밖에 더 있을까요? 이와 반대로 당장 먹을 끼니도 없고 마실 물도 없는 아프리카 청년들은 꿈이 있을까요? 꿈은 커녕 당장 먹고살 일이 걱정일 것입니다.

너무 많아도 문제, 너무 없어도 문제인 것이 있다면 뭘까요? 바로 돈입니다. 고등학교 시절 유머러스한 선생님은 수업 시간마다 '돌고 돌아 돈인데 나한테만 돌지 않아 내가 돌겠다'는 말을 리듬을 넣어 하곤 했습니다. 나한테만 돌지 않는 돈, 얼마나 있어야 행복할까요? 너무 많아도 탈, 너무 없어도 탈이라면 너무 많은 게 차라리 낫지 않을까요? 돈에 대해 선생님에게 물어보았습니다.

ㄱ 돈이 없으면 불행해진다

돈이 없어도 행복할 수 있다는 말은 반은 맞고 반은 틀린 말입니다. 일시적으로는 행복할 수 있어서 반은 맞지만, 장기적으로는 행복할 수 없어서 반이 틀립니다. 돈은 단지 돈 자체를 말하는 것이 아니라 생명을 유지하는 생명수를 말하는 것입니다. 돈이 없으면 처음에는 불편해지다가, 시간이 지나면 불안해지고, 더 시간이 지나면 불행해집니다. 생존이 위협을 받는데 어떻게 행복할 수 있겠어요? 사람들이 다 돈돈 하는 것도 그만한 이유가 있는 거예요. 돈돈 하는 사람을 욕하면 안 됩니다. 오죽하면 그러겠어요. 돈이 없어서 너무 힘드니까 그러는 거죠.

축구 선수 펠레는 어린 시절 집이 아주 가난했습니다. 펠레는 "가난은 먹을 빵이 없고 방을 덥힐 땔감이 없는 게 아니다. 가난은 먹을 빵이 떨어지면 어떻게 하나, 땔감이 없어지면 어떻게 하나 걱정하는 것이다"라고 했어요. 그게 불안하고 불행하다는 거예요. 그래서 돈은 있어야 합니다. 그래야 일단 생명이 유지되고 웃음이 나옵니다.

돈이 많으면 불행해진다

돈이 너무 많으면 또 불행해집니다. 그 이유는 욕심에는 끝이 없기 때문입니다. 내가 한때 카메라에 관심이 생겨 사진을 찍으러 다녔어요. 그러다 보니 조금씩 렌즈에 욕심이 나서 돈이 적지 않게 들어갔어요. 어느 날 '핫셀블라드'라는 고급 카메라를 누가 가지고 있기에 잠깐 빌려서 사진을 찍어보곤 깜짝 놀랐어요. 화질이 정말 눈에 띄게 다른 겁니다. 가지고 싶다는 마음이 불같이 일어나더라고요. 동시에 '아, 이게 불행으로 가는 길이구나!' 싶은 자각이 퍼뜩 들었어요. 끝이 없는 거예요. 계속 고화질에 집착하면 카메라라는 게 집을 팔아야 될 만큼 비싸지는 거죠. 그래서 그때 카메라를 딱 접었습니다. 처음에는 내가 카메라 주인이었는데 어느 순간 카메라가 내 주인 행세를 하기 시작하더라고요.

돈도 마찬가지에요. 어느 정도 있을 때는 내가 돈의 주인입니다. 그런데 일정 수준을 넘어서면 돈이 내 주인 행세를 합니다. 그땐 내가 무슨 수를 써도 빠져나오기가 어려워요. 종노릇 한다는 건 전전긍긍한다는 말이에요. 말 타면 종 두고 싶다는 말이 그래서 생긴 겁니다.

또 돈이 내 주인이 되는 순간 주변에 내 돈을 노리는 수많은 친인척, 친구, 관계자들이 생겨요. 그리고 크고 작은 문제를 일으킵니다. 골치 아픈 일들이 줄줄이 일어납니다. 그래서 행복할 수가 없어요. 그래서 재벌들이 형제들끼리도 사이좋게 못 지내고, 믿을 만한 사람이 주변에 잘 없다고 하는 거예요. 누구나 돈을 보면 욕심이 생기잖아요.

돈은 벌어야 한다

돈은 벌어야 해요. 어떻게 벌어야 하느냐? 내 능력껏 벌어야 합니다. 원론적인 이야기 같지만 새겨서 들어야 할 말이에요. 내 능력이 안 되는데 돈을 많이 벌려고 하면 바로 불행해집니다. 그걸 욕심이라고 하는 거예요. 내 능력이 한 달에 100만 원 벌 정도인데 1,000만 원을 벌겠다고 덤비면 돈이 어디 '그래, 나 여기 있다. 가져가라' 하나요? 900만 원어치 무리가 생겨요. 건강에 무리가 생기든, 관계에 어려움이 생기든. 그게 바로 불행입니다. 그래서 돈을 벌려면 내가 먼저 나의 능력에 대해 객관적으로 알아야 합니다. 그게 먼저예요. 돈의 흐름을 알고 따라가는 건 그다음이에요.

내가 내 능력을 알고 나서 해야 할 일은 돈을 사랑해야 합니다. 돈을 싫어하면서 돈을 벌 수 없어요. 애인 사귀는 것과 돈 버는 것은 닮았어요. 애인도 좋다고 자꾸 연락도 하고 만나고 다가서야 하잖아요. 이 방법이 안 되면 저 방법도 써보고 상대가 나를 받아들일 때까지 계속 노력해야 하는 것처럼, 돈도 마찬가지예요. 텔레비전에 달인이니 명인이니 하는 사람들 보세요. 끝없이 도전하잖아요. 자기 하는 일에 달인이 되려고 별 방법을 다 쓰다가 마침내 비법을 발견하는 겁니다. 세상에 공짜는 하나도 없어요. 돈은 특히, 공짜 돈은 없습니다. 돈을 애인처럼 생각하고 자나 깨나 벌 생각을 해야 합니다.

돈 쓰는 법을 배워야 한다

돈은 버는 사람 게 아니라 쓰는 사람 거예요. 남편이 아무리 벌어도 그 돈은 남편 게 아닙니다. 남편 돈을 받아서 쓰는 아내 거죠. 돈은 수입 관리보다 지출 관리가 더 중요합니다. 밑 빠진 독에 아무리 물을 부은들 무엇하겠어요? 밑부터 단단히 막고 물을 부어야죠.

그런데 우리가 없던 시절에 돈을 벌어야 한다는 건 뼛속까지 들어갔지만, 번 돈을 어떻게 써야 멋있게 쓰는 것인지에 대해서는 배운 적이 없어요. 그러다 보니 있는 사람이 더하다고 구두쇠처럼 써야 할 때도 쓰지 않고 움켜쥐는 사람이 있는가 하면, 돈 한 푼 없으면서 허세를 부리며 밥값을 계산하는 사람도 있어요. 분수에 맞게 아름답게 돈을 쓰는 법을 배울 필요가 있습니다.

부모에게 특별히 물려받은 것 없이 사회생활을 시작하고,

결혼하고 아이 낳고 힘들게 사는 것이 평범한 소시민의 삶입니다. 평범하기라도 하면 좋을 텐데, 자칫 실업이나 조기 퇴직, 불안정 고용, 부도의 미끄럼틀을 타게 되면 가난한 계층으로의 이동이 불가피합니다. 그러다 보니 눈만 뜨면 돈 걱정을 하는 사람이 대부분입니다. 특히 결혼하고 누군가를 책임지게 되면 돈에 대한 절박함이 더해집니다.

누구나 외면하고 싶지만 직면할 수밖에 없는 돈은 행복의 원천이기도 하고 불행의 근원이기도 합니다. 선생님의 이야기 속에서 중용을 떠올리게 되는 것은, 돈이 과하거나 부족한 것에 행복이 깃들어 살지 않기 때문입니다. 돈의 필요성을 먼저 인정하고, 나의 능력을 객관적으로 바라본 후 돈을 사랑해야겠습니다. 욕심내지 않고 달인의 마음으로 살아가노라면 돈이 따라올 날이 있겠죠. 누군가 돈은 다리가 넷이고 우리 다리는 둘이라 아무리 빨리 따라가려 해도 금방 달아나 버리지만, 내가 부지런히 노력하면 돈이 성큼성큼 따라와 내 곁에 머문다고 했지요. 돈 다리가 넷이라는 걸 믿고 열심히 사는 수밖에요. 그리고 약간은 빠듯하고 힘든 지금이 어쩌면 행복한 때일 수도 있겠다는 생각에 위로를 얻어봅니다.

(품격 있게 살려면 어떻게 살아야 할까요?)

품격 있게 산다는 것

지금 30평형 아파트에 자가용을 가진 사람이 조선 시대 왕보다 가진 게 더 고급스러워요. 그렇다고 왕보다 품격 있게 산다고 할 수 있을까요? 품격이라는 게 물질적인 것과 관련된 것 같아도 그렇지 않습니다. 품격은 가진 것이 아니라 세상을 대한 태도와 관련이 있기 때문이에요. 품격 있게 산다는 건 비굴하게 살지 않는 거예요. 내가 나이 들어보니 노인으로 품격 있게 사는 게 무엇인지 생각할 때가 있어요. 세상의 눈치를 보며 '나는 노인이니까' 하면 그건 기가 죽은 거고 품격을 잃은 거예요. 아무리 세상이 노인을 소외시킨다고 해도 심지가 굳으면 소외당하지 않습니다. '나는 나다'는 자존감을 가지고 즐겁게 살아가는 것이 품격 있게 사는 거예요.

ㅅ 세월이 흐르면 세상 사람들이 힘을 주는 것도 달라집니다. 농경 시대에 힘주던 것이 '잘 살아보세'였다면, 정보화 시대에 힘주는 것은 '품위 있게 살아보세'입니다. 그런데 습관이 무섭다고, 성공의 가치가 몸에 밴 사람이 어느 한순간 품위와 품격의 가치를 가지고 살기란 쉽지 않습니다. 그러나 새롭게 살아가는 젊은 세대들은 돈에 목숨을 걸고 성공에 모든 것을 거는 삶이 아니라, 내가 좋아하는 일을 하면서 궁핍하지만 않다면 족한 게 인생이라는 생각을 하고 있습니다. 이제 우리는 무엇이 되는 삶보다 어떻게 삶을 살아야 하는가에 관심을 더 기울여야 할 때입니다. 선생님에게 어떻게 사는 것이 품격 있는 삶을 영위할 수 있는 길인지 물어보았습니다.

ㄱ **욕심을 줄이면 된다**

품격 있게 사는 게 거창한 것 같지만 사실은 방법이 아주 간단합니다. 좀 식상한 얘기이긴 하지만, 욕심을 줄이기만 하면 됩니다.

옛날 새마을운동을 하던 시절에는 배고픈 것만 면하면 성공이라고 생각했어요. 그때는 품격이고 뭐고 생각할 여유가 없었던 거죠. 더 오래전 내가 초등학교 다닐 때는 방학 끝나고 학교에 가면 다리가 퉁퉁 부은 애가 반은 넘었어요. 각기병이라고, 비타민 B 부족이 원인이에요. 그런 걸 흔하게 봤어요. 요새는 그런 환자를 보려고 해도 없잖아요. 오히려 과잉 때문에 탈이죠. 이제 절대적으로 빈곤한 시대는 지났어요.

소셜 미니멈을 채우려는 게 욕심이다

이제 자동차는 사치품이 아니잖아요. 사회적 최소 기준인 소셜 미니멈social minimum인 거죠. 그런 소셜 미니멈이 지금 한두 개에요? 요즘 혼수품 리스트를 보면 옛날에는 생각도 못 했던 것들이 많아요. 내가 결혼할 때 친한 친구가 뭐 해줄까 하고 물어서 담요 한 장 사달라고 했어요. 그것도 내가 크게 부른 거예요. 요새 결혼하면서 담요 하나 사달라고 하는 사람이 어디 있어요? 소셜 미니멈이 자꾸 커지는 거예요. 미니멈이 커지다 보면 이걸 충족하기 위해서 사람들은 밤낮으로 일해야 해요. 그러니까 소셜 미니멈을 낮춰야 합니다. 낮출 수 없다면 더 이상 높이지를 말아야 하고요.

컴퓨터로 예를 들면 이해가 더 잘될 겁니다. 학생들을 가르칠 때 컴퓨터가 필요하다는 걸 내가 일찍 깨달았어요. 컴퓨터가 처음 나올 때는 무척 비싸서 월급을 털어서 샀어요. 조금 쓰다 보니까 업그레이드된 게 나와요. 또 사요. 그런데 또 업그레이드가 돼요. 그래서 그걸 사기 위해 적금까지 넣었어요. 그러던 컴퓨터가 지금에 이르렀어요. 나한테 컴퓨터 업그레이드의 끝은 지금이에요.

컴퓨터에 대한 소셜 미니멈이 과학기술의 발전과 함께 자꾸만 끝없이 올라가는 겁니다. 이걸 따라가는 것 자체가 욕심이라고 할 수 있어요. 그런데 안 따라갈 수가 있나요? 여간 어려운 게 아니에요. 그러니까 품격 있게 산다는 말은 좋지만, 그렇게 정말 살고자 한다면 많은 고통이 따르게 돼요. 그 고통이 뭐냐? 남들 다 하는 것을 내가 잘 살펴서 소셜 미니멈이 아니라 나의 미니멈으로 변화시켜야 하는 겁니다. 쉽지 않은 일입니다.

본질에 충실한 삶이 품격 있는 삶이다

컴퓨터가 사용할 용도에 맞게 최소 기능만 한다면 아무리 광고로 새 모델이 나왔다고 해도 동요하지 않는 것. 이것이 품격 있게 사는 삶의 첫걸음입니다. 다른 사람이 모두 고가의 청소기를 사도, 고장 나지 않았다면 쓰던 청소기를 사용하는 것도 같은 맥락입니다. 물질적으로 최신, 최고의 욕심을 내려놓지 않으면 물건을 마련하는 노예가 되어 품격 있는 삶과는 거리가 멀어지고 맙니다. 가난하고 인색하게 살라는 말이 아니라, 불편하지 않다면 기능이 멀쩡한 물건을 돈을 벌어 새것으로 바꾸려고 애쓰지 말라는 말입니다.

나는 평생 자가용이 없습니다. 급하면 택시를 타고, 더 급하면 자식이나 사위에게 부탁합니다. 급하지 않으면 버스나 지하철을 타고요. 큰 불편이 없습니다. 여러 사람이 나에게 자가용을 왜 사지 않느냐고 묻는데, 사지 않는 이유가 있어요. 한번 사면 자꾸 신형 차를 사려고 할 것 아니에요. 그러면 그만큼 많은 비용이 들 것이고, 그 비용을 마련하기 위해 버겁게 일하는 시간을 들여야 할 거잖아요. 그리고 또 사고 위험도 있습니다. 운전면허를 취득할 때 도로연수를 하면서 내 성격이 급하다는 걸 알았습니다. 잘못하다가는 큰 사고를 낼 수도 있겠다 싶어 자동차를 아예 마련하지 않았습니다.

본질적으로 보면 차라는 건 옛날 말과 같아서 이동수단에 불과합니다. 내가 이 정도 차를 몬다는 걸 자랑하는 과시용품이 아니란 말이죠. 내가 작은 불편만 감수하면 이동하는 데 별 어려움이 없습니다. 대중교통은 세계 어느 나라 못지않게 편하게 잘되어 있는 나라가 우리나라이기도 합니다. 그 덕분에 남의 온갖 좋은 차도 다 타보았습니다.

이렇게 본질에 충실한 삶을 살면 다른 사람들과 비교할 필요가 없는 나만의 단순하고 담백한 삶의 모습이 만들어집니다. 그리고 여유가 있습니다. 돈이 있어 여유가 있는 게 아니라 끝없이 새로운 것을 사려고 돈을 벌지 않아도 되어 상대적으로 여유가 있는 겁니다. 그럴 때 여유 있는 시간과 넉넉한 마음으로 내가 하고 싶고 즐기는 일을 하며 사는 게 품격 있는 삶입니다. 소박하더라도 여유 있으면 그게 품격 있는 삶인 거죠.

제가 아는 목공 하시는 분은 작품을 만들면 많은 돈을 벌 수 있음에도, 한 달에 400만 원 벌기를 기준으로 산 지 10년이 넘었다고 합니다. 작업실을 찾아가면 언제나 여유 있는 모습으로 싱글벙글 살아가고 있습니다. 왜 400만 원이냐고 물었더니, 더 벌 수 있지만 그러면 자기 삶이 없어지고 단지 돈 버는 사람으로 살아가게 된다고 했습니다. 선생님의 말씀을 듣고 다시 그 분의 집을 떠올렸습니다. 약간 시대에 뒤처진 가전제품에 투박하고 정겨운 탁자며 의자들이 떠올랐습니다. '아, 이분이 품격 있는 삶을 사는 사람이구나.'

돈의 여유가 있어야 품격 있게 사는 것이 아니라 마음의 여유가 있어야 품격 있게 사는 삶이란 걸 알게 되니, 나도 마음만 내면 머지않은 미래에 품격 있는 삶을 살 수도 있겠다 싶어 빙그레 웃게 되었습니다. 품격 있게 사는 삶, 그리 쉽지도 않지만 어렵지도 않네요.

(SNS를 보면 나만 불행하다는 생각이 들어요)

건강한 SNS 사용법

나는 평생 휴대폰을 가져본 적이 없습니다. 이유는 간단합니다. 있는 것보다 없는 것이 편하기 때문이에요. 정신과 의사로 일할 때는 집과 진료실만 왔다 갔다 하니 필요가 없었어요. 휴대폰이 있으면 밖에 있을 때도 시도 때도 없이 나를 찾을 거 아니에요. 나도 쉬어야 환자를 보잖아요. 그래서 사용하지 않았어요.

그리고 요즘 SNS에는 불필요한 정보가 너무 많아요. 불필요한 정보를 내가 다 소화할 이유가 뭐가 있어요?

ㅅ 선생님에게 없는 것이 세 가지 있습니다. 자가용, 시계 그리고 휴대폰입니다. 남녀노소 휴대폰을 눈뜨고 감을 때까지 들고 사는 요즘, 휴대폰 없이 평생을 사는 선생님이 신기하기까지 합니다. 그런데 우리는 휴대폰을 들고 살면서도 왠지 허전한 이유는 무엇일까요?

또 사람들이 올린 SNS 글을 보다 보면 '이런 멋진 경험을 했다'로 도배되다시피 하니까, 그걸 보면서 부럽다는 마음이 들고 '그런데 나는?'이라고 돌아보면 나만 불행하다는 생각이 듭니다. 그럴 때 남들처럼 행복해지는 방법이 없을까를 고민하게 되는데, 어떻게 해야 할지 선생님에게 물어보았습니다.

ㄱ **상대적 박탈감 때문이다**

그게 상대적 박탈감이에요. 상대적 박탈감은 같이 사는 이상 없을 수가 없어요. 도인처럼 초월하라고 하지만 불가능해요.

내가 이화여대에 있을 때 자동차 영업사원이 와서 이렇게 말했어요. "선생님 정도 되시면 품위를 위해서 이 정도 차는 타야 합니다." 어떻게 보면 듣기 싫은 소리는 아닌 거 같은데, 곱씹어보면 거북한 소리예요. 그래서 무슨 차를 타면 내 품위에 맞겠냐고 물어봤어요. 그 당시 새로 출시된 그랜저를 타래요. 내가 그 차보다 더 좋은 차를 탄다고 하니까, 외제차를 타냐고 물어요. 국산 탄다고 했죠. 그러니까 영업사원도 헷갈리는 거예요. 국산차 중에는 그랜저가 제일 좋은 차였거든요. 고개를 갸우뚱하기에 내가 힌트를 줬어요. "당신 회사에서 나온 차요." 차가 너무 커서 집에 못 들여놓고 구파발에 갖다놨다고 했어요. 전철 얘기였죠.

나는 차라고는 없는 사람인데, 영업사원이 그걸 건드리는 거예요. 상대적 박탈감을 건드리는 거죠. 나는 그것을 살 돈도 없었지만, 정신과를 하다 보니까 뭐든지 자기가 주인이 되어 해야 한다는 것을 환자를 통해서 배웠어요. 환자는 남을 중심으로 살다 보니까 환자가 된 것이거든요. 전철을 타도 내가 원해서 타는 거니 상대적 박탈감을 느낄 필요가 없잖아요. 그렇게 나를 달래는 거죠.

내가 나의 주인이 아니기 때문이다

한번은 브리태니커 백과사전 외판원이 와서 전집을 사라는 거예요. 스물몇 권에 가격이 너무 비쌌어요. 거절하기 어려우니까 돈이 없다고 했더니, 은행에서 대출받을 수 있다고 사인

하래요. 그래서 나는 또 그런 책은 필요할 때 도서관에서 보면 된다고 했더니, 교수님은 이게 책장에 있어야 한대요. 내가 이런저런 이유를 들어 못 산다고 할 때마다 계속 그걸 극복하면서 몰아붙이더라고요. 그래서 내가 코너에 몰렸는데, 내 마지막 말은 자기가 미처 생각을 못했나 봐요. 외판원이 "교수님은 이 책을 안 갖고 있다는 것을 부끄럽게 생각하셔야 합니다"라고 말하기에, 내가 "안 그래도 부끄럽게 생각하고 있습니다"라고 대답한 거죠. 이 말에는 그 사람이 대응할 수 없었던 겁니다.

나를 코너까지 몰아넣은 게 신기했어요. 내 딴에는 줏대를 세우고 정신과 환자를 다루듯이 끌고 가는데도, 끝에 가서 나한테 부끄럽게 생각하라며 코너에 몰았잖아요. 그래서 그 사람에게 어떻게 그럴 수 있었는지 물었어요. 고백을 하더라고요. "선생님을 몰아붙일 수 있었던 것은 내가 생각해낸 게 아니고 매뉴얼에 있습니다." 돈이 없다고 하거나 가치가 없다고 하는 등 다양한 거절의 이유에 대해 각각 대응하는 방법을 알려주는 책이 있더라고요.

그 외판원이 이런 얘기도 했어요. 아파트에 가서 부녀회장만 알면 브리태니커 백과사전을 많이 팔 수 있대요. 부녀회장 집 책장에다 꽂아놓기만 하면 된다는 거죠. 그러면 회의하러 온 사람들이 낯선 게 있으니까 무슨 책인지 물어보게 되고, 유명한 책이라고 하면 사고 싶어 한다는 거죠. 상대적 박탈감을 건드리는 겁니다.

'나는 독불장군이다'라는 게 아니고, 내가 소중하다는 것, 그리고 모든 것은 내가 책임지고 해결해야 한다는 것을 알아야 해요. 의존을 하더라도 내가 중심이 되어야 해요. 이게 스마트폰을 사용할 때 제일 중요합니다.

人 초연하다는 말이 있습니다. 다른 사람이 뭐라고 하든 휘둘리거나 휩쓸리지 않는다는 뜻입니다. 우리가 SNS 앞에서도 초연할 수 있다면, 초연까지는 아니더라도 담담할 수 있다면, SNS에 딸려가는 것이 아니라 SNS를 이끌고 갈 수 있을 겁니다. 세상만사가 그렇지만, 어떤 기술 앞에서도 내가 나의 주인 자리를 내놓지 않으면 주체적으로 기술 문명을 활용할 수 있습니다. 기술이 문제가 아니라 그것을 대하는 나의 든든한 주체의식이 문제인 거죠. '나는 나의 주인인가'가 '휴대폰을 어떻게 사용할 것인가'에 앞서 물어봐야 할 질문입니다.

(행복하게 사는 비결은 무엇인가요?)

의외로 쉬운 행복의 비결

언젠가 한번 전주 한옥마을에 갔는데, 어느 가게에 '적게 벌어서 크게 쓰자'라는 글이 붙어 있었어요. 그걸 보니까 행복도 그런 게 아닐까 싶었어요.

ㅅ 수수께끼 같은 이야기를 시작으로 선생님에게 행복에 대한 이야기를 들었습니다. 행복은 이 시대의 화두입니다. 어떻게 해야 행복하게 살 수 있는가에 대한 수많은 이야기들이 우리 주변에 넘쳐납니다. 행복의 홍수 시대라고 해도 과언이 아니지요. 선생님이 생각하는 행복의 정의는 무엇인지, 어떻게 사는 게 행복하게 사는 것인지 궁금했습니다. 선생님에게 행복을 무엇이라고 생각하시는지부터 물어보았습니다.

ㄱ **행복은 신기루다**

행복이 눈에 보여요? 어디 있습니까? 행복은 신기루에요. 없어요. 어디에도 없는 걸 사람들이 만들어내서 있다고 믿어요. 없는 걸 있다고 믿으니 그걸 자꾸 얻으려고 합니다. 행복이 없다고 생각하면 별로 불행하지 않은데, 너나 나나 행복 타령을 하니까 상대적으로 내가 불행하다는 생각을 합니다. 사랑이나 행복을 중요하게 여기게 된 건 얼마 되지 않습니다. 그전에는 그냥 태어났으니까 사는 것이고, 죽지 않고 사는 게 좋다는 정도로만 생각하면서 별 탈 없이 하루하루를 살았어요. 특별한 일 없이 그냥 덤덤하게 살았던 거죠. 요즘 들어 삶에 뭔가 근사하고 반짝이는 게 있어야 한다고 믿는 사람이 늘어나면서 거기에 행복이라는 이름을 붙인 겁니다. 나는 행복을 즐거운 것이라고 생각합니다. 마음이 즐거운 게 행복이에요.

적게 벌어서 크게 쓰자

전주 한옥마을에서 본 '적게 벌어서 크게 쓰자'는 참 좋은 말이에요. 돈을 100만 원 벌었다고 해봐요. 그걸 10만 원 가치도 안 되게 쓸 수 있어요. 카지노에 가서 한꺼번에 다 날리면 적게 벌어서 아주 작게 쓴 거잖아요. 그러나 수술할 돈 100만 원이 부족해 죽어가는 친지에게 주면 1억 원의 가치도 넘는 겁니다. 어떻게 쓰느냐에 따라 적게 번 돈을 아주 작게 쓸 수도 있고 훨씬 크게 쓸 수도 있는 거예요.

남의 행복을 따라 한다고 내가 행복해지지는 않아요. 내가 느끼는 즐거운 마음이 나의 행복인 거죠. 아무리 작은 일이라도 내가 즐겁다면 행복입니다. 그런데 그 작은 일이 어떻게 쓰이느냐에 따라, 내 행복을 크게 쓸 수도 있고 작게 쓸 수도 있어요. 지금 내가 이런 대화를 나누고 있는 것은 나에겐 작은 행복이에요. 이야기하면서 즐거워요. 그런데 이게 책으로 나와서 많은 사람이 본다면 적게 벌어서 크게 쓰는 거나 같아요. 다른 사람도 내 이야기를 보면서 즐거워한다면 크게 남는 행복 장사를 하는 거죠.

남도 즐거워야 진짜 행복이다

내가 느끼는 즐거운 마음이 행복이라고 했잖아요. 그런데 여기에는 단서가 하나 붙어요. 남도 즐거워야 한다는 거예요. 내가 주먹이 근질거려서 지나가는 처음 보는 사람을 쳐요. 주먹이 시원해지면서 즐거워요. 이게 행복일까요? 아니에요. 맞은 사람이 가만히 있겠어요? 경찰에 신고하면 내가 잡혀가죠. 그리고 합의금을 물고 죗값도 치르죠. 결국 나에겐 괴로움이 돌아옵니다. 잠시 즐거운 듯하지만 결국 괴로워지는 건 행복이 아닙니다. 행복이 되려면 남도 즐거워야 해요.

한때 무료로 안아주는 프리 허그Free Hug 운동이 있었어요. 안는 사람도 즐겁고 안기는 사람도 즐거워했어요. 이런 게 제대로 된 행복인 거죠. 그런데 이때도 조심해야 해요. 모두 안기는 걸 좋아하는 건 아니거든요. 어떤 사람은 안기는 데 상처가 있어서 괴로울 수 있어요. 낯선 사람이 안으면 분노가 솟을 수 있죠. 이런 경우에 안아주는 건 행복이 아닙니다. 그래서 행복도 제대로 된 행복이 되려면, 내 마음뿐만 아니라 상대 마음까지 잘 헤아려야 합니다.

얼마 전에 서촌에 갔었어요. 인사동처럼 개성 있는 가게들이 많았는데, 한 가게 주인이 천으로 지갑이나 파우치를 만들어서 팔고 있더라고요. 재봉질을 하는 주인의 얼굴이 참 즐거워 보였어요. 파우치가 예뻐서 나도 몇 개 샀어요. 예쁜 물건을 저렴하게 사니까 내 기분도 좋더라고요. 주인에게 일하는 게 즐거운지 물었더니, "저는 이게 즐거워서 직장도 그만두고 여기 와서 가게를 냈어요. 이렇게 손님들이 예쁘다고 해주시면 제가 너무 행복해요. 돈을 떠나서 일할 맛이 나요"라고 대답하더라고요. 파우치를 주위 사람에게 선물로 줬더니 너무 좋아해요. 그분은 자기가 즐거워서 그 일을 하고, 그렇게 즐거움의 결과로 만든 그 지갑을 내가 사서 또 즐겁고, 그걸 선물로 받는 사람도 즐거운 거죠. 그분이 행복을 아는 사람이에요.

행복은 최소한이다

나는 행복이 '최소한'이란 주머니 속에 들어가 있다고 믿습니다. 내가 즐거움을 느끼는 건 큰 걸 할 때가 아니에요. 아침에 눈을 뜨면 즐겁거든요. '아, 오늘도 숨을 쉬는구나. 살아 있구나.' 또 아침을 아내가 차려주면 즐거워요. '맛있구나.' 내가 밥을 맛있게 먹으면 차린 아내도 즐거워해요. 나이가 들면서 즐거운 일이 줄어든다고들 하는데, 나는 반대에요. '최소한'이라는 말이 딱 맞아요. 즐겁지 않은 일이 없을 정도로 작은 것 하나하나가 다 즐거워요. 그런 소소하고 작은 일들이 나를 즐겁게 해요. 범사에 감사하라는 말뜻을 이 나이가 되니 제대로 알게 됩니다.

행복이라는 나무에 작은 것들을 주렁주렁 매달면 돼요. 그러면 다른 사람이 그걸 보고 즐거워해요. 더러는 나를 따라서 자기 나무에 비슷한 것을 달기도 하고요. 그런 게 더 많은 사람에게 퍼지면 좋겠습니다.

ㅅ 행복이 '최소한'이란 주머니 속에 들어 있다는 선생님의 말씀을 들으니 몇 년 전부터 쓰고 있는 기념일 노트가 떠올랐습니다. 한 해 동안 활짝 웃으며 기념할 일이 얼마나 있을까 생각했더니 몇 개 되지 않더라고요. 이러면 사는 게 너무 시시하다 싶어서, 노트를 한 권 사서 일상에서 생기는 작은 일에 기념일이라는 말을 붙여서 쓰기 시작했습니다. 아내가 김치찌개를 맛있게 끓인 날은 '김치찌개 기념일'이라 제목을 붙이고, 그 아래

에 오늘 김치찌개는 돼지고기 맛이 일품이었다고 적었습니다. 어떤 날은 '푸른 하늘 기념일', 또 어떤 날은 '시원한 바람 기념일'이라고 노트에 적었습니다. 하루에 하나가 적히는 날도 있었고, 열 개 넘게 적히는 날도 있었습니다.

그러다 보니 제 일상에는 즐거운 일들이 생각보다 무척 많다는 것을 알게 되었습니다. 선생님의 말씀을 빌리자면 '최소한'이라는 주머니에 즐거운 일들이 가득 들어 있는 것이죠. 저도 범사에 감사하라는 말을 실감한 건, 바로 기념일 노트를 쓰고 나서부터였습니다. 오늘 다시 돌아보니 제가 쓴 건 기념일 노트가 아니라 행복 노트였던 거네요. 행복은 멀리 있지 않군요. 그리고 내 기쁨이 다른 사람에게도 물드는 거였네요. 그렇다면 그리 어렵지 않게 행복을 만들 수도 있고 나눌 수도 있겠습니다. 선생님의 이야기도 '최소한'이라는 주머니에 쏘옥 집어넣어야겠습니다.

마음대로 안 되는 게 인생이라면

살면서 누구나 고민하는 인생 질문에 대한 명쾌한 대답

1판 1쇄 발행 2020년 5월 6일
1판 2쇄 발행 2020년 5월 29일

지은이 이근후 이서원
펴낸이 김성구

책임편집 고혁
단행본부 류현수 현미나
디자인 이영민
제작 신태섭
마케팅 최윤호 나길훈 김민지
관리 노신영

펴낸곳 (주)샘터사
등록 2001년 10월 15일 제1-2923호
주소 서울시 종로구 창경궁로35길 26 2층 (03076)
전화 02-763-8965(단행본부) 02-763-8966(마케팅부)
팩스 02-3672-1873 | 이메일 book@isamtoh.com | 홈페이지 www.isamtoh.com

ISBN 978-89-464-2121-9 (03180)

이 도서의 국립중앙도서관 출판예정도서목록(CIP)은 서지정보유통지원시스템 홈페이지
(http://seoji.nl.go.kr)와 국가자료종합목록 구축시스템(http://kolis-net.nl.go.kr)에서
이용하실 수 있습니다. (CIP제어번호 : CIP2020014278)

값은 뒤표지에 있습니다.
잘못 만들어진 책은 구입처에서 교환해 드립니다.